浙江省农业可持续
发展研究

毛小报　著

中国农业出版社
北　京

前　言

　　可持续发展问题已成为当今人类社会共同关注的问题，农业作为直接利用自然资源进行生产的基础性产业，是人类对自然资源与生态环境影响和依赖性最大的产业，其可持续发展对整个国家和地区的可持续发展起着至关重要乃至决定性的作用。促进农业可持续发展，是农业现代化的内在要求，也是实现农业产业结构优化、特色产业提升、农业资源保护与生态环境建设的必然要求。农业生产是自然再生产和经济再生产相互交织的过程，良好的农业生态环境以及对自然资源实行合理的开发、利用和保护，是实现农业可持续发展的基础条件。依靠科技进步，挖掘农业资源潜力，提高农业资源利用效率，千方百计减少资源的占用和消耗，提高生态系统的自我恢复能力，已成为实现农业可持续发展的重要途径。

　　改革开放以来，浙江在农业、农村经济建设方面取得了巨大成就，实现了农业快速发展、农民持续增收和农村全面繁荣。尤其是进入 21 世纪以来，浙江深入践行"绿水青山就是金山银山"的发展理念，把发展高效生态农业作为建设社会主义新农村的首要任务，在废弃物综合利用、土地整治和土壤污染治理、水源地保护与水污染治理、特色生态资源保护等领域取得了显著成效，探索形成了一批具有创新性的地域农业可持续发展模式，使浙江农业不断迈上新台阶。但同时，随着工业化、城镇化的快速推进，浙江农业既面临农产品需求呈刚性增长、农业多功能开发日益迫切，又面临农业资源瓶颈约束、农业生态环境退化、农业劳动力结构性不足、农业比较效益下降、自然风险和市场风险更趋频繁等问题，加快现代农业建设，确保农业可持续高效发展是一项紧迫而艰巨的任务。

本书是笔者近年主持完成的国家、浙江省农业区划委员会办公室软科学研究项目"浙江农业可持续发展研究""浙江省农业生态环境问题与农业资源可持续利用分析""基于农地质量的绿色农产品生产布局与优化研究""美丽乡村建设与农业区域布局优化研究""基于资源利用效率的浙江农业可持续发展评价体系及模式研究""大学生农业创业对资源利用与产业发展的影响研究""光伏农业在浙江的应用实践与对策研究"的研究成果。研究采用理论分析和实证分析相结合、定量分析和定性研究相结合、个案研究法、比较分析法等研究方法，在调研、收集、整理与分析大量数据与资料的基础上，以资源利用效率为切入口，对浙江省农业可持续发展水平进行分析与评价，对农业资源可持续利用的典型模式进行分类与解析，提出优化农业区域化布局、促进农业资源高效利用和可持续发展的对策建议。

本书的主要内容包括以下四部分：首先，立足浙江资源禀赋和农业发展实际，对浙江省土地资源、水资源、森林资源、气候资源、农业劳动力、农业科技和农业物质资料投入等农业资源的基础与利用现状进行分析；其次，研究构建了基于资源利用效率的农业可持续发展多层次综合评价指标体系，对农业可持续发展水平进行综合分析与比较；再次，研究运用案例分析法，从空间、技术、产业、循环的分类机理出发，系统梳理和剖析了浙江农业资源可持续利用的发展模式相对应的案例，归纳提炼出浙江省可持续发展模式的特点；最后，研究从政策、服务、科技、经营、产业、质量和宣传等体系出发，为提高浙江省农业资源利用效率、加速推进农业现代化建设建言献策。

　　本研究得到徐红玳研究员、毛晓红书记、傅琳琳博士等团队成员的大力支持和帮助，感谢他们提供的研究思路、参考资料和提出的宝贵意见。

　　尽管付出了许多艰苦的努力，但研究中还存在着许多疏漏和不当之处，敬请各位专家、学者批评指正！

毛小报

2019 年 10 月

目　　录

前言

第一章　浙江省农业可持续发展总述 ···························· 1

一、浙江农业可持续发展的自然资源环境条件分析 ·············· 1

二、浙江农业可持续发展的社会资源条件分析 ················ 7

三、浙江农业可持续发展分析评价 ·················· 13

四、浙江农业可持续发展背景下的产业合理规模分析 ·········· 23

五、浙江农业可持续发展的区域布局与典型模式 ············ 31

六、浙江促进农业可持续发展的重大措施 ·············· 46

参考文献 ······························· 47

第二章　浙江省农业生态环境问题与农业资源可持续利用分析 ········· 49

一、浙江省农业生态环境建设现状 ················ 49

二、农业自然资源可持续利用评价分析 ·············· 54

三、农业生态环境建设与资源可持续利用典型案例分析 ········ 58

四、若干政策建议 ······················· 70

参考文献 ······························· 72

第三章　基于资源利用效率的浙江农业可持续发展评价体系及
**　　　　模式研究** ·························· 74

一、研究背景 ························· 75

二、基于资源利用效率的浙江省农业可持续发展评价 ········· 79

三、浙江农业资源可持续利用的发展模式分析 ············ 97

四、对策与建议 ·· 106

参考文献 ·· 108

第四章 基于农地质量的绿色农产品生产布局与优化研究 ········· 111

一、浙江农地质量总体状况 ································· 111

二、基于农地质量的绿色农产品生产布局优化策略 ········ 117

三、对策建议 ·· 133

参考文献 ·· 138

第五章 美丽乡村建设与农业区域布局优化研究 ················· 139

一、浙江美丽乡村建设现状 ································· 139

二、典型案例分析与启示 ···································· 142

三、浙江农业区域布局优化的策略思路 ······················· 151

四、保障措施与政策建议 ···································· 155

参考文献 ·· 160

第六章 大学生农业创业对资源利用与产业发展的影响研究 ······· 161

一、大学生农业创业就业现状 ······························· 161

二、大学生农业创业对资源利用与产业发展的影响 ········· 167

三、存在的主要问题 ·· 184

四、若干对策建议 ·· 186

参考文献 ·· 190

第七章 光伏农业在浙江的应用实践与对策研究 ················· 191

一、发展光伏农业的积极意义 ······························· 192

二、浙江光伏农业的实践、模式比较与问题讨论 ············· 194

三、对策建议 ·· 200

参考文献 ·· 202

第一章 浙江省农业可持续发展总述

中国是世界上最大的发展中国家之一，其特殊的国情决定了农业在中国具有更为重要的地位，农业是安天下、稳民心的战略产业。中国用占世界不到 9% 的耕地，养活了占世界近 20% 的人口，被世人誉为"世界经济史上可持续发展的一桩奇迹"。但是，中国人口规模的迅速扩张、生态环境的退化等却使未来农业发展面临多重危机。农业的可持续发展引起了社会各界的广泛关注。

浙江省地处中国东南沿海长江三角洲南部，经济发达，市场繁荣，人均国民生产总值列全国各省区市第 5 位，农村居民人均纯收入居全国首位。随着工业化、城镇化的快速推进，浙江农业在面临农产品需求呈刚性增长、农业多功能开发日益迫切的同时，也面临农业资源瓶颈约束、农业生态环境退化、农业劳动力结构性不足、农业比较效益下降、自然风险和市场风险更趋频繁，加快现代农业建设，确保农业可持续高效发展是一项紧迫而艰巨的任务。对农业可持续发展的资源环境支撑能力进行研究，确立农业可持续发展的目标与任务，探索出一条适合省情的、操作性较强的农业可持续发展之路，促进农业步入良性循环发展轨道具有重要的理论和现实意义。

一、浙江农业可持续发展的自然资源环境条件分析

（一）土地资源

1. 土地资源及利用现状

浙江省地形复杂，素有"七山一水二分田"之称。据 2013 年度土地变更调查统计，至 2013 年末，浙江省各类土地面积为 1 055.22 万公顷，其中农用地 865.11 万公顷，占 81.98%；建设用地 123.14 万公顷，占 11.67%；未利用地 66.97 万公顷，占 6.35%（图 1 - 1）。

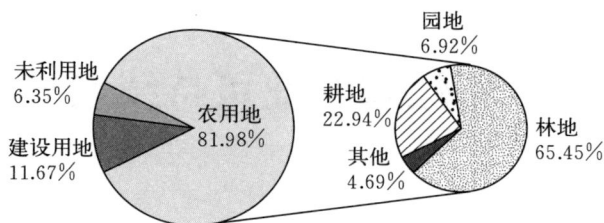

图 1-1　2013 年浙江省土地利用结构

农用地中，耕地 198.48 万公顷，占全省农用地面积的 22.94%；园地 59.89 万公顷，占全省农用地面积的 6.92%；林地 566.23 万公顷，占全省农用地面积的 65.45%。

建设用地面积中，居民点及独立工矿用地 95.80 万公顷，占全省建设用地面积的 77.80%；交通运输用地 13.46 万公顷，占全省建设用地面积的 10.93%；水利设施用地 13.88 万公顷，占全省建设用地面积的 11.27%。

2. 农业可持续发展面临的土地资源环境问题

（1）耕地资源数量逐年缩减。浙江省国土资源厅、浙江省统计局 2014 年 6 月 19 日联合公布的全省第二次土地调查主要数据显示，全省 2009 年末耕地面积比 1996 年第一次调查时净减少 13.87 万公顷，人均耕地从 1996 年第一次调查时的 0.72 亩[①]下降到 0.56 亩，约相当于全国人均耕地的三分之一，低于联合国粮农组织确定的 0.8 亩的警戒线；全省 2009 年末建设用地面积比 1996 年第一次调查时净增加 40.58 万公顷；人地矛盾突出、后备资源不足的基本省情没有改变，耕地保护形势十分严峻，节约集约利用土地十分迫切。

（2）耕地质量持续下降。2005 年浙江省启动了耕地地力调查与评价工作，历时十年，对 86 个县（市、区）的耕地［水田、水浇地、旱地和部分园地（果园和茶园）］地力进行调查和评价，参与评价的耕地总面积 209.01 万公顷，其中一等田 62.13 万公顷，占 29.73%；二等田 139.26 万公顷，占 66.63%；三等田 7.62 万公顷，占 3.65%。近一半的耕地存

---

① 15 亩＝1 公顷。

在有机质偏低、缺钾、缺磷，营养元素间比例失调，耕作层变浅，理化性状变差等问题。

据浙江省地质调查院对浙北、浙东和浙中的 236.5 万公顷农用地调查结果，不适合种植绿色农作物的农用地面积为 47.2 万公顷，约占农用地面积的 20%；轻度、中度和重度土壤重金属污染面积分别占调查总面积的 38.12%、9.04%、1.61%，城郊传统的蔬菜基地和部分基本农田都受到了较严重的影响。

(二) 水资源

1. 农业水资源及利用现状

浙江省内陆水域面积约 5 582.7 平方公里。多年平均水资源总量为 955.41 亿立方米，其中地下水资源总量为 22.37 亿立方米，地表水资源量占水资源总量约 98%。浙江省每平方公里水资源量 92 万立方米，仅次于台湾、福建、广东，居全国第 4 位；耕地亩均水资源量约为全国平均值的 1.9 倍；人均水资源量 2 100 立方米，略低于全国平均数 2 200 立方米。

近年来，浙江农业用水量逐年下降，城镇公共用水量和生态环境用水量则呈逐年上升态势，各类用水量和结构见表 1-1。2013 年农田灌溉亩均年用水量为 346 立方米，其中水田亩均灌溉年用水量 407 立方米；灌溉水利用系数为 0.575。万元工业增加值用水量 35.9 立方米。全省水资源利用率为 24.1%。

表 1-1　2013 年浙江省用水量组成与结构变化

项　　目	农业用水量			工业	城镇公共	居民生活	生态环境	总计
	小计	农田灌溉	林牧渔畜					
用水量（亿立方米）	91.95	75.79	16.16	58.75	14.53	27.93	31.59	930.9
各类用水占比（%）	40.91	33.72	7.19	26.14	6.46	12.43	14.06	100

2. 农业可持续发展面临的水资源环境问题

(1) 水资源数量不足。总体上，浙江在全国属水资源较为丰沛的地区，但水资源在分布上具有时空分布不均衡和水土资源组合不平衡的显著特征。从时间分布看，降水量主要集中在 5—9 月，占全年的 60%～70%，由于降水集中，而且多以暴雨形式出现，易造成洪涝灾害。从空间分布看，全省水资源由西南向东北递减，水资源量地域分布很不均匀，而且与耕地面积分布不相适应。如苕溪、杭嘉湖平原、浦阳江、曹娥江、甬江一带，耕地面积占全省的 49.7%，而水资源量只占全省的 20.5%，亩均只有 1 418 立方米；瓯江、飞云江、鳌江一带，水资源量占全省水资源量的 38.3%，而耕地面积只占全省的 23.8%，亩均水资源量达 5 478 立方米，瓯江上游地区亩均水资源量则高达 11 765 立方米。水资源量与人口分布更不匹配，沿海平原地区人口稠密、经济发达，山区人口稀少、经济相对滞后，但水资源分布状况却正好相反。人均水资源量沿海及海岛地区与内陆的差距为 6～13 倍。

（2）水资源质量堪忧。多年来，随着经济的发展，由于缺少对水环境相应的保护，使浙江省主要河流和平原河网受到不同程度的污染，水环境形势严峻。2013 年，全省地表水总体水质为轻度污染。221 个省控断面中，Ⅰ～Ⅲ类水质断面占 63.8%，Ⅳ类占 15.4%，Ⅴ类占 8.6%，劣Ⅴ类占 12.2%；满足水环境功能区目标水质要求的断面占 67.4%。全省八大水系和运河、湖库 177 个省控断面中，Ⅰ～Ⅲ类水质断面占 75.7%，Ⅳ类占 12.4%，Ⅴ类占 8.5%，劣Ⅴ类占 3.4%；满足水环境功能区目标水质要求的断面占 78.0%。全省平原河网 36 个省控监测断面水质为Ⅲ～劣Ⅴ类，主要为劣Ⅴ类，占 52.8%；不满足水环境功能区目标水质要求断面占 83.3%，主要污染指标为总磷、氨氮和石油类。全省 96 个县级以上城市集中式饮用水水源地水质达标率为 86.1%，其中设区城市主要集中式饮用水水源地水质达标率为 92.5%。

（三）森林资源

1. 森林资源及利用现状

浙江森林植被丰富，素有"中国东南植物宝库"之称，据 2013 年度浙江省森林资源监测：全省林地面积 661.27 万公顷，其中森林面积 604.06 万公顷，疏林地 3.11 万公顷，一般灌木林地 15.08 万公顷，未成林地 8.85 万公顷，苗圃地 3.59 万公顷，无立木林地 10.06 万公顷，宜林地 16.52 万公顷。

全省森林面积中，乔木林占 68.89%，经济林占 16.80%，竹林占 14.31%。全省活立木总蓄积 28 224.83 万立方米，其中：森林蓄积占 89.36%，疏林蓄积占 0.11%，散生木蓄积占 6.96%，四旁树蓄积占 3.57%。活立木总蓄积按组成树种划分：松木类蓄积占 27.81%，杉木类蓄积占 28.62%，阔叶树类占 37.64%，经济树种类蓄积占 3.70%，灌木树种类蓄积占 2.23%。全省毛竹总株数 24.41 亿株，毛竹林每公顷立竹量 3 017 株，当年生新竹占毛竹总株数的 16.61%。全省活立木蓄积总生长量与总消耗量之比为 2.16∶1，活立木蓄积量继续呈现生长大于消耗的趋势。

全省森林覆盖率 59.34%，一般灌木林覆盖率 1.48%；按浙江省以往同比计算口径，则森林覆盖率为 60.82%，位居全国前列。

2. 农业可持续发展面临的森林资源问题

（1）林业生态建设难度加大。从客观上看，随着国土绿化程度的提高，剩下的都属"硬骨头"工程，造林难度进一步加大、建设成本高，加上扶持标准依然偏低、群众积极性下降，推进难度增大。从主观上看，也有部分地方存在自满松懈思想，工作上要求不高、管理不严，营林质量有所下降。

（2）森林灾害防控能力有待提升。森林火灾和松材线虫病仍然是困扰林业发展的两大"顽疾"，特别是 2013 年富阳区鹿山森林火灾事故和温岭市摩托车染疫木质包装箱外流事件，充分暴露个别地方工作上存在明显疏漏，森林灾害综合防控能力有待提升。

（3）应对自然灾害能力仍然较差。从总体来说，林业产业应对自然灾害能力依然不强，2013 年的高温干旱天气和超强台风对全省林业生产造成了严重影响，充分暴露出林业建设存在诸多不足，基础设施比较脆弱，政策性林木保险机制不够完善等。

（四）气候资源

1. 气候要素变化趋势

气温逐年升高。自 1961 年以来，浙江省年平均气温逐渐升高，线性回归计算增多趋势达到每 10 年 0.25℃。其中 20 世纪 80 年代以后年平均气温上升最显著,此间增温率为每 10 年 0.6 ℃。各季节的平均气温变化不尽相同,对气候变暖贡献最大是冬季,其次是春季,而夏、秋季平均气温只是在 20 世纪 90 年代之后才开始有升高趋势。

降水量逐年增加。1961 年以来,尽管年降水量存在一些振荡,总体上年降水量呈微弱的增加趋势,线性增加率为每 10 年 39.2 毫米。各地年平均降水量上升趋势有一定差异,东南沿海最明显,中部、北部不明显。全省降水量的季节分布出现明显变化,夏季、冬季降水趋于增加,秋季、春季降水明显减少。

日照逐年减少。近 50 年来,浙江省年平均日照时数呈明显减少趋势,每 10 年减少达 85.4 小时,相当于浙江省的年平均日照量从 1961 年至 2008 年减少了约 409 小时。浙西、浙北日照减少最明显,每 10 年在 100 小时以上。各季日照时数减少最明显为夏季,其次依次为冬季、秋季、春季。

风速减小。近 50 年来,浙江省年平均风速总体上呈明显减弱趋势,其趋势为每 10 年降低 0.17 米/秒。除丽水地区风速变化不明显外,浙江省其他地区年平均风速均呈减弱趋势,东部沿海减弱最多。

灾害性天气增多。近 50 年影响浙江热带气旋的强度和频率明显加强和增多,同时在浙江登陆的台风数则有增多趋势,台风来得更早,去得更晚,而且严重影响浙江的台风明显增多,强度增大。自 20 世纪 80 年代末以来,浙江各地暴雨频数呈一致性的增加趋势,其中浙江北部地区增加十分明显。因春秋季降水减少,干旱增多,尤其是秋季更易出现严重干旱。浙江中部干湿变化剧烈,中部受干旱影响增多。

2. 气候变化对农业的影响

气候变化对农业的影响利弊并存。一是温度升高,热量资源增加。全省热量资源增加,大于 10 ℃ 的有效积温 5 300 ℃ 界线明显北移,至 2005 年近 15 年与前 30 年相比,北移面积约占全省陆地面积的 30%。二是冬春季气温变暖,冻害发生率降低,有利于设施农业的生产和发展。三是未来气候变化及气象灾害的频发增加了农业生产的不稳定性,如不采取适应性措施,将造成作物减产,品质下降;农业生产布局和结构将出现变动,作物品种将发生改变;农业生产条件变化,带来生产成本和投资需求将大幅度增加。同时,气候变暖造成的极端气候事件频发，干旱、暴雨、冰雪、地质灾害对森林的危害将进一步加剧，森林火灾频率将加大，病虫害及外来物种入侵发生的频率和强度可能增高；物种多样性将受到威胁。

二、浙江农业可持续发展的社会资源条件分析

（一）农业劳动力

1. 农村劳动力转移现状特点

随着工业化、城镇化的快速发展，农村经济结构的不断转型，浙江农村劳动力的就业格局发生了巨大变化。浙江农村劳动力快速转移，就业多样化，呈现以下特征。

产业转移由农业向非农业转移。改革开放以来，浙江省农村劳动力的产业转移大致可分为 1978—1988 年，1989—1991 年，1992—1995 年，1996—1999 年，2000 年至今五个阶段。

1978—1988 年，农业劳动力快速转移。十年来农业劳动力占农村劳动力的比重由 88.73% 降至 63.43%，下降了约 25 个百分点。

1989—1991 年，农村劳动力转移一度陷于停滞状态。1989 年的农业劳动力比重反而比 1988 年大，且这三年的农业劳动力占农村劳动力的比重始终在 65% 左右徘徊。

1992—1995 年，农村劳动力转移规模进一步扩大。1995 年农村劳动力在非农产业就业的比重达到 46.42%，比 1992 年增加约 10 个百分点。

1996—1999 年，农村劳动力转移速度有所减缓。1998 年的农业劳动力绝对数量及农业劳动力占农村劳动力的比重与 1997 年差不多，1998 年在第二产业就业的农村劳动力比重甚至比 1997 年还低。

2000 年至今，农村劳动力加速转移，农业从业人员占全社会从业人员的比率也持续下降，详见图 1-2。近十余年来，全省农业从业人员占全社会从业人员的比率由 2000 年的 36.56% 下降到 13.70%；农村劳动力总量增加了 464.8 万人，而相对应地农业劳动力减少了 425 万人。2013 年全省农村劳动力 2 662.73 万人，其中农业劳动力 589.91 万人，占 22.15%；第二产业就业的农村劳动力 1 209.79 万人，占 45.43%，其中工业劳动力占

38.58％、建筑业劳动力占 6.85％；第三产业就业的农村劳动力 659.85 万人，占 24.78％。

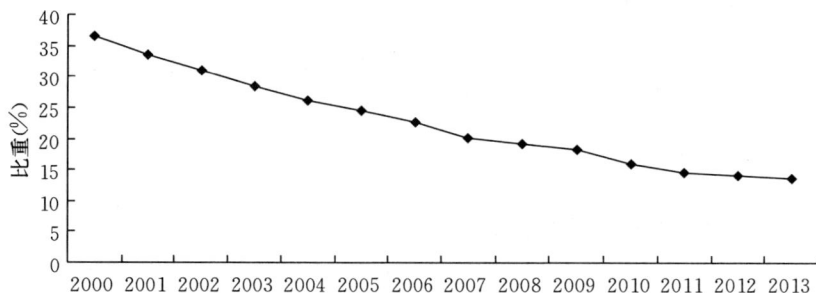

图 1-2　浙江省 2000—2013 年农业从业人员占总从业人员的比率

　　浙江农村劳动力区域转移以省内转移为主。从农村劳动力转移的地域特征分析，总体上以省内转移为主，2013 年省外转移的农村劳动力 144.93 万人，比重为 5.89％。省内转移也与当地的经济发展水平相关，经济较发达的浙东北的农村劳动力外出规模和比重大大低于欠发达的浙西南；从 11 个市看，衢州、丽水等欠发达地的外出比重较大，而嘉兴、宁波和杭州等较发达地的外出比重相对较小。而且据第六次人口普查资料和已往研究可知，浙江农村劳动力在县内转移的比重相当大。究其原因，很大程度上与浙江民营经济发达、非农产业的吸纳力较大有关。

2. 农业可持续发展面临的劳动力资源问题

　　2013 年浙江农业劳动力占全社会劳动力的比重在 13.70％，如按第二次社会现代化启动阶段农业劳动力比重 10％的要求，还需要下降 3.70 个百分点，即尚有农业劳动力 159 万人需要转移。表明农业劳动力总量富余，但农业劳动力结构和素质不容乐观。

　　农业劳动力老龄化。近年农业从业人员超过劳动年龄（男的 60 岁、女的 55 岁以上）的比率逐年上升（表 1-2），2013 年为 34.68％，比 2007 年高出近 15.12 个百分点。（注：劳动年龄内农业从业人员统计，是将非农部门从业的农村劳动力均统计在劳动年龄内，超过劳动年龄的农村劳动力均统计在农业从业人员中，这一统计方法是基于非农行业对从业人员的基本要求作出的判断）。

表 1-2 农业劳动力变化情况

年份	农业从业人员占全社会从业人员的比率（%）	农业劳动力（万人）	劳动年龄内（万人）	超过劳动年龄内的比率（%）
2007	20.07	688.04	134.61	19.56
2008	19.22	666.35	183.31	27.50
2009	18.32	653.55	182.28	27.89
2010	16.00	627.43	190.78	30.41
2011	14.57	616.76	185.20	30.03
2012	14.14	603.14	189.35	31.39
2013	13.70	589.91	204.58	34.68

资料来源：农业从业人员占比数据来自《浙江统计年鉴》，其余来自《浙江农业统计资料》。

2012年对慈溪市290个家庭农场农场主调查结果显示，农场主的年龄结构为：21～30岁的占2.8%，31～40岁的占16.3%，41～50岁的占43.1%，51～60岁的占33.6%，61岁以上的占4.2%，40岁以下的占比仅为19.1%。

农业劳动力文化水平较低。根据《浙江省第二次农业普查数据资料》，全省农村劳动力资源中，文盲占6.3%，小学文化程度占36.6%，初中文化程度占44.8%，高中文化程度占11%，大专及以上文化程度占1.4%。农村劳动力文化程度主要集中在小学和初中水平，占劳动力资源总人数的80.4%。尽管这几年农村劳动力文化程度略有上升，但仍不容乐观。2012年对慈溪市290个家庭农场农场主调查结果显示，文盲占1.1%，小学文化程度占7.4%，初中文化程度占45.2%，高中文化程度占38.9%，大专及以上文化程度占7.4%。作为新型农业经营主体的家庭农场主文化程度在初中及以下的占53.7%。

（二）农业科技

1. 农业科技发展现状特点

随着资源环境瓶颈约束日益强化和农产品刚性需求日益增长，浙江省依靠科技创新，实现了从传统种养业向现代多功能农业、农业机械装备和农产品食品加工业方向拓展，从主要追求农产品产量增长向更加注重质量安全和效益转变，重点加强了农业良种工程实施和蔬菜、茶叶、果品、畜牧、水产、竹木、花卉、蚕桑、食用菌、中药材 10 个农业主导产业共性关键技术攻关、成果转化及示范推广，促进了农业土地产出率、劳动生产率和农业科技贡献率的提高。水稻亩产从 2006 年的 418 千克提高到 2013 年的 430.2 千克；农业劳动生产率由 2006 年的人均 20 696 元提高到 2013 年的 30 297 元；农业科技贡献率从 2005 年的 56％提高到 2013 年的 62％，粮食生产耕种收综合机械化水平达 70.35％。十大农业主导产业产值占农业总产值的 80％，茶叶、蚕茧、食用菌、蜂产品、花卉苗木、渔业等产业在全国位居前列。

2. 农业可持续发展面临的农业科技问题

浙江人多地少、环境承载容量有限，要确保农业可持续发展，必须形成耕地地力提升和资源节约型、环境友好型农业技术体系。但目前农牧渔业废弃物处理与利用、农田污染防控与污染水土修复等技术大多还处于单项或实验室试验，综合集成的成果以及能够在生产上实用的成果还较少；节地、节水、节肥、节药、节能等减排技术及装备研究和推广应用还有待进一步加强，农业技术推广服务上的"最后一公里"问题依然存在；受农业劳动力素质的影响，凭经验用药用肥以及大水漫灌等现象普遍存在。

（三）农业化学品投入

1. 农业化学品投入现状特点

随着农业面源污染治理的积极推进，浙江省化肥平均施用量逐年下降，2013 年化肥平均施用强度为 31.04 千克/亩，是国际公认的化肥施用安全上限量 15 千克/亩的 2 倍多。用肥结构不合理，施肥方法不科学的现象仍较普遍，超量施肥、偏施氮肥（氮肥施用量占化肥施用量的 54.59％），化肥利用率低的问题较为突出。过量施用化肥造成农田土壤板结酸化，氮、磷流失，加重水体富营养化程度。

全省农药平均施药强度为 2.09 千克/亩，利用率不足 30％，无效流失高达 70％以上，农药过量施用和无效流失不仅造成环境污染，还使水稻螟虫、稻虱等主要害虫产生严重的抗药性而导致用药增加，农业面源污染加重，并对农产品安全构成严重威胁。

随着科技的进步和利益驱动，浙江省保护地栽培面积日益增多，农用塑料薄膜的使用量逐年增多，2013年全省农用塑料薄膜使用量6.47万吨，其中地膜使用量2.89万吨、地膜覆盖面积233.34万公顷，设施大棚面积8.424万公顷。农膜应用在增加农业效益的同时，由于农膜回收不彻底，使部分农膜残留土壤，造成"白色污染"。目前，全省农膜回收率为75.19%（表1-3）。

表1-3　浙江省2000—2013年化肥、农药、农膜使用量

单位：万吨

年　　份	农用化肥施用量	农药使用量	农用塑料薄膜使用量
2000	89.72	6.53	3.16
2001	90.32	6.63	3.54
2002	91.91	6.39	3.92
2003	90.38	6.17	4.24
2004	93.34	6.34	4.36
2005	94.27	6.56	4.47
2006	93.98	6.62	4.75
2007	92.82	6.49	4.92
2008	92.98	6.58	5.21
2009	93.60	6.55	5.44
2010	92.20	6.51	5.54
2011	92.07	6.39	5.84
2012	92.15	6.23	6.29
2013	92.43	6.22	6.47

资料来源：《浙江农业统计资料》。

2. 农业对化学品投入的依赖性分析

分析农业对化学品投入的依赖主要有以下三个原因。

一是使用简便、效果好。据测算，生产1吨农产品，其地力质量的贡献率一般占50%左右。近30年来，由于农村劳动力的大量转移，传统的农家肥积制与施用费工费时、又脏又累，遭到农民的抛弃，农业废弃物循环利用的链条断裂，致使农田地力下降、养殖对环境的污染加剧。由于耕地基础地力下降，保水保肥和耐水耐肥性能差，对养分的不均衡更为敏感，增加产量或维持高产，主要靠化肥、农药的大量使用。

二是土地利用上的短期行为。近年来，浙江土地流转率持续上升，在全国处于前列。截至 2013 年底，全省流转面积 57.68 万公顷，占总承包耕地面积的 45.3％。分析 2006—2013 年土地流转情况（表 1-4）发现，尽管签订土地流转合同的比率逐年上升，但土地流转时间短的状况依然没有太大的改观，2013 年全省流转时间 5 年以下的比率占到 57.5％，只比 2006 年下降 12.21 个百分点，其中一年以下的比率占到 11.67％。土地流转时间短，也使经营户放弃对土地地力的培育，转向使用短期能见效的化肥等投入品。

表 1-4 2006—2013 年浙江省土地流转情况

年　　份	土地流转率	其中 5 年以下的流转比率（％）	其中 1 年以下的流转比率（％）
2006	19.75	69.71	19.00
2007	23.47	70.70	18.59
2008	27.61	69.62	17.38
2009	32.36	65.07	16.89
2010	36.37	62.20	14.66
2011	40.33	60.87	13.81
2012	42.87	59.19	12.41
2013	45.3	57.50	11.67

资料来源：《浙江省农经统计资料简要本》。

三是效益驱动。这主要体现在农膜应用上，设施大棚和地膜的应用使一些不太适宜在浙江发展的产业变得可能，如浙江的葡萄产业，应用设施大棚栽培后，呈现病害少、优质高效，近十多年来发展迅速，全省栽培面积近 2.67 万公顷，成为南方葡萄产区。同时，农膜的使用，可使农作物育苗避免不良气候影响；更好地利用光热资源，使农产品提前或延后产出，提高效益。

三、浙江农业可持续发展分析评价

（一）农业发展可持续评价指标体系构建

1. 指标体系构建思路

以科学发展观为指导，综合考虑浙江社会发展、农业发展、自然资源等方面的特点，以系统全面构建农业发展可持续评价指标体系为总目标，合理分配农业生态系统指标、农业经济系统指标、社会发展系统指标三大指标体系之间的权重，使三者之间保持一定的协调性。一方面确保指标体系能够充分体现保护土地、水、森林等自然资源与农业清洁生产的重要性；另一方面确保指标体系能够充分体现开发利用农业资源是为了获得并持续满足当代与后代人们需要的发展内涵。

2. 指标体系构建原则

科学性原则。指标体系建立在科学基础上，指标概念明确，内涵清晰，指标的设置尽可能科学客观地度量和反映浙江农业生态系统、农业经济系统、社会发展系统的复合功能、发展现状与发展趋势。

重要性原则。指标体系力求简洁，尽量选择有代表性的综合指标和主要指标，既保持指标体系在全国具有可比性，又使指标体系能够体现浙江在耕地资源稀缺条件下取得突出成绩的重要性。

层序性原则。指标体系作为一个有机整体，能比较全面地反映和测度被评价区域农业发展的主要特征、状况和重要目标，同时指标的组织必须依据一定的逻辑规则，具有显著的层次结构性。

获得性原则。评价指标应简洁明了，便于获取与量化，数据能够通过统计资料整理、抽样调查、或典型调查、或直接从有关部门获得，表达方式应选择大众熟悉的比重、单位面积产出、单位面积投入、人均占有量等方式进行表示。

3. 指标体系

浙江农业可持续性发展评价指标系统由农业生态系统、农业经济系统、社会发展系统三大指标系统组成。按照上述指标选取原则，结合浙江农业生产特点，构建浙江农业可持续发展系统指标体系如表1-5。

表 1-5 浙江省农业可持续发展系统评价指标体系

一级指标	二级指标	三级指标
农业生态系统	耕地资源指标	农村人口人均耕地面积
		测土配方面积
		一等田占标准农田比重
		复种指数
		农田旱涝保收率
		水土流失面积比重
		农业受灾率
	水资源指标	地表水质指数
		耕地亩均用水量
		灌溉水利用系数
		水资源开发利用率
	农业清洁生产指标	每亩播种面积化肥施用量
		每亩播种面积农药施用量
		农膜回收率
		秸秆综合利用率
		规模化养殖废弃物综合利用率
		森林覆盖率
农业经济系统	农业生产率指标	农业成本利润率
		农业劳动生产率
		单位耕地面积粮食产量
		单位面积耕地油料产量
		单位面积耕地蔬菜产量
		单位面积耕地水果产量
	农业投入指标	农业劳动力数量
		农民组织化水平
社会发展系统	人均食物占有量	粮食
		猪牛羊肉
		水产品
	农业科技化水平	农业科技进步贡献率
		农业技术人才比重
	就业、财政与收入	农业剩余劳动力转移指数
		国家农业政策支持力度
		农村人均纯收入
		城乡收入差距系数

（二）数据处理

即每一变量除以该变量的平均值，标准化后各变量的平均值均为 1，标准差为原始变量的变异系数。但是，由于农业可持续指标系统内部分为正向影响指标和负向影响指标，正向影响指标为越大越好，负向影响指标为越小越好，因此，对于两类指标的标准化做以下处理：

正向指标：$x'_i = x_i / \overline{x}$

负向指标：$x'_i = \overline{x} / x_i$

与其他方法相比，该方法在消除量纲和数量级影响的同时，保留了各变量取值差异程度上的信息，差异程度越大的变量对综合分析的影响也越大。该无量纲化方法在保留原始变量变异程度信息时，并不是取决于原始变量标准差，而是原始变量的变异系数，这也就解决了保留变量变异程度信息的同时数据的可比性问题（表 1-6、表 1-7）。

表 1-6　浙江省农业可持续发展指标系统主要指标数据（2010—2013）

三级指标	单位	2010	2011	2012	2013
农村人口人均耕地面积	亩	0.78	0.77	0.77	0.75
测土配方面积	万公顷	244.0	206.9	211.8	221.1
一等田占标准农田比重	%	33.7	36.9	37.2	37.5
复种指数	—	1.25	1.24	1.17	1.31
农田旱涝保收率	%	55.16	55.49	56.59	55.49
*水土流失面积比重	%	27.882	27.875	27.906	27.880
*农业受灾率	%	2.37	1.81	2.19	3.98
*地表水质指数	%	10.5	26.5	18.5	20.8
*耕地亩均用水量	立方米	363.0	347.0	335.0	346.0
灌溉水利用系数	—	0.49	0.49	0.49	0.58
水资源开发利用率	%	23.0	23.3	23.3	23.5
*每亩播种面积化肥施用量	千克	24.7	24.5	25.1	20.7
*每亩播种面积农药施用量	千克	1.75	1.70	1.71	1.40
农膜回收率	%	73.74	75.37	76.15	75.19
秸秆综合利用率	%	75.0	76.0	77.0	78.0

（续）

三级指标	单位	2010	2011	2012	2013
规模化养殖废弃物综合利用率	％	95.0	95.0	96.0	96.5
森林覆盖率	％	59.1	59.1	59.5	59.3
农业成本利润率	％	167.5	166.3	168.3	170.2
农业劳动生产率	元	34 631.1	41 100.3	44 080.3	48 099.7
单位耕地面积粮食产量	千克/亩	258.6	262.3	258.3	246.3
单位面积耕地油料产量	千克/亩	13.2	13.4	12.9	12.7
单位面积耕地蔬菜产量	千克/亩	600.2	609.2	610.6	592.0
单位面积耕地水果产量	千克/亩	235.3	239.0	236.2	240.2
农业劳动力数量	万人	627.4	616.8	603.1	589.9
农民组织化水平	％	51.9	46.7	53.1	54.2
人均粮食占有量	千克/人	143.75	143.29	140.55	150.04
人均猪牛羊肉占有量	千克/人	25.17	25.45	26.02	29.33
人均水产品占有量	千克/人	89.15	94.56	98.52	115.08
农业科技进步贡献率	％	57.5	58.1	60.1	62.0
农业技术人才比重	％	15.7	15.9	16.2	15.5
农业剩余劳动力转移指数	％	9.53	9.50	9.31	9.20
国家农业政策支持力度	％	1.05	1.16	1.18	1.22
农村人均纯收入	元	11 303.0	13 071.0	14 552.0	16 106.0
*城乡收入差距系数	—	2.42	2.37	2.37	2.35

注：表中 * 标注部分为负向指标，共 7 个。下表同。

表 1-7 浙江省农业可持续发展指标系统主要指标标准化数据（2010—2013）

三级指标	2010	2011	2012	2013
农村人口人均耕地面积	1.017 5	1.006 6	1.003 8	0.972 0
测土配方面积	1.104 2	0.936 2	0.958 7	1.000 8
一等田占标准农田比重	0.927 7	1.015 8	1.024 1	1.032 3
复种指数	1.006 0	0.998 0	0.941 6	1.054 3
农田旱涝保收面积	0.990 6	0.996 6	1.016 2	0.996 6
*水土流失总面积	1.000 1	1.000 4	0.999 3	1.000 2

（续）

三级指标	2010	2011	2012	2013
* 农业受灾率	1.091 2	1.427 2	1.183 2	0.650 3
* 地表水质指数	1.816 7	0.719 8	1.031 1	0.917 1
* 耕地亩均用水量	0.958 0	1.002 2	1.038 1	1.005 1
灌溉水利用系数	0.958 4	0.958 4	0.958 4	1.124 7
水资源开发利用率	0.989 8	0.999 5	0.999 8	1.010 8
* 每亩播种面积化肥施用量	0.961 0	0.968 9	0.948 2	1.145 8
* 每亩播种面积农药施用量	0.938 6	0.962 4	0.958 0	1.174 2
农膜回收率	0.994 1	1.000 6	0.999 9	1.005 4
秸秆综合利用率	0.980 4	0.993 5	1.006 5	1.019 6
规模化养殖废弃物综合利用率	0.993 5	0.993 5	1.003 9	1.009 2
森林覆盖率	0.997 0	0.997 8	1.003 6	1.001 6
农业成本利润率	0.996 6	0.989 4	1.001 5	1.012 5
农业劳动生产率	0.825 0	0.979 1	1.050 1	1.145 8
单位耕地面积粮食产量	1.008 7	1.023 0	1.007 6	0.960 6
单位面积耕地油料产量	1.016 0	1.025 7	0.985 8	0.972 5
单位面积耕地蔬菜产量	0.995 4	1.010 3	1.012 6	0.981 7
单位面积耕地水果产量	0.990 1	1.005 7	0.993 7	1.010 4
农业劳动力数量	1.029 7	1.012 2	0.989 9	0.968 1
农民组织化水平	1.008 3	0.907 2	1.031 6	1.052 9
人均粮食占有量	0.995 4	0.992 3	0.973 3	1.039 0
人均猪牛羊肉占有量	0.950 1	0.960 6	0.982 2	1.107 1
人均水产品占有量	0.897 5	0.952 0	0.991 9	1.158 6
农业科技进步贡献率	0.967 6	0.977 7	1.011 4	1.043 3
农业技术人才比重	0.990 3	1.005 9	1.023 3	0.980 5
农业剩余劳动力转移指数	1.015 0	1.012 5	0.992 0	0.980 5
国家农业政策支持力度	0.911 0	1.004 6	1.024 1	1.060 3
农村人均纯收入	0.821 6	0.950 1	1.057 7	1.170 7
* 城乡收入差距系数	0.982 7	1.003 9	1.001 8	1.012 1

（三）农业发展可持续性评价

1. 评价方法

综合指数评价方法：

$$S = \sum_{i=1}^{34} w_i x_i'.$$

其中，S 为农业可持续指标系统得分，w_i 为各指标权重。

2. 指标权重确定

可持续发展评价指标体系中的指标内涵不同，对可持续发展的重要性也不同，在对其进行综合评价时，需要确定指标权重的大小。权重确定方法有专家咨询法、层次分析法、主成分分析法、灰色关联法等，以及这些方法的综合应用。采用合理的方法来确定权重，能使确定的指标体系权重更符合客观实际和发展趋势。

本研究采用层次分析法与专家打分法相结合的方法对系统中各指标进行打分。第一步，请 10 位专家对一级指标的权重进行赋值，各级指标权重之和为 1；第二步，请上述专家对二级指标的权重进行赋值，各子系统内部二级指标的权重之和为 1；第三步，请上述专家对三级指标的权重进行赋值，各子系统内部三级指标的权重之和为 1；第四步，将三级指标的最终权重得分进行排序，分析权重得分是否与重要性匹配，并根据专家意见再次进行调整，直至专家对结果的认可度达到 90% 以上。最终，形成三级指标权重分配表（表 1 - 8）。

表 1 - 8   浙江省农业可持续发展系统评价指标体系权重分配

一级指标	二级指标	三级指标	三级指标权重
农业生态系统 （0.5）	耕地资源指标 （0.5）	农村人口人均耕地面积	0.1
		测土配方面积	0.1
		一等田占标准农田比重	0.2
		复种指数	0.2
		农田旱涝保收面积	0.2
		＊水土流失总面积	0.1
		＊农业受灾率	0.1

（续）

一级指标	二级指标	三级指标	三级指标权重
农业生态系统 （0.5）	水资源指标 （0.2）	＊地表水质指数	0.2
		＊耕地亩均用水量	0.3
		灌溉水利用系数	0.3
		水资源开发利用率	0.2
	农业清洁生产指标 （0.3）	＊每亩播种面积化肥施用量	0.15
		＊每亩播种面积农药施用量	0.15
		农膜回收率	0.15
		秸秆综合利用率	0.15
		规模化养殖废弃物综合利用率	0.2
		森林覆盖率	0.2
农业经济系统 （0.3）	农业生产率指标 （0.6）	农业成本利润率	0.3
		农业劳动生产率	0.3
		单位耕地面积粮食产量	0.1
		单位面积耕地油料产量	0.1
		单位面积耕地蔬菜产量	0.1
		单位面积耕地水果产量	0.1
	农业投入指标 （0.4）	农业劳动力数量	0.4
		农民组织化水平	0.6
社会发展系统 （0.2）	人均食物占有量 （0.3）	粮食	0.4
		猪牛羊肉	0.3
		水产品	0.3
	农业科技化水平 （0.4）	农业科技进步贡献率	0.6
		农业技术人才比重	0.4
	就业、财政与收入 （0.3）	农业剩余劳动力转移指数	0.2
		国家农业政策支持力度	0.3
		农村人均纯收入	0.3
		＊城乡收入差距系数	0.2

3. 评价结果及其分析

（1）评价结果。根据上述数据标准化处理方法与综合指数评价方法，得出近4年浙江省农业可持续发展水平及三大子系统得分，列于表1-9中。

表1-9 浙江省农业可持续发展评价结果（2010—2013）

系统得分	2010	2011	2012	2013
农业生态系统得分	0.497 8	0.486 6	0.487 2	0.487 9
耕地资源指标系统	0.251 5	0.259 8	0.252 7	0.244 7
水资源指标系统	0.113 6	0.093 2	0.100 5	0.102 5
清洁生产指标系统	0.132 6	0.133 6	0.134 0	0.140 7
农业经济系统得分	0.280 7	0.281 3	0.292 5	0.297 5
农业生产率指标系统	0.158 6	0.167 4	0.170 7	0.175 3
农业投入指标系统	0.122 0	0.113 9	0.121 8	0.122 3
社会发展系统得分	0.285 7	0.295 1	0.302 4	0.316 9
人均食物占有量指标系统	0.085 7	0.087 4	0.088 3	0.098 6
农业科技化水平指标系统	0.117 2	0.118 7	0.121 9	0.122 2
劳动力转移、财政与收入指标系统	0.082 7	0.089 1	0.092 1	0.096 1
综合得分	1.064 1	1.063 0	1.082 1	1.102 3

（2）结果分析。

① 系统评价。

农业生态系统：农业生态系统由耕地资源指标、水资源指标以及农业清洁生产指标三大子系统组成，该系统是农业可持续发展最重要的组成部分，系统得分越高，表示农业发展所处的生态环境越得到改善。从表1-9可以看出，农业生态系统得分先降后升，从2010年的0.497 8下降到2011年的0.486 6，之后便稳定上升至2013年的0.487 9，但增速较慢且还没有恢复到2010年的水平。具体来看，耕地资源系统指标得分先升后降，且处于下滑趋势；水资源系统指标得分先降后升，但恢复速度较慢；农业清洁指标系统的得分一直平稳上升，显示出浙江近年来十分重视农业清洁生产，农业生产环境有所改善（图1-3）。

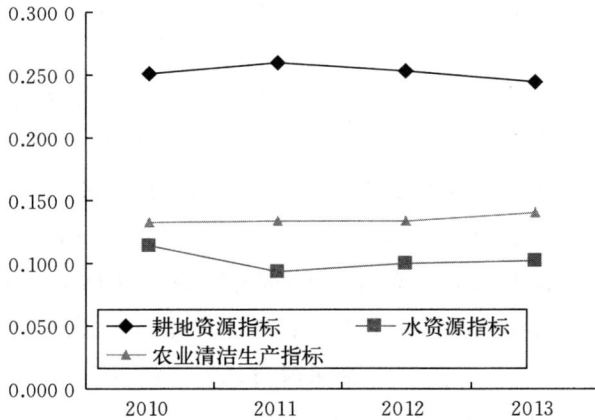

图 1-3 浙江农业生态系统三大子系统可持续发展能力变化情况

农业经济系统：农业经济系统由农业生产率指标和农业投入指标两大子系统组成，其得分越高，表示农业在经济方面的可持续发展能力越高。从经济系统的得分来看，综合得分从 2010 年的 0.280 7 上升到 2013 年的 0.297 5，年均增长 0.56%，虽然增长速度不快，但增长步伐稳定。其中，农业生产率指标得分从 2010 年的 0.158 6 上升到 2013 年的 0.175 3，保持稳步上升态势，表明浙江耕地的生产效率和劳动力的生产效率不断提升；农业投入指标得分先降后升，从 2010 年的 0.122 下降到 2011 年的 0.113 9，之后稳步上升至 2013 年的 0.122 3，主要是农业劳动力数量不断减少，且产业化带动水平有所波动引起（图 1-4）。

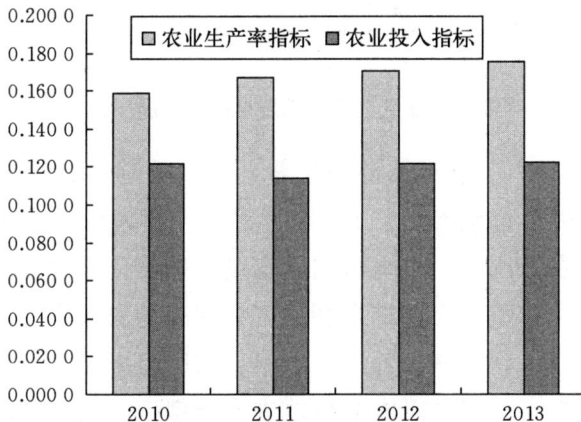

图 1-4 浙江农业经济系统两大子系统可持续发展能力变化情况

社会发展系统：社会发展系统由人均食物占有量、农业科技化水平、农业剩余劳动力转移与财政支农力度等三大子系统组成，其得分越高，表示农业发展对社会贡献越大，可持续发展能力越强。社会发展系统综合得分从2010年的0.2857上升到2013年的0.3169，年均增长1.04%，增长步伐稳健，在三大子系统中增长幅度最快，成为浙江农业可持续发展能力增强的重要支撑。其中，人均食物占有量指标得分年均递增0.43%，这对于浙江这样一个耕地资源稀缺且人口不断增长的省份来说，具有十分重要的意义。农业科技化指标得分年均递增0.17%，主要是农业科技贡献率不断增长引起。劳动力转移、财政及收入子系统指标得分增长幅度最快，达到0.45%，这与浙江经济大省的身份较为匹配，在很大程度上受益于其经济快速发展对农村劳动力需求的增加以及财政支农力度的增强（图1-5）。

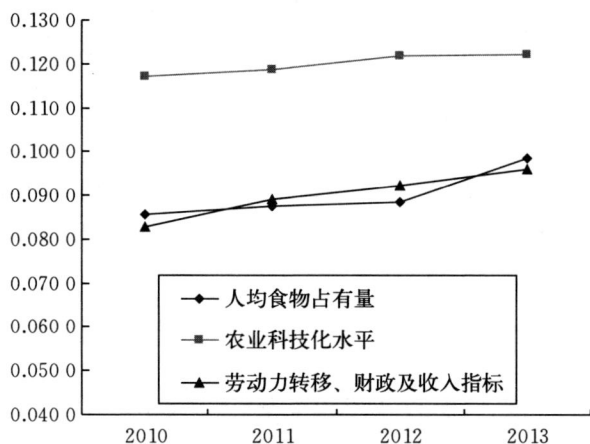

图1-5 浙江农业社会发展系统可持续发展能力变化情况

② 指标评价。从三级指标得分来看，一些关键指标得分变化的差异较大，可持续发展能力喜忧参半。其中，"喜"主要表现在三个方面，一是以一等良田占标准农田比重、耕地亩均用水量、每亩化学药品投入量、秸秆综合利用率和规模化养殖废弃物综合利用率为代表的农业生态系统指标持续向好；二是以农业成本利润率、劳动生产率、农民组织化水平为代表的农业经济系统指标稳步提高；三是以农业科技进步贡献率、政府支农力度、农民收入水平为代表的社会发展系统指标显著提高，城乡居民收入差距日益缩小。

"忧"也表现在三个方面，一是农村人口人均耕地面积持续下滑，其指标得分从 2010 年的 0.025 4 持续下降到 0.024 3，农业发展空间不断下降；二是单位面积耕地粮油产量下降明显，其指标得分从 2010 年的 0.036 4 持续下滑至 2013 年的 0.034 8，浙江粮食生产安全问题日益突出；三是农业科技人员比重在 2013 年出现了下滑，其进一步发展的影响有待观察。

③总体评价。综合三大子系统的得分情况，浙江省农业可持续发展能力综合得分从 2010 年的 1.064 1 上升到 2013 年的 1.102 3，年均上升 1.27%，表明浙江省农业可持续发展水平逐年稳步提高，发展形势较为喜人，特别是农业经济系统和社会发展系统的可持续发展能力持续提高，对农业整体可持续发展水平的提高起到了强有力的支撑。但是，从单个指标的得分变化来看，虽然浙江在农业生态环境治理、提高农业劳动生产效率、加大财政支农力度、提高农民收入等方面取得了不俗的成绩，但仍面临耕地面积减少、粮油生产水平下滑、农业科技人员比重降低等问题，应引起政府相关部门的足够重视。

四、浙江农业可持续发展背景下的产业合理规模分析

(一) 种植业合理规模

1. 种植业资源合理开发强度分析

20 世纪 90 年代，浙江加快农业结构调整，大力发展效益农业，蔬菜瓜果等经济作物面积快速增加，而粮食作物播种面积逐年调减，农作物播种面积也呈下降态势。"十二五"以来，浙江省深入实施农业"两区"建设，并加大对粮食生产政策扶持力度，全省农民种粮积极性有所提高，但粮食播种面积下降的态势难以扭转。2013 年，全省农作物播种面积 4 441.43 万亩，比 2000 年下降了 26.14%。其中粮食作物播种面积 1 880.61 万亩，比 2000 年下降了 45.50%；蔬菜、水果、茶叶等经济作物播种面积 2 560.82 万亩，比 2000 年下降了 0.07%。粮经面积比由 2000 年的 57∶43 调整为 2013 年的 42∶58。耕地复种指数由 2000 年的 221.1% 下降到 2013 年的 149.9%。浙江光热资源较为充足，种植业生产适合一年两熟至三熟，如果仅从气候资源考虑，种植业资源开发强度还有较大的提升空间，以 2000 年耕地复种指数测算，全省农作物播种面积可以增加 20% 左右。

表 1-10 2000—2013 年浙江省农作物种植结构调整情况表

年份	农作物播种面积（万亩）	其中：粮食作物（万亩）	经济作物（万亩）	粮经比	耕地复种指数（%）
2000	6 012.89	3 450.39	2 562.5	57.4：42.6	221.1
2001	5 573.42	2 813.4	2 760.02	50.5：49.5	202.7
2002	5 333.91	2 488.63	2 845.28	46.7：53.3	183.7
2003	5 008.43	2 141.66	2 866.77	42.8：57.2	178.1
2004	4 943.23	2 181.8	2 761.43	44.1：55.9	174.2
2005	5 051.56	2 266.19	2 785.37	44.9：55.1	178.1
2006	5 077.78	2 287.59	2 790.19	45.1：54.9	179.1
2007	5 041.02	2 237.4	2 803.62	44.4：55.6	176.2
2008	4 573.19	1 907.45	2 665.74	41.7：58.3	155.4
2009	4 606.04	1 935.14	2 670.9	42.0：58.0	156.8
2010	4 499.48	1 913.75	2 585.73	42.5：57.5	152.2
2011	4 471.73	1 881.2	2 590.53	42.1：57.9	151.0
2012	4 529.63	1 877.33	2 652.3	41.4：58.6	153.4
2013	4 441.43	1 880.61	2 560.82	42.3：57.7	149.9

资料来源：浙江省 2000—2013 年农业统计资料。

造成浙江种植业播种面积下降的主要原因是农业的比较效益低，浙江经济发达，务工经商效益高于务农效益，农村劳动力正持续向工业和服务业转移。2000—2013 年，全省农业劳动力由 1 014.93 万人减少到 589.91 万人，年均下降了 4.1%；其中从事种植业的农业劳动力由 831.86 万人减少到 470.47 万人，年均下降了 4.3%。再从农业水资源来看，近十余年来，浙江农业灌溉用水量及其占总用水量的比例逐年下降，农业亩均灌溉用水量也越来越少。2000 年全省农田灌溉用水量为 111.05 亿立方米，占总用水量的 55.2%；到 2013 年全省农田灌溉用水量下降为 75.79 亿立方米，仅占总用水量的 33.7%。农田灌溉亩均年用水量由 2000 年的 508 立方米，下降到 2013 年的 346 立方米，下降了 31.9%。随着工业化、城镇化水平不断推进，未来几年浙江农业劳动力还将继续减少，农业用水量还将继续下降，可能会对农业结构，尤其是种植业结构产生一定影响。

2. 粮食合理生产规模

粮食安全始终是关系我国国民经济发展、社会稳定的全局性重大战略问题。而粮食生产不仅受到政府引导政策的影响，同时，也受到水土等要素资源的制约，粮食生产规模可以从最大承载量和合理生产规模两个方面来分析。

（1）浙江水资源的粮食承载力分析。反映粮食产量与所需水量的关系一般用水分生产率来表示，它是指每立方米水量所能产生的粮食（按千克计），可用耗水量生产率和灌溉水分生产率表示。若要建立粮食产量与农业灌溉水量的关系，可采用灌溉水分生产率。

根据 2000—2004 年浙江单季稻的灌溉试验结果，多年平均净灌溉水分生产率各地略有差异，全省平均薄露灌溉约 2.4～2.5 千克/立方米，群习灌溉 1.8～2.0 千克/立方米。另据 1982—1990 年浙江省双季水稻各试验站的灌溉试验成果，多年平均净灌溉水分生产率 2.1～2.2 千克/立方米，若考虑近几年农业灌溉水平的提高和农艺措施的改进，净灌溉水分生产率可以达到 2.4 千克/立方米。按 2013 年农田灌溉水量 75.79 亿立方米计算，灌溉水利用系数 0.575，则实际能够到田间的净灌溉水量 43.58 亿立方米，以目前最主要的粮食作物——水稻为分析对象，净灌溉水分生产率约为 2.4 千克/立方米，可以推算出目前全省水资源量可以承载粮食生产约为 1 050 万吨，按 2013 年全省粮食平均产量 390 千克/亩计算，全省水资源量可以承载粮食播种面积约为 2 690 万公顷。

（2）粮食合理生产规模。浙江在 20 世纪 90 年代后期提出发展效益农业，主要是减粮增经，这也是根据市场导向、比较效益作出的战略性调整。但近十年来，粮食安全问题越来越受到各级政府重视，并实行了粮食生产行政首长负责制。基于当前浙江耕地资源数量和利用效率，省委、省政府作出确保 800 万吨口粮自给的决定。在《浙江省粮食生产能力和功能区建设"十二五"规划》中，提出"力争年粮食播种面积达到 1 950 万亩、总产量 800 万吨"，而且还深入推进粮食功能区建设，规划到 2018 年全省建成粮食生产功能区 800 万亩。至 2013 年底，全省已建成粮食生产功能区 465 万亩，为提高粮食生产水平、保障粮食安全作出了积极贡献。由图 1－6 可知，近四年来全省粮食播种面积和总产量的减势趋缓。基于以上分析，再综合考虑口粮基本自给的总要求，浙江省粮食合理生产规模为 1 900 万～2 000 万亩。按照此粮食生产规模，以及当前的灌溉水利用系数、净灌溉水分生产率（2.4 千克/立方米）测算，农田灌溉水量即使下降到 57.74 亿立方米，水资源还是可以确保 1 950 万亩粮食生产；随着粮食生产机械化水平的不断提高，粮食劳动生产率的不断提高，农村劳动力也完全可以支撑 1 950 万亩粮食生产（图 1－6）。

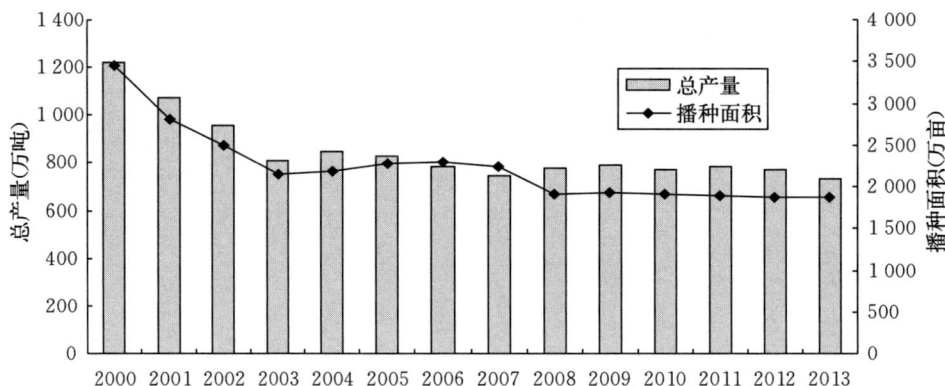

图 1－6　2000—2013 年浙江省粮食播种面积及总产量

3. 蔬菜合理生产规模

蔬菜是城乡居民生活必不可少的重要农产品，保障蔬菜供给是重大的民生问题，蔬菜生产与供给必须以资源优势为基础，以市场需求为导向，因地制宜，循序发展。因此，确定蔬菜的合理生产规模必须考虑市场化背景下蔬菜产需总体发展趋势，根据资源禀赋和比较优势，来确定蔬菜的合理生产规模。

改革开放以来，浙江蔬菜产业总体保持平稳较快发展，已成为浙江省十大特色优势农业产业之一，蔬菜总产值和总产量均居全省种植业首位，蔬菜产值占全省种植业的 30% 左右，出口创汇列全国前茅，蔬菜产业已成为农民从事农业生产取得经济收入的主要来源。

从蔬菜生产方面看，自 1985 年以来，浙江蔬菜播种面积呈现先增后减，然后趋稳的趋势。由 1985 年的 270.4 万亩增加到 2003 年的 1 051.2 万亩，增长了 288.7%，年均递增 7.9%；2003—2008 年，全省蔬菜播种面积减少了 11.8%，年均递减 2.5%；2008—2013 年，蔬菜播种面积基本维持在 930 万亩左右。而全省蔬菜总产量则呈现先增后稳，然后又增的趋势。1986—2003 年，全省蔬菜总产量增长了 136.1%，年均递增 5.2%；2004—2007 年，全省蔬菜总产量基本维持在 1 720 万吨左右；2007—2013 年，全省蔬菜总产量又增长了 5.7%，年均递增 1.3%。可以看出，近 4～5 年浙江的蔬菜播种面积基本维持稳定，而由于单产的提高，蔬菜总产量略有增长（图 1-7）。

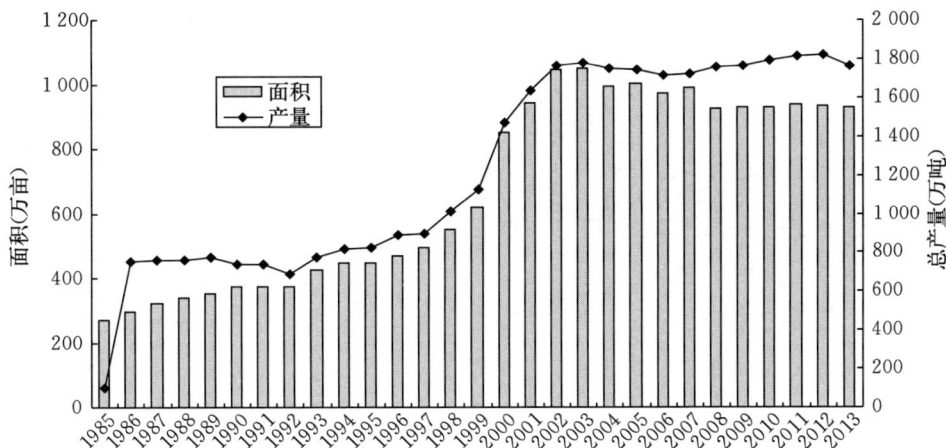

图 1-7 1985—2013 年浙江省蔬菜播种面积及总产量

从蔬菜消费角度看，随着城乡居民生活水平的不断提高和农村人口向城镇转移加快，浙江蔬菜消费量呈现先增后减，然后趋于平稳的趋势。1985—2001 年，随着人民生活水平的提高和膳食结构的改善，蔬菜日益成为人们一日三餐的必需品，城乡居民蔬菜的消费量平稳增长，年均递增 4.8%。2001—2013 年，随着城镇化的推进，农村居民人均蔬菜消费量不断下降，而城市则相对稳定。据统计，农村居民的年人均蔬菜消费量从 2001 年的109.3 千克下降到 2013 年的 87.6 千克，年均下降 2.2%；而城镇居民的年人均蔬菜消费量先上升后下降，2011 年人均消费量为 110.2 千克，与 2001 年相比差距不大。至 2006 年全省蔬菜消费量略有下降，年均递减不足0.5%，而后趋于平稳。

根据以上蔬菜产需总体趋势分析，以市场供需为基础，以保障城乡居民"菜篮子"供给为重点，同时兼顾发展蔬菜加工及其出口创汇需要，浙江蔬菜产业的合理生产规模为年播种面积 930 万亩，蔬菜总产量约为 1 800 万吨。

（二）养殖业合理规模

畜牧养殖业的适度规模，不仅与资源状况、消费需求等密切相关，而且还要求畜禽养殖规模与周边农田的粪污消纳能力相适应，建立农牧结合的生态养殖模式，走绿色、生态、健康养殖之路。

1. 耕地畜禽承载能力分析

随着城市化、工业化进程的加快和生态立省战略的实施，不断扩大的规模化养殖对有限的环境承载力构成严峻挑战，尤其是在"五水共治"大背景下，如何确定畜产品合理生产规模，实现规模养殖与生态环境保护的协调发展，已成为亟待解决的难题。因此，按照土地的承载能力确定适度规模的载畜量，使土地能够具有足够的空间消纳利用粪污，促进畜牧业规模养殖与资源环境的协调发展，就成为当前浙江畜牧业发展的一项紧迫任务。

畜禽粪污的流失中氮素占一半左右，综合考虑作物生长发育氮肥的合理需求与降低农业面源污染风险的客观要求，开展基于氮素循环的耕地畜禽承载能力评估。基于氮素循环的耕地畜禽承载能力评估模型（N-LSCM）共由 6 个分析处理模块构成。参照国内外相关研究，结合浙江种养业生产及科技、管理水平，以《浙江省农业统计资料》（2013 年）中的主要作物产量和畜牧业生产数据为基础，由评估数学模型分析估算得：浙江 2013 年农作物氮养分消耗量（$TN_{(2013)}$）319 413.4 吨；耕地畜禽承载能力在非约束条件下（$CN_{(max)}$）10 285 万猪等值产量，在农牧结合、种养平衡状态下（$CN_{(2013)}$）4 628.5 万猪等值产量（表 1-11）；耕地畜禽承载实际数量（$LN_{(2013)}$）2 670.2 万猪等值产量；耕地畜禽负荷预警值（$\delta_{(2013)}$）为 0.26；可承载新增畜禽生产数量（VN）1 958.3 万猪等值产量。

表 1-11　在约束条件下 2013 年浙江耕地畜禽粪便负荷与承载能力

畜禽粪便有机氮占作物生产消耗总氮的百分比（%）	耕地畜禽粪便总负荷（折成纯氮）（吨/年）	耕地畜禽承载总量（猪等值产量）	单位耕地畜禽承载能力［头/（公顷·年）］
0	0	0	0
5	15 970.67	5 142 780	2.6
10	31 941.34	10 285 560	5.2
15	47 912.01	15 428 340	7.8
20	63 882.68	20 571 121	10.4
25	79 853.35	25 713 901	13.0

（续）

畜禽粪便有机氮占作物生产消耗总氮的百分比（％）	耕地畜禽粪便总负荷（折成纯氮）（吨/年）	耕地畜禽承载总量（猪等值产量）	单位耕地畜禽承载能力［头/（公顷·年）］
26.75①	82 921.05	26 701 742	13.5
30	95 824.02	30 856 681	15.6
35	111 794.69	35 999 461	18.2
40	127 765.36	41 142 241	20.8
45②	143 736.03	46 285 021	23.4
50	159 706.70	51 427 802	26.0
55	175 677.37	56 570 582	28.6
60	191 648.04	61 713 362	31.2
65	207 618.71	66 856 142	33.8
70	223 589.38	71 998 922	36.4
75	239 560.05	77 141 702	39.0
80	255 530.72	82 284 482	41.6
85	271 501.39	87 427 263	44.2
90	287 472.06	92 570 043	46.8
95	303 442.73	97 712 823	49.4
100	319 413.40	102 855 603	52.0

注：①为2013年浙江耕地畜禽承载实际负荷；②为浙江耕地畜禽承载能力临界点。

根据作物种植对畜禽粪便有机肥氮养分的消纳能力，建立以适度规模畜禽标准化养殖经营为主体的农牧结合、种养平衡型现代畜牧业生产体系，是促进种养业副产品资源化循环利用，实现畜牧生产与生态环境协调发展的良好产业模式。根据2013年浙江省农作物种植业氮养分消耗总量，种养平衡状态下耕地畜禽承载能力为4 628.5万猪等值产量，而当前全省耕地畜禽承载实际数量为2 670.2万猪等值产量，耕地畜禽负荷预警值为0.26（＜0.45，属负荷预警Ⅰ级），表明从整体上看浙江畜禽养殖规模较为合理，对环境不构成威胁。扣除当年耕地畜禽承载实际数量，浙江仍有新增1 958.3万猪等值产量的发展潜力。

2. 畜禽产品合理生产规模

以上计算分析中假定了将全省的所有畜禽粪便均匀分布到全省的耕地上，然而，实际的畜禽养殖往往集中在某些区域，这意味着在畜禽规模养殖密集区可能超过其允许总量，从而给土地和水环境造成较大压力。因此，畜产品合理生产规模需要在总量控制的前提下，优化畜禽结构及空间布局，在稳定生猪、奶牛生产基础上，大力发展家禽、兔、羊等节粮型畜牧业，积极拓展湖羊、浙东白鹅及长毛兔、獭兔等草食动物发展空间。

（1）生猪合理生产规模。从生猪出栏数来看，自2000年以来，浙江生猪出栏数呈现先快速增加，而后上下振荡波动的局面。生猪出栏数由2000年的1 552.4万头增加到2004年的1 893.04万头，增长了21.95%，年均递增5.1%；2004—2013年，生猪出栏数基本维持在1 870万～1 950万头波动，一般3～4年为一个波动周期，其中2007年为近十余年的最高值，到达1 948.26万头（图1-8）。

从猪肉消费来看，浙江猪肉的自给率在85.0%左右，还有较大的供需缺口。尽管当前浙江各地以"五水共治"为契机，全面开展畜禽养殖场整治工作，关停了一批养殖场，但无论从猪肉供需市场，还是耕地畜禽承载能力来看，未来一段时期内浙江生猪养殖规模不会、也不可能出现大幅下降，生猪养殖布局会有所调整，衢州、嘉兴等传统主产区过载区域生猪养殖规模将减少400万头，而温州、台州、宁波、丽水等地的养殖规模将适度增加，猪肉自给率将提高10～15个百分点，一增一减，浙江生猪养殖量还将会基本维持目前规模。因此，浙江省生猪合理生产规模为年出栏生猪1 900万头左右。

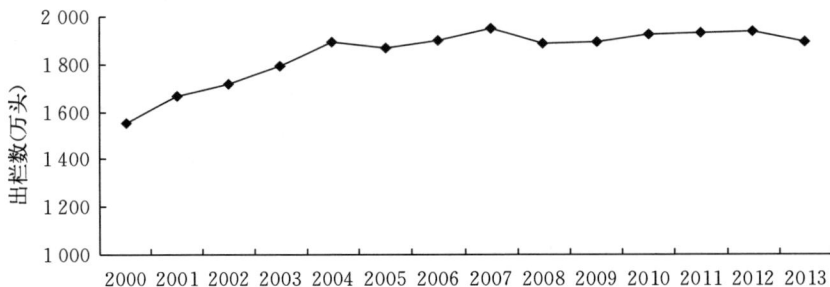

图1-8　2000—2013年浙江省生猪年出栏量

（2）家禽合理生产规模。家禽养殖业是浙江畜牧业发展的另一个重要支柱，近 10 多年来，家禽养殖业获得了很大的发展。自 2000 年以来，浙江家禽出栏数呈现先增后减趋势。全省家禽出栏数由 2000 年的 15 840 万羽增加到 2008 年的 27 340 万羽，增长了 72.60%，年均递增 8.1%；2008—2013 年，全省家禽出栏数减少了 23.3%，年均递减 5.2%，考虑到 2013 年由于禽流感原因，当年家禽出栏数较上一年下降了 16.6%，2009—2012 年期间全省家禽出栏数基本维持在 24 000 万～26 000 万羽（图 1-9）。

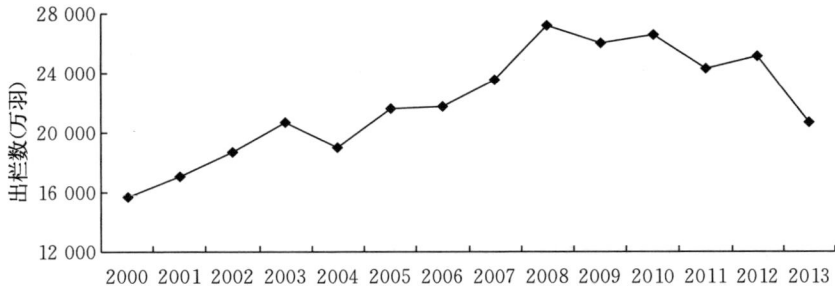

图 1-9　2000—2013 年浙江省家禽年出栏数

从家禽消费来看，目前浙江家禽的自给率不足 70.0%，在过去 20 多年里，禽肉和禽蛋一直是居民比较喜欢的家庭消费食品，其消费未来也有一定的增长空间。预计随着畜牧业养殖品种结构进一步优化调整，规模化的家禽养殖业会得到进一步发展，家禽养殖业将会恢复性增长，达到或超过 2008 年的规模。因此，浙江家禽合理生产规模为年出栏家禽 28 000 万～30 000 万羽，禽肉、禽蛋自给率达到 90% 左右。

五、浙江农业可持续发展的区域布局与典型模式

（一）农业可持续发展的区域差异分析

浙江省东面临海，陆上多丘陵山地，农业受地形地貌的影响，形成了北部平原、中部盆地丘陵、西部山区、东部沿海和岛屿五个区域类型。改革开放以来，浙江省农业取得了巨大成就，但在可持续农业发展过程中，还面临着许多制约因素，影响着不同区域农业可持续发展。

1. 北部平原地区农业可持续发展主要制约因素

平原地区海拔高程较低，地面平坦，土层深厚，宜种性广，是本省种养业的高产地区，而且经济水平相对较高，农业产业化经营水平也较高。该区域农业可持续发展主要制约因素有：一是水环境质量令人担忧。平原地区有一半河段水质已是Ⅳ类、Ⅴ类或劣Ⅴ类，失去了作为饮用水源的功能；河网水体水质主要为Ⅳ～劣Ⅴ类，且80%左右的断面不能满足功能要求，总体水质较差。二是土地资源紧缺。该区域工业化、城镇化水平较高，非农建设与农业争地的矛盾突出；而且部分城镇及工业区周边的农田污染严重，已经失去生产食用农产品功能。三是环境污染治理任务十分艰巨。主要表现在工业"三废"污染有增难减，水污染严重，化肥、农药、农膜的施用量和牲畜粪便排放等农业自身污染也在加剧，施用有机肥不断减少，土壤肥力下降等。四是局部地区易遭涝渍危害，嘉兴等地对地下水资源过度开采利用，已造成地表沉降，隐患严重。

2. 东部沿海地区农业可持续发展主要制约因素

东部沿海地区濒临东海，海域辽阔，港湾众多，岛屿、海洋、港湾相互交错，陆域地貌以滨海平原、丘陵、山地阶梯式向内陆延伸，形成多样的土地类型。该区域农业可持续发展主要制约因素有：一是人均水资源占有量低，而且地表水和地下水已受到不同程度污染，有的地区污染严重，大部分水体已不能满足功能需求，令人担忧。据温州市54个监测断面监测，符合Ⅱ、Ⅲ类水质标准的水断面占46.3%，劣于Ⅳ类的水断面占53.7%，其中Ⅴ类、劣Ⅴ类水断面占48.1%；平原河网以劣于Ⅴ类的水为主，总体较差，大部分断面不能满足功能区要求。二是海洋环境质量仍不容乐观。主要是近海海域水体富营养化状况依然严重，中度富营养化和严重富营养化海域面积超过50%，基本无Ⅰ类海水海域。据省海洋与渔业局对岱山顶嘴门、嵊泗、象山港、三门湾、乐清湾、洞头等6个重点海水养殖区和31个海水养殖基地环境质量监测结果，海水养殖区域环境质量基本上能满足养殖环境要求，但水体的富营养化仍然是影响养殖基地水环境的主要因素。三是台风等农业气象灾害频繁，台风影响平均每年3.4个，主要集中在7—9月，而且自进入20世纪90年代以来，该地区伏秋干旱也明显增多。

3. 中部盆地丘陵区农业可持续发展主要制约因素

中部盆地丘陵区以盆地和低丘为主要特征，是全省最大的内陆盆地，也是浙北平原和浙西南山地的结合部，有小气候资源可供利用，历来是浙江省农业综合发展较好的区域。该区域农业可持续发展主要制约因素有：一是自然灾害频繁，既易旱又易洪，大雨则山洪成灾，易造成水土流失、山体滑坡等自然灾害；久晴无雨，易干旱成灾，威胁农业生产。二是畜牧业养殖污染严重，衢江、江山等地畜牧养殖过载，已超过区域耕地承载能力，造成水体富营养化、地下水水质恶化，甚至导致污染事故。三是土壤改良进程缓慢，中低产田、中低产园、中低产林比重较大，森林覆盖率偏低。四是部分江河流域受不同程度的污染，金华市江河流域受污染的河段在增长，水质合格率逐年下降，水质恶化程度上升。

4. 西部山区农业可持续发展主要制约因素

西部山区包括浙西南和浙西北山区，耕地资源较少、林地、园地相对充裕，是农林牧混合经营区，也是浙江省八大水系的源头区域。该区域农业可持续发展主要制约因素有：一是水土流失严重，由于坡地、陡坡地过度开发，以及森林砍伐过度，导致区域生态环境恶化。二是局部地区经济林和食用菌开发过度，阔叶林资源遭破坏，森林生态功能减弱。三是农业投入严重不足，效益低下，山区农业开发的自然风险和市场风险较大，直接经济效益低，投资回收期长，由于投入不足，造成农业科技手段落后，农业新品种、新技术的推广和应用极为缓慢，农业科技人才不足且不断流失。四是农村劳动力素质下降，由于比较效益低，加上当地农村工业落后，农村年轻人大多外出务工，造成从事农业生产的劳动力素质下降，影响了农业的可持续发展。

5. 近海岛屿区农业可持续发展主要制约因素

近海岛屿区的海域辽阔，港湾众多，岛屿、港湾相互交错，滩涂面积大，海洋生物资源丰富，是浙江省以海水养殖、海洋旅游、水产品加工业为特色的都市渔业区。该区域农业可持续发展主要制约因素有：一是淡水资源短缺，以舟山市为例，全市年人均淡水资源仅 556 立方米，不到全国平均水平的 1/4，属典型的资源型缺水区。舟山本岛的年水资源总量是 2.79 亿立方米，再加上时空分布不均，水资源组合不协调，年际变化大等因素，更加剧了水资源供需的不平衡，成为制约经济社会发展的"瓶颈"。二是台风等自然灾害频繁，舟山每年夏秋季是频繁受台风影响的季节，平均每年 3.8 个台风，其中对舟山造成较严重灾害的台风年平均 1.3 个。三是经济建设与海水养殖业争地越来越突出，近年来，港口建设、海洋旅游、临港工业等发展较快，占用了大量滩涂资源，海水养殖业的空间受到不断压缩。

（二）农业可持续发展区划

根据浙江各地气候、区位和资源条件、社会经济状况、农业发展基础与方向，运用聚类分析方法，把全省 90 个县（市、区）划分为浙东北水网平原农业可持续发展区、浙东南沿海农业可持续发展区、浙中盆地丘陵农业可持续发展区、浙西山区农业可持续发展区、近海岛屿农业可持续发展区五大功能区。

1. 浙东北水网平原农业可持续发展区

（1）基本概况。本区位于浙江省东北部，地处上海长三角都市圈和杭州、宁波都市区，包括杭州市区、嘉兴市区、海宁市、平湖市、嘉善县、海盐县、桐乡市、湖州市区、德清县、宁波市区、慈溪市、余姚市、绍兴市区等，总面积 1.75 万平方公里。

（2）农业资源特征。区内地貌特征以平原为主，农业生产条件较好，土壤适种性广，有利于发展粮、油、菜、桑等多种农作物；同时，众多的湖荡水域还有利于发展淡水养殖业，是江南鱼米之乡、丝茶之府的代表区域。

（3）农业区域分布特征。近 20 年来，该区农业结构调整取得了明显成效，出现了低效的大宗农业产业向高效的特色产业转变，一般农产品向特色优势农产品集中，优势农产品向优势产区集中的趋势，具有本区地域特色的农产品产业体系已基本建立，成为全省农业产业结构调整的先行区。初步形成了水产、蔬菜瓜果、竹笋、畜禽、水果、花卉苗木、茶叶、蚕茧等 8 个优势农产品的产业带或产业区，涌现出杭州市区（萧山区、余杭区）、宁波市区、余姚市、慈溪市、嘉兴市区、嘉善县、桐乡市、绍兴市区（上虞区、柯桥区）等县（市、区）的蔬菜产业区；杭州市区（萧山区）、宁波市区、余姚市等市（区）的花卉苗木产业区；杭州市区、宁波市区、慈溪市、嘉兴市区、湖州市区、绍兴市区（上虞区、柯桥区）等县（市、区）的淡水产品生产基地以及海宁市、桐乡市、湖州市区等的蚕茧生产基地。

（4）功能定位。以接轨大上海、服务城市为目标，体现江南农业鱼米之乡、丝茶之府区域特色农业的传承和发展，稳定粮油生产，重点发展水产、蔬菜瓜果、竹笋、畜禽、水果、花卉苗木、茶叶、蚕茧等8个优势农产品，进一步优化区域布局，抓好农产品保鲜、精细加工、品种改良和引进等关键环节，加快发展都市型农业，把该区建成全省现代农业的示范区。

（5）发展目标与方向。继续调整农业产业结构，限制粗放型、高污染的农业产业，增加高附加值的园艺类、休闲观光类农业产业发展；创新农作制度，推行水旱轮作，推进种养结合和废弃物循环利用，减轻水体污染；大力推广测土配方施肥和标准化生产技术，合理科学地施用化肥、农药、农膜，实现洁净生产；完善农田林网建设，加强农田防护，提高平原绿化水平。

2. 浙东南沿海农业可持续发展区

（1）基本概况。本区位于浙江省东南沿海，包括奉化、象山、宁海、三门、临海、台州市区、温岭、玉环、温州市区、乐清、瑞安、平阳、苍南等13个县（市、区），总面积1.63万平方公里。

（2）农业资源特征。本区濒临东海，光照充足，雨水充沛，陆域地貌上以滨海平原、丘陵、山地阶梯式向内陆延伸，形成多样的土地类型。区域内的温（岭）黄（岩）平原和温（州）瑞（安）平原，是浙江的主要平原，适宜蔬菜、瓜果、粮食等多种农作物生长；区内丘陵、山地适宜发展具有特色的茶、果和林业。

（3）农业区域分布特征。本区是浙江省水果重点产区，水果中特色产品有奉化水蜜桃、黄岩蜜橘、瓯柑、温州蜜柑、东魁杨梅、丁岙杨梅、路桥枇杷、楚门文旦、苍南四季柚、三门纽荷尔脐橙、温岭高橙等，主要分布在奉化市、象山县、宁海县、温州市区（瓯海区）、乐清市、苍南县、台州市区、三门县、玉环县、临海市、温岭市等县（市、区）。本区特种畜禽发展较快，主要有浙东白鹅、温岭草鸡以及奶牛、兔等，主要分布在象山县、温州市区（瓯海区）、瑞安市、乐清市、苍南县、温岭市等县（市、区）。此外本区盛产马蹄笋，主要分布在瑞安市、平阳县、苍南县，是浙江省马蹄笋主要产区。茶叶以生产特早名优茶、高山优质茶而著称，经过多年发展已涌现出"瑞安清明早""平阳早""苍南翠龙"等一批知名品牌，主要分布在瑞安市、平阳县、苍南县等县、市。

（4）功能定位。充分利用光热资源，提高粮食生产能力。以发展特色优势农业为重点，积极培育蔬菜瓜果、水产品、特色水果、茶叶、竹笋（马蹄笋）和食用菌等特色产品，继续提高经济效益好、市场潜力大的特色农业比重，形成一批在省内外具有较强影响力和竞争力的特色优势农产品产业带、产业区，不断提升农业外向度。

（5）发展目标与方向。深化农业产业结构调整，积极实施"走出去"的发展战略，扩大对外交流，提高农业的外向度；积极采用生态农业的关键技术，大力推广生态农业种养模式，扩大无公害农产品、绿色和有机农产品生产基地规模；积极开展农业面源污染治理、小流域综合治理以及生态牧业园区建设，提高生态农业整体水平；加强沿海防护林带、农田防护网建设，增强抵抗台风防灾的能力。

3. 浙中盆地丘陵农业可持续发展区

（1）基本概况。本区位于浙江中部，包括金华市区、兰溪、东阳、义乌、永康、武义、浦江、衢州市区、江山、常山、龙游、诸暨、嵊州、新昌、天台、仙居等 16 个县（市、区），总面积 2.51 万平方公里。

（2）农业资源特征。本区是全省最大的内陆盆地，红黄壤丘陵山地、园地资源相对丰裕，区域内光热条件优越，土地类型复杂多样，农产品种类丰富，有利于农林牧渔各业全面发展。通过农业结构调整和特色农业发展，涌现出一批特色农产品和全国"特色之乡"。

（3）农业区域分布特征。本区域坚持充分挖掘当地的资源优势，着眼于农产品品种和结构的调整创新，突出抓好农产品生产的特色化、名优化和规模化，逐步涌现出一批特色农产品和全国"特色之乡"。主要有诸暨的香榧、珍珠、麻鸭，新昌的小京生花生、长毛兔，嵊州、浦江的桃形李，新昌、嵊州的珠茶，武义、江山的猕猴桃，金华的佛手、生猪、奶牛，东阳、义乌、武义、龙游的黄花梨，天台、仙居的杨梅，天台的早熟水蜜桃，江山、常山的金针菇，常山的油茶，永康的灰鹅，仙居的三黄鸡，江山的白毛乌骨鸡、白鹅、蜂产品等。在此基础上，初步形成了相应的具有明显特色和区域优势的主要产品和产业区，已出现了兰溪、金华市区、衢州市区、常山、龙游等地的柑橘生产基地；嵊州、新昌、武义的茶叶生产基地，以及诸暨、金华市区、衢州市区、常山、龙游的生猪生产基地。

（4）功能定位。以金华、衢州两市为轴心，浙赣铁路和杭金衢高速公路为轴线，以绍兴南部和台州西部为两翼，以综合性特色农业为主要发展模式，带动农业产业转换和升级，稳定发展水稻及旱粮作物，重点培育形成蔬菜、特色干鲜果、茶叶、花木、珍珠、优质畜禽、蜂产品、毛竹、食用菌等有特色、较高成长性和成熟性的产业带或产业区。

（5）发展目标与方向。实施新一轮退耕还林还草工程，鼓励发展经济林，改善植被结构，提高森林覆盖率和水源涵养能力；创新农作制度，扩大豆科作物和绿肥面积，增施有机肥，不断改良土壤结构；加强小流域综合治理和水土流失治理，搞好水库配套工程、农田灌溉设施和标准防洪堤建设，增强防洪抗旱能力。

4. 浙西山区农业可持续发展区

本区位于浙江省的丘陵山区，农业生产历来以农林牧混合经营为主，也是浙江省八大水系的源头区域。根据山地丘陵所处位置和自然资源条件，本区又可分为浙西南和浙西北两个山区农业发展亚区。

（1）浙西南山区农业可持续发展亚区。

① 基本概况。本区域位于浙江省西南部，土地总面积 2.42 万平方公里，其中山地占土地总面积 80% 以上，范围包括丽水市区、遂昌、松阳、龙泉、云和、景宁、青田、缙云、庆元、磐安、文成、永嘉、泰顺等 13 个县（市、区）。

② 农业资源特征。本区域以中低山为主，山岭起伏，山峰林立。山地间有壶镇、丽水、碧湖、松古、云和、龙泉等山间盆地，是山区主要的农区；土壤以红壤、黄壤为主，土层深厚，肥力条件较好。自然生态条件优越，有利于林特产品生产，是浙江省主要林业基地。同时，该区域是浙江省重要水果、高山蔬菜、名优茶主产区之一，也是浙江省重要的中药材基地。

③ 农业区域分布特征。本区域是浙江省重要水果生产区，产品包括永嘉早香柚、莲都椪柑、青田杨梅、松阳脐橙、云和雪梨等，主要分布在永嘉县、丽水市区、青田县、遂昌县、松阳县等地。本区域也是浙江省高山蔬菜主产区之一，主要分布在永嘉县、文成县、泰顺县、丽水市区、缙云县、遂昌县、松阳县等地。茶叶以特早茶、有机茶为主，主要产品有磐安云峰、永

嘉乌牛早、文成半天香、泰顺三杯香、遂昌龙谷丽人茶、松阳银猴绿茶、景宁奇尔惠明茶等，主要分布于磐安、永嘉、文成、泰顺、龙泉、庆元、遂昌、松阳、景宁等地。中药材主要盛产厚朴、茯苓、白术、元胡、白芍、白菊花、贝母等品种，主要分布在磐安、龙泉、缙云、景宁等地，是浙江省重要的中药材基地。

（2）浙西北山区农业可持续发展亚区。

① 基本概况。本区域位于浙江省西北部，土地总面积 1.76 万平方公里，包括临安、富阳、桐庐、建德、淳安、安吉、长兴、开化等 8 个县（市、区）。

② 农业资源特征。本区域地貌类型以低山丘陵为主，坡度较缓，土层深厚，境内有天目山、白际山、千里岗等山脉，主要河流属钱塘江水系和苕溪，拥有钱江源、千岛湖、莫干山名胜区以及西天目清凉峰、龙王山等国家、省级自然保护区，是长三角和杭嘉湖平原的生态保护区。

③ 农业区域分布特征。本区域虽地处丘陵山区，但距上海、杭州、湖州、嘉兴等大中城市较近，交通便捷，多种经济特产作物在省内有着相当优势地位。特别是地形起伏多变，气候阴湿多雨，昼夜温差大，有利于茶叶、竹笋、高山蔬菜、山核桃、板栗等经济作物生长。目前以竹产业、高山蔬菜、山核桃为特色的特色农产品生产已形成相当规模，且已成为区内最具竞争力的优势产业，其中笋干主要分布于富阳区、临安市、安吉县等地，产量位居全省第一，成为当地"拳头产品"。山核桃生产，驰名中外，盛产于临安市，桐庐县、淳安县也有少量分布。茶叶主要以建德市、桐庐县、富阳区、临安市、淳安县、安吉县、开化县为主产区。随着全省蔬菜产业的发展，本区利用山区小气候资源，充分利用海拔 600 米以上平缓地，开辟高山蔬菜基地，生产高山蔬菜，弥补了城市夏秋蔬菜淡季的空白。

（3）功能定位。以构筑具有浙西山区特色的绿色生态农业、特色农业和休闲观光农业为主导，积极打造浙江省的"绿谷"，重点发展形成高山蔬菜、食用菌、竹（笋）业、中药材、茶叶以及特色经济林果等优势产品基地和产业区，加强对天然林、自然保护区和湿地等区域的全面、重点保护，将该区建成浙江省重要的生物多样性和生物种质资源保护基地，以及有区域特色的经济林果商品生产基地。

（4）发展目标与方向。该区域成为南方山区高效生态农业示范区，突出农林牧渔混合经营的特色。在大江大河源头地区和库区水源保护地继续实行退耕还林、封山育林，构筑生态屏障；优化林分结构，恢复常绿阔叶林比重，加快速生林木的营造，加强水源涵养和生物多样性保护；促进食用菌转型发展，用非木质料替代原料生产食用菌；充分利用丰富的山地、林地资源，发展特色林果、名茶、竹业、高山蔬菜、特色养殖等特色农业产业；利用山区景观、文化、名村等资源，结合农耕文化、农民生活和农业设施，挖掘农业休闲功能，大力发展休闲观光农业，推进农业三产发展，扩大农村劳动力非农就业。

5. 近海岛屿农业可持续发展区

（1）基本概况。本区范围包括舟山市区、岱山、嵊泗、洞头等县、区和台州列岛、南麂列岛、北麂列岛、东矶列岛等岛屿，以及全省沿海滩涂、浅海和岛屿的周边海域，土地总面积0.13万平方公里。

（2）农业资源特征。本区域地貌特征为丘陵岛屿和海域相间分布，海域广阔，岛屿星罗棋布，港湾众多、滩涂面积大，加上气候温暖湿润，海域热量充分，海洋生物资源丰富，适宜多种鱼、虾、贝、藻等多种生物生长与繁衍，具有发展以海洋渔业和海岛农业为特征的沿海蓝色农业的得天独厚条件。

（3）农业区域分布特征。本区农业以海洋渔业为主，渔业总产值占全区农业总产值的70%以上，并辅以经济林果、畜禽和粮食产业。近海捕捞和远洋捕捞占海洋经济较大比重，海水养殖优势品种主要为对虾、青蟹、梭子蟹、大黄鱼、泥蚶、蛏子、文蛤、紫菜等。海水养殖由浅海、围塘、滩涂三大养殖区域组成，初步形成了大黄鱼养殖基地、梭子蟹暂养增养基地、浅海滩涂贝类养殖基地、围塘养殖基地、深水网箱养殖基地、藻类养殖基地等特色养殖基地。

（4）功能定位。以海洋渔业为重点，立足海洋资源优势，加快培育海洋经济与产业的新增长点，近海捕捞业要向渔家乐等多种功能拓展，重点发展远洋捕捞业，形成以海洋渔业经济为重点的集生态型海水养殖、远洋捕捞、水产品精深加工及休闲渔业为一体的产业格局，加快传统渔业向现代渔业转变。

（5）发展目标与方向。加强近海渔业资源保护，建设标准海塘和海岸防护林体系；加强海域的合理开发利用与保护，严格执行休渔期、禁渔区制度，加大放流增殖，减轻捕捞强度，重点发展浅海和滩涂养殖及休闲渔业，把发展休闲渔业、远洋捕捞和水产品精深加工作为新增长点；致力于增加海岛植被，提高森林覆盖率，增强区域水分涵养能力；加快农业水利设施建设，增强区域内蓄水能力，在有条件的地区，加强灌溉设施装备，试行和推广喷灌、滴灌等节水灌溉技术。

（三）区域农业可持续发展典型模式推广

近年来，浙江大力发展循环型农业、节约型农业、立体种养型农业和设施型农业，积极探索不同区域各具特色的农业可持续发展模式，取得了明显成效。

1. 循环型农业可持续发展模式

循环型农业是以农业资源的高效利用和循环利用为目标，以"减量化、再使用、资源化"为原则，以物质循环流动和能量梯次利用为特征的农业生产运行模式。它摒弃了传统农业的掠夺性经营方式，把农业经济发展与生态保护有机结合起来，是实现农业可持续发展的必然选择。发展循环农业，构建资源节约型、环境友好型生产体系，既有利于农业节能减排，减轻环境承载压力，又有利于提升农业产业发展水平，促进产业融合和农业功能拓展，推进农业转型升级。

循环型农业是浙江实现高效生态农业的重要途径，通常包括减量型模式、再利用型模式、再资源化模式等3类。浙江各地最为突出的典型是：畜禽养殖业低排放与粪便利用的资源化，"稻、萍、鱼立体种养""猪—沼—菜""猪—蚯蚓—甲鱼""猪（羊）—沼—粮（蔬果）"，以及稻鸭共育、茭白田养鱼、池塘混养模式、海湾鱼虾贝藻兼养模式、基塘渔业模式、稻田养殖模式、湖泊网围模式等。其中，在畜禽养殖排泄物生态消纳治理过程中，探索形成了由业主小循环、园区中循环、区域大循环组成的"三循环"高效生态农业。

（1）业主小循环。业主小循环即农牧业由同一主体经营，将种养业结合起来，进行配套计划、循环发展。为降低畜牧业带来的环境污染，许多发达国家规定牧场周围必须有与之配套的农田来消纳畜禽粪污，从而在农场内部形成农牧良性循环体系。种养业主根据需要安排种植多种农作物，构建农牧结合的"畜禽—肥料—作物""畜禽—沼气—作物"的生态循环模式，从而在牧场内部形成农牧良性循环体系，促进畜禽粪污的减量化、无害化和资源化利用。

典型案例：桐庐万强家庭农场小循环模式

桐庐万强农庄位于桐庐县分水镇新龙村，由杭州知青钱万强于1998年创建。农庄占地1 200亩，依山而建，年存栏2 200多头的猪场就坐落在山坳里。四面山坡种有500亩果园、200亩蔬菜和牧草，果园再套种番薯、萝卜、黑麦草等，作为生猪的青饲料，种养比为1亩地3.14头猪。山顶建有一系列休闲观光设施。

农场每年产出的4 800多吨生猪粪尿通过机器干湿分离，2 000多吨猪粪经过发酵，由工人运上山作为果蔬的有机肥料；尿液通过三级沉淀，直接通过高压泵抽到山顶的蓄肥池。用肥季节通过喷滴管系统，用于果园和牧草地。由于生产过程零排放，游客站在山顶，丝毫闻不到猪场的臭味。果园增施有机肥后，每亩可减少化肥施用量约65千克，水果产量和售价可提高20%。果园套种的青饲料饲喂母猪，节约饲料成本折合每头约20元，母猪产仔率也比平均水平提高5头左右。由于农庄原生态的果蔬生产方式紧贴市场消费需求，成为发展休闲观光农业的一大卖点，农庄每年接待游客达1.3万人次。

万强家庭农场小循环模式作为"适度规模、因地制宜、用地养地"的业主小循环范本，已在全国美丽乡村示范县桐庐的多个家庭农场成功复制，为家庭农场发展指明了方向。

（2）园区中循环。园区中循环则为在同一园区内，不同业主间将种植业和养殖业无缝对接。在现代农业园区建设过程中，通过政府政策激励，引导种养主体对接，实现农牧业在园区范围内循环利用，构建起产业间互为依赖、互为循环的现代农业园区生态系统，是农业"两区"生态循环农业发展的成功范本。

典型案例：龙泉市兰巨省级现代农业综合区中循环

龙泉市兰巨省级现代农业综合区是全省第一批 25 个省级农业综合区之一，总面积 2.8 万亩，是一个以特色茶叶、食用菌、生态畜牧业三大产业为主，协调发展果蔬种植、农产品加工和休闲观光旅游等，集生态、绿色于一体的现代农业综合区。园区始终将生态循环和可持续发展的理念融入建设中，积极推行"农牧、林牧、经牧"融合发展，重点推广"食用菌生态循环""猪—沼—作物""畜禽立体生态养殖"等循环农业模式。园区内先后建成规模养殖场 13 个，万吨生产能力有机肥加工厂 1 个；完成种养结合、废弃物资源化循环利用面积 19 000 多亩；利用废弃菌棒生产秀珍菇、毛木耳达 30 多万袋，建立利用废菌棒为主要原料生产木炭的加工厂 2 个，以废菌棒为原料或辅料的有机肥加工厂 5 个。初步实现了综合区内生态效益、经济效益、社会效益的"三赢"。目前，兰巨省级现代农业综合区已成功创建省级循环农业示范点，浙江顶峰生态农业有限公司的"猪—沼—竹"生产模式也被评为浙江省生态循环农业十大创新模式。

（3）区域大循环。区域大循环则是以县为单位整体实施，采取政府引导、企业运作的模式，使沼液得到资源化利用，从而将畜禽粪污与异地的种植业有机结合起来，形成一个区域良性循环的农业生态体系。区域大循环推行"沼气—种植—养殖"三位一体的发展模式，创新智能化沼液物流配送体系，实现种养业无缝对接，使沼液得到资源化利用。

典型案例：鄞州区域大循环模式

宁波市鄞州区早在 2008 年率先创建政府引导、市场化运作的沼液物流配送服务体系，引入专业沼液处理企业宁波长泰农业发展有限公司，为全区 23 家无法就近消纳排泄物的养殖场提供社会化服务，整县制推进排泄物资源化利用，为突破生态循环农业点状、线性、局部发展格局，提供了成功经验。公司分别与养殖企业和种植基地签订《沼液配送协议书》和《沼液储存池建设及使用协议书》，通过5辆8吨沼液配送车，把23家养殖场沼液，按需配送到12个乡镇8万亩水稻、菌草、花卉、茶叶、水果、蔬菜等农作物基地，日运输能力300吨。公司每配送1吨，获25元运输费补贴，其中20元来自政府补助，5元来自牧场，基地农户三年内免费使用。截至2013年，已累计配送沼液30余万吨，解决了全区近50%的畜禽污水出路。全区先后在各种植基地建设13 475立方米的沼液池，由农业部门的沼液配送物流指挥中心，根据GPS定位系统和肥力监测网所监测的沼液池贮存量、配送量、可灌溉面积现状等数据，经济合理制定沼液配送线路，进行在线调度，既保障精准施肥，又解决沼液二次污染的难题。

2. 节约型农业可持续发展模式

节约型农业是以提高资源利用效率和生态环境保护为核心，以节地、节水、节肥、节药、节能、节工等为重点的集约化农业。通过推广节约型的耕作、播种、施肥、施药、灌溉与旱作农业、集约生态养殖、秸秆综合利用等节约型技术，应用水土保持和保护环境等环保型技术，以减少农业面源污染和废弃物生成，减少农业资源消耗和物资投入，促进农业可持续发展。

该模式以最大限度地节约农业生产要素，达到最大限度地减弱农业生产的外部性负效应为目的，是浙江实现农业可持续发展的重要模式。水网平原适合推广应用农作物"间套轮"种植模式：如"稻—稻—蔬菜""稻—稻—绿肥""稻—渔""稻—虾"等。沿海地区适合发展农林复合系统立体种植和滩涂立体种植，推广"蔬菜—瓜果""粮—（菜）瓜果""粮—经济作物（果蔗）"等多位一体农业发展模式。盆地丘陵、山区和岛屿适宜发展节水型农业，推广微蓄微灌、雨水集蓄喷灌、滴灌、薄露灌溉、免耕直播和保护性耕作等节水技术，提高水资源利用效率，促进农业经济可持续发展。

典型案例：舟山海岛节水农业模式

　　舟山市地处浙江省东部岛屿，人均水资源量不到全国平均水平的1/4，属典型的资源型缺水区。近年来，全市大力发展节水型农业，通过集雨节灌、"水改旱"种植结构调整，尽可能节约农业用水量，以缓解日益突出的用水矛盾。水作改旱作，重点发展本地市场需求量较大的优质无公害蔬菜、瓜果及大豆、玉米、小番薯等旱粮作物，使农业用水的利用效率和农业效益得到有效提高。据估算，农户种植1亩水稻，从播种到收获，一般需用水约600立方米，而亩均毛收入仅为300元左右；相比较而言，种植1亩蔬菜的亩收入为5 000元，而水消耗量不足水稻的三分之一，每年可节约农业用水上千万立方米。

3. 立体种养型农业可持续发展模式

　　立体种养型农业是多种相互协调、相互联系的种植业内部、养殖业内部、种养业之间，在空间、时间和功能上的多层次综合利用优化的高效农业结构，具有集约、高效、可持续和安全等优点。发展立体农业，可以充分挖掘土地、光能、水源、热量等自然资源的潜力，缓解人地矛盾，提高农业资源利用率；可以充分利用空间和时间，通过间作、套作、混作等立体种植，或立体种养结合、混养等模式，较大幅度提高单位面积的农业产出水平；可以提高化肥、农药等利用率，缓解残留化肥、农药等对土壤环境、水环境的压力，是遏制农业生态环境恶化和资源退化的有效途径。

　　浙江省人多地少、山多平地少，农业资源紧缺，发展立体农业是浙江现代农业主攻方向。盆地丘陵区适合推广低山丘陵"围山转"生态农业模式；河谷平原地带适合推广粮菜畜、粮渔、粮渔畜、粮果、粮经等农田、水体立体农业复合利用模式；西部山区遵循"山上戴帽、山腰种果、山下养猪、山塘养鱼"的山地立体开发思路，适合发展"林—粮—果""粮—果—茶""粮—经（药）—畜""粮—畜—渔""果（茶）—蔬—畜""茶—果—蔬"等山区林地立体农业模式和高山台地立体农业模式，实现林果结合、林畜结合、林菌结合、林畜粮（经）结合，促进山区经济、社会和生态的协调发展。

典型案例：淳安县林下立体种养模式

近年来，淳安县制定了强有力的扶持政策，积极发展林下经济，成功摸索出了林桑菌、林茶、林药、林禽、森林游憩等多种林下经济发展模式，取得了显著的生态、经济和社会效益。大力鼓励山核桃林分套种油茶、茶叶、杨桐等木本常绿树种，或者套种白三叶、马棘、黑麦草等草本植物；鼓励农作物、经济林基地生态放养禽类；鼓励发展桑枝食用菌。目前，全县林下经济经营面积150万亩，实现林下经济产值55亿元，带动农户5万多户。

4. 设施型农业可持续发展模式

设施型农业以工业化装备和标准化、安全生产技术为基础，通过推广运用现代生物技术、信息技术和工程技术，培育农业生物技术产业、生物质能产业、信息产业，推动产业技术的交叉融合，大幅度提高农业劳动生产率和土地生产率，降低物耗、能耗和污染排放，实现农业可持续发展。该模式注重对新品种、新技术和新设施的推广应用，要求和现代农业设施、工厂化环境结合来从事农业生产，其农业的产业化程度较高，因此很适合于技术、资金相对密集的都市城郊和沿海较发达城镇。该模式主要形式有：水网平原推广的塑料大棚、避雨棚、玻璃温室等设施种植业；沿海及岛屿推广的热光大棚、高位池、网箱等设施渔业。

典型案例：嘉兴南湖区"万元千斤"设施栽培模式

"万元千斤"种植模式指在同一块土地上，冬春季种植大棚瓜类蔬菜，夏秋季种植晚稻，全年亩收入达到万元，收获千斤粮的农作制度。推广该种模式是浙江省嘉兴市南湖区农业转型升级的首推模式，目前主要有"大棚西甜瓜—晚稻""大棚蔬菜—晚稻""大棚生姜—晚稻"等复种模式。该模式是以高投入加新技术换来高产出，据统计，大棚小西瓜亩均产量2 250千克，产值10 125元，成本3 010元，净收入7 115元，比露地栽培亩产值增加3倍，净收入增加5.5倍。

六、浙江促进农业可持续发展的重大措施

(一) 工程措施

以农业"两区"建设为契机,加强以农田水利为重点的基础设施建设,深入实施标准农田质量提升工程,着力改善农业生产条件,提高农业防灾减灾能力。加快河道疏浚清淤工程、大坝除险加固工程和小流域综合治理工程建设,搞好水土保持和治理工作,为农业可持续发展创造良好的生态环境。通过植被管护、退耕还林还草、封山育林等措施,增强西部山区涵养水源的功能;完善东部沿海防护林建设,构筑与沿海经济发达地区相适应、功能较完善、多层次的综合性防护林体系;加强北部水网平原绿化,建设适应农业可持续发展的良性生态环境系统。

(二) 技术措施

制定适应省情的可持续农业技术战略,逐步建立企业为主、政府支持的可持续农业创新体系。依托浙江大学、浙江农林大学和浙江省农业科学院等高等院校和科研院所的技术和人才资源,以农业"两区"建设为重要平台,探索"产学研"合作和院地对接的新模式,为农业可持续发展提供技术保障。加强优质种苗、配方施肥、绿色防控、旱作农业、水土保持、沼气工程、农业废弃物资源化利用等关键技术攻关,重点对种养业循环模式、农牧业废弃物综合利用模式、种植业结构调整模式等强化技术支撑,突破可持续农业发展的制约瓶颈。

(三) 政策措施

突出重点地区、重点产业、重点技术,精心设计实施载体和工作抓手,增强农业可持续发展的计划性、系统性和可操作性。制定农业可持续发展的政策意见,加大财政扶持力度,突出扶持重点,不断完善农业补贴政策。发挥财政资金的导向作用,调动农业生产经营主体和社会力量的积极性,形成以政府投入为导向、农民投入为主导、社会力量投入为补充的多元化农业可持续发展投入机制。全面落实强农惠农政策,围绕农业可持续发展,加强要

素集约集成、资源环境保护、新型主体培育、金融保险支持、农业科技创新、农业基础设施改善、区域循环农业发展、农业资源保护和生态环境改善等方面政策研究，着力构建农业可持续发展政策保障体系。

（四）法律措施

全面贯彻执行《中华人民共和国农业法》《中华人民共和国农产品质量安全法》《中华人民共和国循环经济促进法》以及《浙江省农业废弃物处理与利用促进办法》等农业法律法规，加强普法宣传，深化农业综合执法，推进行政执法规范化，不断提升执法能力和依法行政水平。进一步加强耕地、水资源、种质资源等农业资源保护，强化以农产品质量安全、农业生态环境保护、农业废弃物处理与利用、农业水土保持、农业支持保护等为重点的农业立法和制度建设，为农业可持续发展提供有力的法律法规保障。

（五）制度措施

加快农村产权制度改革，创新农业经营和服务机制，优化资源与要素配置，推进适度规模经营，促进农业资源向利用效率更高的新型经营主体集中。进一步完善政绩考核机制，把农业可持续发展指标纳入考核范围，用考核这根指挥棒引导行政系统自觉为农业可持续发展服务。加强同农业管理部门的沟通与联系，深入推进基层农技推广、种业科研、兽医和农场等方面管理体制改革，不断完善农业公共服务。整合利用农业科技资源，建立完善紧密型的农业科技创新与推广体制，加快优良品种、先进实用技术的研发和农作制度的创新。

参考文献

陈利江，2013. 发展生态循环农业是实现农业可持续发展的有效途径［C］. 杭州：亚太地区农业可持续发展模式国际研讨会论文集.

陈天宝，等，2012. 基于氮素循环的耕地畜禽承载能力评估模型建立与应用［J］. 农业工程学报（2）：191－195.

宫德峰，2013. 浅议我国农业可持续发展的制约因素［J］. 农民致富之友（23）：74.

管琳，宋良莉，2011. 安徽农业可持续发展的主成分分析［J］. 合肥师范学院学报（5）：68－72.

何传新，2013. 国外农业可持续发展的模式与启示 [J]. 中国农业信息 (6)：18 - 19.

冀旭，2014. 农业生态环境问题及应对策略 [J]. 北京农业 (3)：228 - 229.

刘超，等，2007. 我国现代农业可持续发展评价指标体系设计 [J]. 北京农业职业学院学报 (4)：28 - 32.

宋小青，等，2013. 中国耕地资源开发强度及其演化阶段 [J]. 地理科学 (2)：135 - 142.

万伦来，麻晓芳，方宝，2008. 淮河流域农业可持续发展能力研究——基于安徽淮河流域的经验证据 [J]. 生态经济 (3)：84 - 87.

卫新，毛小报，王美青，端木斌，2002. 浙江省农业区域化布局与发展研究 [J]. 浙江农业科学 (5)：3 - 8.

徐红玳，2009. 浙江城市化与农业资源优化配置研究 [M]. 北京：中国农业科学技术出版社.

徐玉芳，吴伟，2009. 浙江省粮食生产能力的评估与分析 [J]. 浙江农业科学 (3)：441 - 443.

于海燕，等，2010. 浙江省典型生态系统外来入侵物种调查研究 [J]. 中国环境监测，26 (5)：70 - 74.

张大东，2007. 浙江省循环农业发展模式研究 [J]. 中国农业资源与区划 (6)：75 - 79.

张晓燕，2007. 论我国农业可持续发展的制约因素与发展对策 [J]. 生态经济 (5)：91 - 93，101.

张玉领，2011. 当前我国农业生产适度规模经营问题分析 [J]. 吉林省经济管理干部学院学报 (3)：60 - 64.

2014. 浙江省畜牧业转型升级十大模式 [J]. 浙江人大 (7)：28 - 29.

浙江省可持续发展规划纲要 [EB/OL]. http://www.110.com/fagui/law_249945.html.

朱明芬，陈随军，2006. 浙江农业循环经济分区发展模式与对策研究 [J]. 浙江农业学报 (6)：407 - 411.

第二章 浙江省农业生态环境问题与 农业资源可持续利用分析

党的十八大报告提出大力推进生态文明建设,并把它放在事关全面建成小康社会更加突出的战略地位,纳入社会主义现代化建设总体布局。2014年中央1号文件强调建立农业可持续发展长效机制,保护与改善农业生态环境,促进农业资源可持续利用已成为我国现代化建设中必须坚持的一项基本方针。浙江人多地少,后备土地资源不足,人均水资源占有量偏低,农业自然灾害频发,农业资源短缺,局部地区水土流失严重,耕地质量下降,农业面源污染严重,生态环境恶化与农业资源利用粗放并存,已成为制约农业与农村经济发展的重要因素。如何保护建立良好的农业生态环境,实现农业资源可持续利用、农业生态经济的均衡发展,成为当前浙江省现代农业建设亟待解决的问题。为此,本研究立足浙江农业生态环境问题的现实状况,综合分析评价浙江省农业资源利用现状、存在问题与主要影响因子,并结合典型案例分析,提出浙江农业生态环境良性发展及推进农业资源永续利用的若干路径选择与政策建议,供政府决策和同类地区借鉴。

一、浙江省农业生态环境建设现状

(一) 农业生态环境建设取得的成就

根据省委、省政府生态省建设和"811"环境污染整治行动决策部署,近十年来,全省上下以促进农业可持续发展为目标,坚持预防和治理并举,从转变农业生产方式入手,多管齐下,浙江农业生态环境建设取得积极进展,有力地推动了全省高效生态农业健康发展。

1. 农业基础设施有效改善,农业综合生产能力得到加强

稳步推进标准农田建设和耕地质量提升工程,至2013年底,全省建成标准农田 1 513.63 万亩，其中一等田 539.10 万亩；耕地有效灌溉率、旱涝保收率分别达 75.0% 和 56.0%。农业机械化加快发展，粮油和农业主导产业发展关键环节的农业机械装备与应用水平快速提升，高性能机械装备快速发展。2013 年全省农业机械总动力 2 462.2 万千瓦，粮食耕种收机械化率 68.5%。设施农业蓬勃发展，塑料大棚、连栋温室、喷滴灌等设施加快推广，提高了土地利用效率和农业防灾减灾能力。2013 年全省设施栽培面积 295.0 万亩、喷滴灌面积 80.9 万亩。农业"两区"建设成绩斐然，土地产出率、劳动生产率和农业综合生产能力显著提高，粮食生产实现恢复性增长，主导产业优势逐步凸显，区域化布局、基地化生产初具规模。至 2014 年 8 月，全省累计建成粮食生产功能区 4 984 个，总面积 465.2 万亩，功能区粮食亩产量比面上提高 7.3%；累计建成省级农业综合区 43 个、主导产业示范区 139 个、特色农业精品园 414 个，现代农业园区总面积达 224.5 万亩，经济效益平均比周边区域高出 20% 以上。

2. 低碳农业技术广泛应用，农业面源污染得到有效治理

深入开展测土配方施肥技术普及行动，大力推进配方肥供应到户、施用到田。2013 年全省推广测土配方施肥 3 157 万亩次，实施产业已从水稻向蔬菜、茶果桑等优势经济作物延伸，基本上实现了主要农作物测土配方全覆盖。农药减量控害增效工程稳步推进，加强和规范农作物病虫害监测预报，大力推广生物农药和高效低毒农作物病虫害防控技术，积极示范推广农作物病虫害绿色防控技术，农药使用量连续多年逐渐下降。2013 年全省实施粮油病虫害综合防治面积 2 387 万亩，农药使用量 6.22 万吨，比 2008 年减少 5.46%；杀虫灯、性诱剂、色板、防虫网等应用面积 283 万亩。

加强废弃农膜、农药和兽药等包装物回收处理，逐步涵盖地膜捡拾、回收、资源化利用等环节，全省农膜使用量 6.47 万吨，回收利用率达 77.62%。大力推广农作物秸秆的畜牧饲料、还田肥料、食用菌基料、生物质能料和板材、编织加工材料等"五材"综合利用技术，农作物秸秆还田面积及综合利用率逐年增加。2013 年全省农作物秸秆还田面积 1 501 万亩，秸秆综合利用率达 79% 左右。不断探索循环农业发展模式，水旱轮作模式、立体种养模式、生态循环模式在规模经营中已被广泛采用，基本上形成了减量型、再利用、资源化循环农业模式，农业源头污染得到严格控制。

3. 规模化畜禽养殖场排泄物全面治理，农村沼气广泛应用

规模化畜禽养殖场排泄物治理进展顺利，自 2005 年起浙江省把规模化畜禽养殖场污染治理列入了省政府"811"环境保护行动的重要内容，采用禁养与治理相结合的方式，全面推进畜禽污染防治工作。通过实施三轮"811"行动、农村环境"五整治一提高"以及农村环境连片整治，截至 2013 年底，全省已完成畜禽禁养区、限养区划定（调整），关停转迁畜禽养殖场 5 000 余个；治理规模养殖场 3 万多家，完成 1.5 万家存栏生猪 100 头以上、奶牛 10 头以上的规模养殖场的设施修复改造和标准化提升，建成畜禽粪便收集处理中心 270 个，规模养殖场资源化利用率达 97%。农村沼气建设长足发展，大力推广"三沼"综合利用技术和农村生活污水净化沼气技术，完善沼肥储运配送体系，减轻农业面源污染。2013 年底，全省累计建设户用沼气 18 万户、各类沼气工程 1.5 万处、生活污水净化沼气工程池容 280 万立方米，畜禽排泄物资源化利用率和农村清洁能源利用率分别达 85% 和 68% 以上，有效改善了农业生产和农村生活环境。

4. 农业标准化全面推进，农业源头污染得到严格控制

全面推进农业标准化生产和农产品"三品"认证，到 2013 年底全省制定实施各类农业地方标准 2 000 多个，涉及农业生产的各个领域；农业标准化生产程度达到 56%，6 906 个产品获得无公害、绿色、有机认证，累计通过"三品"认证种植业基地面积 1 374 多万亩。加强农产品和农资市场执法检查，深化专项整治，严厉打击违规使用和非法添加投入品行为，高效、低毒、低残留农药普及率达 80% 以上，农产品省级抽检合格率达 96% 以上。农业标准化示范区建设稳步推进，按照促进农业区域化布局、规模化种养殖、标准化生产、产业化经营的要求，创建一批优势农产品的标准化生产基地、无公害农业标准化生产示范基地和按国际标准或国外先进标准组织生产的出口农产品示范基地。至 2013 年已建立各级标准化示范区（基地）项目超过 2 000 个，其中国家级 117 个、省级 1 074 个，市县级项目超过 1 000 个，推广 1 798 个标准或模式图，建立标准化示范及辐射面积 2 800 万余亩。

5. 生态循环农业蓬勃发展，农业生态环境得到较大改善

浙江人多地少，传统的、依靠资源消耗、物质投入的粗放型生产经营方式难以为继，也不符合生态文明和美丽浙江建设的总体要求，因此，浙江较早起步探索生态循环之路。2003 年，浙江省就明确提出了"高效生态农业"的发展战略。此后，浙江决定全面推进生态文明建设，把"加快发展生态循环农业"作为其中的重要内容，编制生态循环农业发展"十二五"规划，制定发布了专项行动方案，按照"减量、清洁、循环"的要求，推进开展畜禽养殖污染治理、废弃物循环利用和化肥农药减量等工作。2013 年底，浙江又吹响"五水共治"集结号，开始以治污水、防洪水、排涝水、保供水、抓节水为突破口，倒逼经济转型升级和美丽浙江建设。浙江农业部门抓住机遇，主动迎战，提出"生态农业、美丽田园"建设目标，通过畜禽养殖污染治理与排泄物资源化利用、畜禽生态养殖提升和种植业肥药双控、减量三大工程，逐步形成产业布局生态、资源利用高效、生产全程清洁、环境持续优化的新格局，实现农业的生态循环可持续发展。全省农业生态环境得到较大改善，2014 年 5 月，经农业部批准，浙江成为全国唯一的现代生态循环农业发展试点省。

（二）存在的主要问题

1. 耕地数量持续减少且质量下降

由于非农建设和生态退耕等影响，浙江耕地数量持续减少。据第二次土地调查主要数据成果显示，全省 2009 年耕地面积比 1996 年净减少 207.98 万亩，年均减少 16 万亩；人均耕地 0.56 亩，约相当于全国平均水平的三分之一，低于联合国粮农组织确定的 0.8 亩的警戒线。即便是近年来严格执行耕地占补平衡制度，耕地减少的态势并没完全得到遏制，2013 年全省耕地面积比 2009 年净减少 2.83 万亩，年均减少 0.7 万亩。耕地质量下降问题更是突出，一方面随着经济快速发展，农业比较效益下降，许多地区忽视耕地质量的培育管理，土壤养分亏损严重；另一方面，建设用地占补平衡中"占优补差"也导致耕地总体质量下降。据全省最新耕地地力调查，一等田仅占 29.73%，有近一半的耕地存在有机质偏低、缺钾、缺磷，营养元素间比例失调，耕作层变浅，理化性状变差等问题。

2. 水体污染依然严重

随着工农业的发展，浙江众多水系污染严重。尽管在近十年"811"生态文明建设后取得积极成效，但水环境达标率仍处于较低水平，水污染防治工作面临严峻形势。2013 年全省地表水总体水质为轻度污染,在 221 个省控断面中,Ⅰ~Ⅲ类水质断面占 63.8%,Ⅳ类占 15.4%,Ⅴ类占 8.6%,劣Ⅴ类占 12.2%;还有 32.6% 的断面达不到水环境功能区目标水质要求。主要污染物为磷、氨氮和石油类。同时,农业农村污染日渐突出,化肥农药、种植业废弃物、养殖业排泄物和农村生活污水的污染负荷已占全部污染负荷的 1/3 以上。尽管浙江省高效生态农业已实施多年,但农药化肥的施用量仍然过大,而且利用率低;渔业养殖污染控制尚未取得实质性进展,农牧结合的良性机制尚未形成;分布在广大农村的河道内源污染更是亟待解决,河道淤积严重,一些河浜已呈现沼泽化。

3. 水土流失依然比较严重

浙江省地貌特点为"七山一水二分田",现有坡地面积为 84 726 平方公里,占土地总面积的 80% 左右,极易造成水土流失。2013 年全省水土流失面积达 28 382 平方公里,占土地总面积的 27.88%,占丘陵山地面积的 40%。全省有不少坡耕地、园地、经济林地存在严重的水土流失问题,主要布局在曹娥江、浦阳江、西苕溪、瓯江、飞云江流域、钱塘江中上游、金衢盆地和浙南山区等地。在水土流失面积中,轻度侵蚀占 70.7%,中度侵蚀占 25.1%,强度侵蚀占 4.2%。浙江省水土流失主要是水力侵蚀,其表现形式主要是坡面面蚀;除此之外,在浙南和浙西山区有滑坡、崩塌、泥石流等重力侵蚀,杭州湾两岸、舟山群岛也有一定程度的风力侵蚀。近年来,浙江省开展的低丘缓坡耕地开发,部分地区由于工程技术和利用技术措施不到位,也造成了较为严重的水土流失。

4. 自然灾害和动植物疫病频繁发生

由于地处我国东南沿海,特定的地域位置、气象条件以及地形地貌特点,决定浙江是一个洪涝、台风以及干旱等自然灾害频繁发生的省份。近 50 年影响浙江的热带气旋强度增强、频率增多,同时在浙江登陆的台风数则有增多趋势,台风来得更早,去得更晚,而且严重影响的台风明显增多,强度增大。自 20 世纪 80 年代末以来,浙江各地暴雨频数呈一致性的增加趋势,其中浙江北部地区增加十分明显。因春秋季降水减少,这两季节干旱增多,尤其是秋季更易出现严重干旱。浙江中部干湿变化剧烈,中部受干旱影响增多。尤其是随着人类温室气体排放增加,全球气候变暖的趋势日益明显，气候变暖造成的极端气候事件频发，导致浙江省干旱、暴雨、台风、冰雪更加频发，地质灾害对森林的危害将进一步加剧，森林火灾频率将加大，农作物病虫害和家畜疫病流行趋势加剧。

二、农业自然资源可持续利用评价分析

1. 评价方法

评价方法采用"农业自然资源综合评价法"（胡豹，2013），首先根据浙江省目前的农业资源特点和农业发展对资源依赖程度，选择水资源、土地资源、气候资源、森林资源和渔业资源等五大类 25 项具体指标，构成完整的评价体系；其次采用专家评判法和试算法确定指标权重；再结合相关规划和多年均值来确定指标目标值，最后采用综合指数法进行测算，具体公式如下：

$$Z = \sum L_i \times S_i$$

式中，Z 为综合评价指数，S_i 为指标权重，L_i 为指标得分值，具体详见表 2-2。

根据综合指标内涵及构成设定：当 $Z<70$ 时，农业资源保障程度及其可持续利用效果为"差"；当 $70 \leqslant Z < 80$ 时，农业资源保障程度及其可持续利用效果为"中"；当 $80 \leqslant Z < 90$ 时，农业资源保障程度及其利用效果为"良"；$Z \geqslant 90$ 时，农业资源保障程度及其可持续利用效果为"优"。

2. 评价结论

2010 年指数得分为 $Z_{(2010)} = 85.27$，由此可以看出，2010 年浙江省农业资源保障与利用效果正处于"良"的阶段。

2011 年指数得分为 $Z_{(2011)} = 83.85$，由此可以看出，2011 年浙江省农业资源保障与利用效果正处于"良"的阶段。

2012 年指数得分为 $Z_{(2012)} = 83.83$，由此可以看出，2012 年浙江省农业资源保障与利用效果正处于"良"的阶段。

2013 年指数得分为 $Z_{(2013)} = 84.49$，由此可以看出，2013 年浙江省农业资源保障与利用效果正处于"良"的阶段。

3. 评价结果分析

（1）分类指标评价。

水资源。共有水资源总量、农业用水量、农田灌溉亩均用水量、灌溉水利用系数和地表水Ⅰ～Ⅲ类水质断面占比等五项评价指标。近年来，浙江相继开展了大中型灌区续建配套节水改造、节水增效示范项目和"千万亩十亿方"节水工程，逐步提高了水资源利用效率，2013年全省灌溉水利用系数提高到0.575，平均水资源利用率达到24.1%。具体来说，农业用水量和农田灌溉亩均用水量两项指标得分近四年均为满分；灌溉水利用系数指标得分也处于稳中有增的态势；地表水Ⅰ～Ⅲ类水质断面占比和水资源总量两项指标得分年际间有一定程度的波动，而且前者的波动幅度更大一些，这说明必须进一步加强水环境治理，以促进水资源保障逐步从以量为主向量质并重转变。

土地资源。共有农用地面积、垦殖指数、复种指数、一等田占标准农田比重和土地生产率等五项评价指标。从整体上看，土地资源的评价得分处于逐年上升的态势，从2010年的25.22分上升到2013年的27.6分，增长了9.44%，表明浙江土地资源得到了有效保护，全省已连续16年基本实现了建设占用与补充耕地的占补平衡。具体来说，土地生产率和一等田占标准农田比重两项指标得分增长迅速，尤其前者近两年已达满分；农用地面积和垦殖指数两项指标得分比较平稳，前者已比较接近满分；复种指数指标得分年际间波动较大。评价结果表明加强标准农田建设，加快农作制度创新，合理复种、轮作，以提高土地质量和综合生产能力将是今后土地资源保护与开发利用的重点任务。

气候资源。共有年平均降水量、年平均气温、平均日照时数、平均酸雨率和农业受灾面积等五项评价指标。从整体上看，气候资源的评价得分处于逐年下降的态势，从2010年的15.53分下降到2013年的12.15分，下降了21.76%。具体来说，平均日照时数和农业受灾面积两项指标得分处于下降的态势；另外三项指标得分年际间有一定的波动。一直以来浙江农业小气候资源开发利用成效显著，利用水域小气候、盆地气候、台地气候和沿海岛屿小气候资源，积极发展了立体多层农业，因地制宜布局多年生经济果木和高山蔬菜，已成为山区农业特色主导产业。但近年来，全省洪涝、台风以及干旱等自然灾害频繁发生，要进一步加强农业自然灾害预警监测，加大农业防灾减灾体系建设，不断提高农业应对气候资源和防御气象灾害的水平，促进农业增产和农民增收。

森林资源。共有林地面积、活立木总蓄积、森林覆盖率、用材林面积比重、阔叶林和针阔混交林比重等五项评价指标。从整体上看，森林资源的评价得分处于高位徘徊状态，年际间略微有波动，但幅度不大。具体来说，活立木总蓄积、阔叶林和针阔混交林比重两项指标得分处于稳中有升的态势；用材林面积比重指标得分处于稳中有降的态势。因此，要进一步规范林业资源的保护与合理利用，加大政策支持力度，加速发展用材林基地建设，为确保浙江林业产业持续快速发展提供原料支撑。

渔业资源。共有海水养殖总面积、内陆渔业水域养殖面积、水产品总产量、每千瓦功率年捕捞量和养殖水域综合水质优良率等五项评价指标。从整体上看，渔业资源的评价得分处于逐年上升的态势，从 2010 年的 8.29 分上升到 2013 年的 8.67 分，上升了 4.58％。具体来说，水产品总产量和每千瓦功率年捕捞量两项指标得分逐年上升；海水养殖总面积指标得分逐年下降；养殖水域综合水质优良率指标得分处于总体平稳、小幅波动的态势。近年来，全省积极实施"511"增殖放流工程、渔业生态补偿制度，有效遏制了近海海域和内陆水域环境恶化的趋势，保护和增殖了水生生物资源，使海洋渔业资源和生物多样性保护取得新进展。但由于建设占用、围海造地、环境恶化等原因导致海水养殖面积逐年缩小，养殖空间日益压缩，尤其是海洋生态环境的恶化给水产品质量带来了安全隐患，加剧了渔业资源的衰竭，制约了现代渔业的可持续发展。

（2）综合评价。通过比较 2010—2012 年的指数得分，总体来看，指数得分有下降趋势，其中 2012 年、2011 年这两年的指数得分基本稳定，但 2012 年、2011 年指数得分比 2010 年有明显下降。主要原因是水资源总量和平均降水量大幅下降所引起，其他指标年际间也有一定程度上的波动。当前，耕地和水等农业资源数量的减少和质量的下降已经十分明显，对数量的减少重视较多，但对资源的质量安全则关注较少。遏制农业土地资源、水资源的数量减少、质量下降问题的难度在加大。保障农业资源的数量和质量安全，特别是质量上的安全既有近忧也有远虑。

再通过比较 2013 年与 2012 年、2011 年与 2010 年的指数得分，可以发现，指数得分比前两年有所提高，列近四年来第二。主要原因是灌溉水利用系数、复种指数、活立木蓄积总量、水产品总产量、每千瓦功率年捕捞量等指标得分值的提高，以及年平均降水量大幅下降所引起。说明保障农业资源的数量和质量安全仍然是当前农业资源管理的重点（表 2-1）。

表 2-1　浙江省农业自然资源综合评价表

类别	具体指标	权重	目标值	2010年值	2011年值	2012年值	2013年值	2010年评分	2011年评分	2012年评分	2013年评分
水资源 22	水资源总量	5	955.41	1 397.61	744.21	1 444.8	930.90	5	3.89	5	4.87
	农业用水量	6	102.74	96.40	94.01	91.29	91.95	6	6	6	6
	农田灌溉亩均用水量	3	368	363	347	330	346	3	3	3	3
	灌溉水利用系数	4	0.58	0.49	0.49	0.49	0.575	3.38	3.38	3.38	3.97
	地表水Ⅰ～Ⅲ类水质断面占比	4	74.9	74.3	71.3	77.3	63.8	3.97	3.81	4.00	3.41
土地资源 30	农用地面积	8	872.67	869.30	867.20	866.87	865.11	7.97	7.95	7.95	7.93
	垦殖指数	6	19.83	18.80	18.76	18.81	18.81	5.69	5.68	5.69	5.69
	复种指数	6	1.55	1.25	1.24	1.17	1.31	4.84	4.80	4.53	5.07
	一等田占标准农田比重	5	48	33.7	36.9	37.2	37.5	3.51	3.84	3.88	3.91
	土地生产率	5	17 011	10 919	12 448	19 265	25 964	3.21	3.66	5	5
气候资源 18	年平均降水量	5	1 603.8	1 835.2	1 303	1959.9	1 442.8	4	3.50	3.5	4.5
	年平均气温	4	16.9	17.5	17.2	17.1	17.9	3.6	3.20	3.2	3.6
	平均日照时数	3	1 735	1 734	1 775	1 636	1 859.2	3	1.80	0.3	0
	平均酸雨率	3	82.8	87.9	82.8	84.1	64.2	2.83	3.00	2.95	3
	农业受灾面积	3	41.23	58.93	45.35	53.6	118.2	2.1	2.73	2.31	1.05
森林资源 16	林地面积	4	672	660.74	661.85	661.12	661.27	3.93	3.94	3.94	3.94
	活立木总蓄积	3	2.92	2.42	2.54	2.69	2.82	2.49	2.61	2.76	2.90
	森林覆盖率	3	61	60.58	60.63	60.97	59.34	2.98	2.98	3.00	2.92
	用材林面积比重	4	50	48.57	48.78	41.18	40.77	3.89	3.90	3.29	3.26
	阔叶林和针阔混交林比重	2	59	47.28	50.88	50.28	53.06	1.60	1.72	1.70	1.80
渔业资源 14	海水养殖总面积	4	25	9.39	9.08	8.97	8.94	1.5	1.45	1.44	1.43
	内陆渔业水域养殖面积	3	40	21.9	21.3	21.3	21.3	1.64	1.60	1.60	1.60
	水产品总产量	2	545	517.7	530.8	541.9	555.5	1.90	1.95	1.99	2
	每千瓦功率年捕捞量	2	1.3	0.68	0.76	0.70	0.88	1.05	1.17	1.08	1.35
	养殖水域综合水质优良率	3	100	73.2	76.2	78.3	76.2	2.2	2.29	2.35	2.29
合计		100	—	—	—	—	—	85.27	83.85	83.83	84.49

因此，在工业化、城镇化进程中，我们要进一步加强耕地保护，实现耕地占补数量和质量的双重平衡；要进一步加强水资源统筹和水环境治理，以"五水共治"为抓手，全面提高水环境质量；要进一步加强农业基础设施建设、土壤重金属污染治理和水土流失治理等，为现代农业发展创造良好条件。并在此基础上，倒逼传统农业转型升级，加快建立环境友好型、资源节约型的生产体系，全面推广循环农业、农牧结合、立体种养、设施农业、节水农业等生产方式，促进全省农业生态环境建设与资源可持续利用。

三、农业生态环境建设与资源可持续利用典型案例分析

浙江地形地貌复杂多样，山地、丘陵、平原、盆地和沿海岛屿兼有，农业资源丰富，是全国特色精品农业大省，但现代农业发展也面临生态环境恶化与农业资源利用粗放的双重压力。近年来，全省紧紧围绕高效生态农业建设，大力发展资源节约型、生态友好型农业，取得了许多破解资源环境约束、转变发展方式、实现农业可持续发展的成功经验。

（一）"三循环"高效生态农业

1. 基本概况

近年来，随着浙江畜禽规模养殖业的快速发展，所带来的环境污染问题也日益凸显，畜禽养殖污染已逐步成为农村面源污染的重要来源之一。2013年浙江省生猪饲养量3 182万头、家禽饲养量31 322万羽，年产生畜禽粪便量约3 000万吨。由于规模养殖、种植形态下农牧结合的机制没有有效地形成，一方面，种植基地因缺少有机肥料，大量施用化肥造成土壤有机质不足、耕地质量下降，以及化肥流失污染环境；另一方面，养殖场因畜禽粪便的未有效利用及排放造成了资源浪费和环境污染。畜禽排泄物是优质有机资源，放错了地方才成为污染，解决畜禽的养殖污染应区别于工业污染治理，更不能采取简单的关、停、限制等措施。浙江决定从布局规划入手，要求每个县重新划定禁养区、限养区、宜养区。禁养区内，所有养殖场必须限期关停或者搬迁；限养区内，必须按照生态消纳或达标排放标准进行限期整治、

达标审核；宜养区内，根据环境承载容量确定养殖规模，应用循环经济的理念，发展农牧结合的生态畜牧业，实现生态循环、转型提升。推进农牧结合、合理布局、资源化利用才是解决畜禽养殖污染问题的根本途径。

近年来，浙江在高效生态农业建设中坚持把畜禽养殖污染治理作为重中之重，把畜禽养殖排泄物生态消纳或达标排放作为治理衡量标准，探索形成由业主小循环、园区中循环、区域大循环组成的"三循环"高效生态农业。

2. 典型案例

（1）业主小循环。业主小循环即农牧业由同一主体经营，将种养结合，进行配套计划、循环发展。近年来，嘉兴市着手培养种植业与生猪养殖相结合的家庭牧场经营主体，将牧场周边的农田流转给规模养殖场，用于消纳畜禽粪污。家庭牧场根据需要安排种植多种农作物，构建农牧结合的"畜禽—肥料—作物""畜禽—沼气—作物"的生态循环模式，从而在牧场内部形成农牧良性循环体系，促进畜禽粪污的减量化、无害化和资源化利用。

典型案例：南湖"猪—沼—作物"业主小循环

南湖区是浙江省生猪主产区，也是规模养殖密集区，2013年全区生猪饲养量140.3万头，约占全省养猪总量的4%左右，过载养殖带来了严重的环境污染问题。近年来，南湖区充分利用"两分两换"土地集中流转的契机，将牧场周边的农田流转给敦企、敦好、金鸿等规模养殖场，用于消纳畜禽粪污，构建农牧结合的"猪—沼—作物"生态循环农业模式，从而在牧场内部形成农牧良性循环体系，促进畜禽粪污的减量化、无害化和资源化利用。通常情况下，按亩均耕地承载3～6头生猪来确定种植业和养殖业的规模，并根据作物的需肥季节特征，种植基地内安排了水稻、设施蔬菜、大棚葡萄、苗木、牧草等多种作物种植，以实现周年消纳沼液的目的。同时，养殖场内建有沼气池、储液池和有机肥加工车间等粪污处理设施，粪污经过干湿分离、沼气处理后，产生的沼液全部进入储液池，再通过管道直接输送到牧草地、菜园、稻田、果园等消纳地，实现沼液就地消纳和零排放。

（2）园区中循环。园区中循环则为在同一园区内，不同业主间将种植业和养殖业无缝对接。近年来，在现代农业园区建设过程中，对那些难以在牧场内部循环利用，但其周边又拥有规模种植主体和充足消纳地的规模养殖场，通过政府政策激励，引导种养主体对接，实现农牧业在园区范围内循环利用。不同的农牧业主体通过土地入股和组建合作社等形式，建立种植业"紧密区"和"配套区"，将养殖业有效融入园区内的种植业，构建起产业间互为依赖、互为循环的现代农业园区生态系统，是浙江农业"两区"生态循环农业发展的成功范本。

典型案例：诸暨永宁园区中循环

诸暨永宁弟兄农庄年出栏商品猪 1.5 万头，场内建有 1 900 立方米大型沼气池、4 500 立方米生物滤池、800 立方米猪粪堆积发酵棚、7 000 多立方米氧化塘贮液池、32 000 米沼液输送管道和纯沼气发电机组。为实现排泄物与土地承载力之间的有效平衡，公司利用农业"两区"建设契机，通过与所在地永宁村建立土地作价入股关系，创建诸暨市首个粮食专业合作社联合社，在园区内建立了 1 000 亩的"紧密区"和9 000 亩的"配套区"，亩均土地承载 1.5 头生猪。"紧密区"为设施果蔬和稻米生产基地；"配套区"为水果、蔬菜、茶叶、水稻和竹林、香榧基地。沼液通过沼液输送管网和槽罐车分别免费输送到"紧密区"与"配套区"，实现种养业无缝对接；沼渣和发酵后的猪粪全部作有机肥还田；沼气作为能源，一部分用于食堂燃料和仔猪保温，一部分用于发电，供猪场生产、生活使用。而且种植基地产生的下脚料，又作为猪场青饲料或猪粪堆积发酵所需的辅料，实现农牧业资源循环利用。

（3）区域大循环。区域大循环则是以县为单位整体实施，采取政府引导、企业运作的模式，使沼液得到资源化利用，从而将畜禽粪污与异地的种植业有机结合起来，形成一个区域良性循环的农业生态体系。区域大循环不仅是第一产业的循环，而且是一二三产业融合的循环；不仅是种养业的循环，而且是种植业、养殖业、微生物产业之间的良性循环，做到种植业、养殖业、有机肥加工业、沼气发电业等联动发展，融合发展，为农业生态环境保护、优质农产品生产创造了有利条件。

典型案例：龙游区域大循环

龙游是浙江的生猪养殖大县，2013年生猪饲养量达170万头。早些年，猪粪随意排入溪流，死猪随意丢弃的现象随处可见。为此，龙游县委、县政府从问题着手，污水治理首先从治理养殖污水开始，从猪身上"开刀"。依托浙江开启能源科技有限公司为主的4家以畜禽粪便为原料的发电和有机肥加工企业，面向全县规模猪场实行畜禽排泄物"统一收集、统一利用"。并在全县各规模猪场投入378万元，建设畜禽排泄物堆放池300个、1.26万立方米，铺设沼液管网9 500亩，由公司定期收集畜禽排泄物，用于生产沼气、发电、有机肥，产生的沼液也通过专用设备输送到果蔬、茶叶、毛竹、苗木等种植区域，大力推广农牧结合模式，实现"猪粪收集—沼气发电—有机肥生产—种植业利用"的区域大循环。目前，由浙江开启能源科技有限公司统一收集利用的规模养殖场就达110家，每年收集畜禽排泄物9万吨，相当于30万头生猪养殖量的排泄物，占全县出栏生猪的33%。

3. 经验启示

采用业主小循环、园区中循环、区域大循环"三循环"发展高效生态农业，推进农牧结合、种养结合，是妥善处理和解决现代畜牧业生产中环境污染、资源利用难题的根本途径，其适用性广，是实现现代畜牧业可持续发展的必经之路。"猪—沼—作物""畜禽—废料—发电—沼肥—作物"等循环利用是集粪污无害化处理和资源化再生利用于一体的畜禽粪污处理模式，具有生产成本低、无二次污染，利于改良土壤等优点，它不仅能够低成本甚至无成本地解决畜牧业自身污染问题；而且还为种植业提供优质肥源，为绿色食品及有机食品的生产提供基础保障。实践证明，农牧结合具有多重效果，不仅使畜禽排泄物化害为利，变废为宝，实现资源化利用；更能够按照畜禽排泄量与外部消纳量相配套的原则，有效突破畜牧业的用地瓶颈，拓展畜牧业发展空间。

目前制约畜牧业与种植业结合的主要因素有两方面：其一是没有形成农牧结合的良性机制，种植业主和养殖业主对接难；其二是种植业与养殖业空间布局不一致，加大了有机肥和沼液的运输成本。南湖区利用"两分两换"土地集中流转的契机，正好解决了此难题。在家庭牧场内，将种植业与养殖业结合在一起经营，实现种养业一体化，采取这种无缝对接方式，中间没有交易转手，不仅减少了交易环节、降低了交易成本，而且还可增加土地畜禽承载能力。实践表明，家庭牧场内只要种养规模比例恰当、粪污收集处理方法得当，耕地亩均承载畜禽量可以提高 2 倍左右。

（二）废弃物资源化利用的循环农业

1. 基本概况

农业废弃物是指在整个农业生产过程中被丢弃的有机类物质，主要包括农林业生产过程中产生的植物残余类废弃物、畜牧渔业生产过程中产生的动物类残余废弃物、农业加工过程中产生的加工类残余废弃物和农村城镇生活垃圾等。除畜禽粪便之外，这里我们所说的农业废弃物主要是指农作物秸秆。国内外实践表明，农业废弃物的资源化利用和无害化处理，是控制农业环境污染、改善农村环境、发展循环经济、实现农业可持续发展的有效途径。秸秆资源化利用是我国"一控两减三基本"的重要目标之一。目前浙江农作物秸秆年产生量约为 1 157 万吨左右，通常有三分之一左右的秸秆通过粉碎还田，其余废弃农作物秸秆的处理便成了一个难题，因为秸秆资源分散、收储困难、利用价值低等问题，焚烧秸秆的现象十分普遍，已成为引起雾霾的重要因素之一。开展秸秆资源化综合利用已成为我国农业生态环境建设的重要任务，当前我国秸秆资源化综合利用主要出路是"五料化"，即肥料化、饲料化、原料化、基料化、燃料化。对秸秆的资源化利用，浙江则通过秸秆机械粉碎还田及能源化利用，构建收贮运体系，并组织实施中小规模秸秆综合利用项目，其中利用秸秆作为基质发展食用菌生产取得显著成效，提高了秸秆综合利用率。

2. 典型案例

近年来，在浙江利用秸秆生产平菇、香菇、金针菇、鸡腿菇等技术已较为成熟，"秸秆—食用菌"已成为部分地区秸秆综合利用的重要方式之一。

典型案例：平湖秸秆栽培菌菇

平湖农作物秸秆年产生量约 30 万吨，其中切碎还田仍是现在秸秆资源最主要的方式，占到总量的 34% 以上；而利用秸秆作为基质发展食用菌生产约占 20%，利用秸秆量约 5 万～6 万吨，年产各类食用菌 2.4 万吨，总产值超过 1.8 亿元。栽培每亩食用菌需消耗约 30 亩水稻秸秆，可产鲜菇 10～15 吨，亩均产值约 3 万多元。利用秸秆作为基质生产草菇、金针菇、白灵菇、鸡腿菇等珍稀食用菌，并将最终废弃的基质作为有机肥直接还田，不仅大大增加了生产食用菌的原料来源，降低食用菌生产成本，还有利于减少环境污染和资源浪费、培肥地力水平，走出一条高效、低碳、绿色的循环农业之路，让秸秆从污染源变成农民的聚宝盆。

3. 经验启示

"秸秆—食用菌"高效循环农业具有不与农争时，不与人争粮，不与粮争地，不与地争肥，占地少、用水少、投资小、见效快等特点，是各级政府大力推广的高新循环农业项目。而且其适用范围也很广泛，不仅水稻、小麦、玉米和棉花等农作物秸秆可用于基质，而且果树、桑树等枝条也可以作为基质用来栽培食用菌，实现"点草成金、化害为利、变废为宝"，为作物秸秆的综合开发利用开辟了一条最为有效、持久的捷径。传统的食用菌栽培多用木屑和棉籽皮，利用秸秆作为基料栽培食用菌，大大增加了食用菌生产原料的来源，极大地节约了木屑与棉籽壳资源，避免了过度砍伐木材等问题，对生态保护也具有十分重要的作用。

制约"秸秆—食用菌"高效循环农业发展推广的难点在于秸秆收集和储运成本较高，收储运体系不完善。秸秆的利用与收集成本和资源分布有很大关系，目前浙江秸秆的回收主要通过代理上门，收购价格为 300～360 元/吨，每亩稻田秸秆约 100 元左右；而秸秆的收集、捆扎都需要雇用人工，算下来每亩秸秆的人工费也差不多要 100 元。因此，平湖市政府为推进秸秆综合利用，出台了一系列鼓励秸秆利用的补贴政策，并在当湖、曹桥、钟埭等街道建立了专门的秸秆资源收集队伍和收储地，完善服务体系，极大地推动了农作物秸秆基料化利用。

"秸秆—食用菌"高效循环农业为作物秸秆的综合开发利用开辟了一条最为有效的捷径,但我们必须清楚地认识到这并不是秸秆利用唯一路径,单靠生产食用菌来消纳全部秸秆也不现实。秸秆资源化利用必须走"五料化"途径,结合当地实际,多元化利用秸秆,宜还田则还田,宜种植则种植,宜环保利用则环保利用,多条腿走路。

(三) 节水农业

1. 基本概况

浙江省总体上是一个多山的省份,山地丘陵占浙江总面积的70%,素有"七山一水二分田"之称。丘陵山区是工程性缺水地区,尽管这些地区总降水量并不少,也有如泵站、水渠、山塘等水利设施,但由于水低地高,加上降水年内分布不均,干旱仍是制约该地区农业发展的主要因素。2013年全省有园地849万亩、旱地450万亩。这些地区的旱地由于缺水只能种植玉米、番薯、小杂粮等旱粮作物,人种天养,产量和经济价值较低;园地由于缺水,产品品质差、产量低,没有市场竞争力。发展微蓄微灌,能有效地把山区细小水源蓄积起来,成为可灌溉水资源,再利用山地自然落差产生水压,经输水管道至微灌设施,将水均匀输送到植株根部,形成自流灌溉,提高灌溉质量和水资源利用率,增强山地农业抵御旱灾的能力,促进农业增产、农民增收。

2. 典型案例

微蓄微灌系统能在不用电和不用泵的情况下使用,适合山区、半山区和丘陵等非平坦地形上的蔬菜灌溉。近年来试验示范表明,微蓄微灌系统不仅具有灌溉、施肥、节水、省工等多种功能,还可把山区白白流失的细小水源蓄积起来,成为宝贵的可灌溉水资源,在山区农业生产中特别是旱季缺水时能发挥极为重要的灌溉作用。

典型案例:临安微蓄微灌节水农业

临安山地资源丰富,全市海拔200米以上可发展山地蔬菜生产的耕地面积达8万亩,其中500米以上的有2万亩。山地资源形成了独特的垂直分布性农业气候和多样性局部性气候,为山地蔬菜的立体发展创造了有利条件。尤其是山区夏季的冷凉气候,使山地蔬菜具有明显的反季节补淡优势,现已成为杭州城区夏淡蔬菜主要供应地。但山区菜地多数是靠天田,存在缺水"瓶颈",水利条件差,遇旱易灾,影响产量与效益。为解决这一难题,临安率先在全省开展了微蓄滴灌技术,使大量遇旱易灾、遇雨易涝的"靠天田",变成旱涝保收的"致富田"。近十多年来,临安市农业部门把山地微蓄微灌技术的推广应用列为一项重要的基础建设项目来抓,通过有关项目资金补助,村集体各投入一点,同时发动农民集资,上下通力协作,多方面多渠道筹集资金,灵活发展,全市山地蔬菜微蓄微灌技术应用步伐明显加快。2013 年,全市建成山地蔬菜总面积 3 万亩,其中拥有微蓄微灌装备基地达到 9 700 亩,基本实现旱季保丰收。据测算,微蓄微灌山地蔬菜基地比非应用区平均增产 20%,每亩每年可节约成本 500 元、增收 1 500 元以上,特别是干旱年份效果更为显著,亩增收甚至超 3 000 元。

3. 经验启示

微蓄微灌由"微型蓄水池"和"微型滴灌"两部分组成,适宜用于在山区、半山区和丘陵地区上的蔬菜瓜果、水果、竹笋、经济林果等园艺、林特作物灌溉,而且还可结合肥料的施用,做到水肥同灌,应用前景十分广阔。微蓄微灌节水农业有三大好处:一是大大减轻了高温干旱对作物的影响,实现增产增收,真正做到"小水大用"。二是实现高质量灌溉,避免土肥流失,不用电、不用水泵、不用肩挑手浇,又可肥水同施,降低劳动强度,节约灌溉用水,不但有效解决了山区用电不便的问题,还具有灌溉、施肥、节水、省工等多种功效。三是干旱季节使用微蓄微灌能增加植株抗逆能力,降低发病率,提高蔬菜品质,如高山四季豆锈病发生率从 23.6% 降低到 6.5%,高山番茄微灌区无脐腐病发生,裂果率降低;而且四季豆豆荚光滑饱满、条直均匀、品质鲜嫩,番茄果形整齐、果型大、着色均匀有光泽,商品性极佳。

山区地势高低不平、地块分散,一家一户的农民很难独自发展微蓄微灌节水灌溉系统,必须要由专业合作社、村经济组织等出面谋划,并由各级财政资金支持，综合水资源的开发与利用、输配水、耕作栽培与管理等，形成一个综合防旱系统，才能有效利用有限的水资源，提高抵御旱灾的能力；并通过产前、产中、产后一条龙服务，构建产加销一体化经营体系，促进产业持续高效发展。

（四）立体农业

1. 基本概况

立体农业就是利用光、热、水、肥、气等资源，同时利用各种农作物在生育过程中的时间差和空间差，在地面地下、水面水下、空中以及前方后方同时或交互进行生产，多物种共存、多层次配置、多级物质能量循环利用的立体种植、立体养殖或立体种养结合的农业经营模式。浙江省由于地理位置的差别和山脉、地势的不同影响，造成气候具有明显的水平地域性和垂直差异性，为农业发展多样性和多层次、多品种的生态立体农业创造了有利条件，其中浙江最具特色的是林下立体农业。林下立体农业是充分利用林下土地资源和林荫优势，从事林下种植、养殖等立体复合生产经营，从而使农林牧业实现资源共享、优势互补、循环相生、协调发展的生态农业模式。合理的林下立体农业能多项目、多层次、有效地利用各种自然资源，提高土地的综合生产力，并且有利于生态平衡。一方面，森林为林下种植养殖提供合理的空间、适宜的小气候及养分原料，利用林果、林虫、树叶等养鸡养羊，利用林木的天然环境种药养菌；另一方面，畜禽粪便、菌渣和农作物秸秆等可以还林作为肥料，并在经济上促进林业生态建设，促进建立多物种共栖、多层配置、多级质能循环利用的立体种养模式。浙江"七山一水两分田"，林业资源丰富，林地总面积566.23万公顷，目前，全省林下经济经营面积146.67万公顷，实现林下经济产值826亿元，带动农户250多万户，其中种植产值553亿元，养殖业产值49亿元，森林观光旅游和农家乐等年产值达到224亿元。

2. 典型案例

浙江省耕地资源呈逐年递减态势，农业扩大再生产空间明显缩小。因此，发展立体农业，大力发展林下种养经济，提高土地利用效率，以拓展农业新的发展空间。林下立体农业属于绿色循环、可持续发展农业，对增加林业附加值，促进林业可持续发展，开辟农民增收渠道，发展循环经济，巩固生态建设成果，都具有重要现实意义，已在广大山区、半山区取得许多成功经验。

典型案例：淳安林下经济

淳安是浙江省林业重点县，拥有 236.2 万亩公益林、100 多万亩用材林和近 100 万亩经济林，森林覆盖率达 73.9%。全县根据不同地区资源特点，因地制宜发展林下立体农业，在橘园、油茶园、杨梅园、竹林中放养生态鸡；在茶园、桑园中套种山核桃、香榧；在山核桃幼林中套种菊花、前胡、覆盆子等中药材及桂花、红豆杉等绿化苗木；在山核桃成林中套种白三叶、紫花苜蓿、黑麦草等优质饲草及杨桐、枸木等耐阴植物。近十多年来，淳安县在维护生态安全的前提下，充分利用林下土地和空间资源，成功探索了"林茶""林油""林禽""林药""林粮""林游"等林下立体农业模式，走出了一条集林下种植、养殖和游憩为一体的立体经营发展之路，破解了林木生长周期长、见效慢及公益林经营利用上存在的诸多限制，促进了林业增效、林农增收。2013 年全县林下经济经营面积达 150.7 万亩，实现林下经济产值 152.4 万亩，实现产值 54.54 亿元，带动农户 8 万多户，其中种植业产值 1.44 亿元，养殖业 0.265 亿元，森林旅游及农家乐产值 53.1 亿元。

3. 经验启示

林下经济投入少、见效快、易操作、潜力大，是丘陵山区农民群众获取经济收益的重要途径之一。发展林下经济有利于发挥山林资源优势，变山为宝，变林为富，促进林业增效、农民增收，加快推进兴林富民步伐；有利于挖掘林下土地资源利用潜力，发挥林荫空间和水热条件等自然优势，促使农林牧各业相互促进、协调发展；有利于把农村部分多种经营项目转移到林下，提高林地复种指数，节约土地资源，带动农村产业结构进一步调整和优化，加快农业发展方式转变；有利于以贴近自然的生产方式，产出具有绿色、环保、健康等特点且市场前景广阔的林下种养产品，加速优势特色产业集群发展，变环境优势为经济优势。林下立体农业是资源环境代价小、能耗低、污染少、效益高的生态产业，既符合生产发展、生活富裕、生态良好的可持续发展的客观要求，又顺应当前发展循环经济、低碳经济、生态经济的时代潮流。

林下立体农业是今后山区农业经济发展的一个方向，但需要指出的是，目前不少地区发展林下经济的配套设施还不健全，如山区道路还不完善、信息畅通还无保障等，急需各级地方政府加大力度配套完善。林下经济开发要坚持生态优先，在确保森林资源安全的前提下，科学合理利用林地资源，统筹生态保护与农民增收；坚持因地制宜，根据林龄、林地及其空间环境条件，充分发挥资源优势，分类指导，宜林则林、宜果则果、宜药则药，合理配置生产要素，发展适合本地特色的林下经济。

（五）设施农业

1. 基本概况

浙江省人多地少，人均资源相对不足，资源与人口的现实压力决定了农业的发展必须走集约型可持续发展之路。由于设施农业是在环境相对可控的条件下进行生产，在一定程度上克服了传统农业难以解决的限制因素，使资源各要素能得到优化配置和高效利用，单位土地面积的生产能力可得到成倍乃至数十倍的提高。设施农业使传统农业逐步摆脱自然的束缚，是走向现代工厂化农业、环境安全型农业生产的必由之路，同时也是农产品打破传统农业的季节性，实现农产品的反季节上市，进一步满足多元化、多层次消费需求的有效方法。设施农业作为资源高效利用型产业，不但可以充分挖掘作物遗传潜力，大幅度地提高产量，而且还可实现在非耕地上进行生产，提高土地资源、水资源和光热资源的利用效率，实现农业可持续发展。目前，浙江设施农业已由简易塑料大棚、温室发展到具有人工环境控制设施的自动化、机械化程度极高的现代化大型温室和植物工厂，其栽培主要对象以蔬菜、花卉和果树等为主。近年来设施畜牧养殖业和设施渔业也逐渐发展。2013 年，全省设施大棚 227.27 万个，设施栽培面积 300 万亩；年出栏生猪 50 头以上设施养殖规模户 4.27 万户，设施规模养殖比例达 73.57%；水产设施养殖面积达到 24 万亩。

2. 典型案例

设施农业的应用使一些不太适宜在浙江发展的产业变成可能，如浙江的葡萄产业，应用设施大棚栽培后，呈现病害少、优质高效，近十多年来发展迅速，全省栽培面积近 40 万亩，成为南方葡萄产区。

典型案例：温岭大棚葡萄

温岭市地处浙江省东南沿海，属于中亚热带湿润季风气候，年平均气温 17.3 ℃，无霜期 252 天，日照时间夏冬平均 10 小时，良好的光热资源不仅能保证葡萄充分成熟，又满足了葡萄休眠期的低温需求。而且葡萄产业基地分布在滨海地带，生态条件洁净，土壤富含磷钾，渗透压较高，昼夜温差较大，特别有助于葡萄品质的提高。浙江省温岭市从 20 世纪 80 年代开始引种葡萄，但由于当地梅雨期间雨水多，夏季台风频繁，导致品质变劣并大幅度减产。发展葡萄大棚栽培，可改善葡萄的生态环境，避开了多雨、台风等不利天气的影响，把葡萄集中上市期提早到 6 月中旬到 7 月中旬，比江浙其他产地提早 1 个月左右，产品"早熟"优势十分突出，产品销往北京、上海、武汉、江苏等地。如果采用大棚栽培双膜和三膜覆盖，可使葡萄成熟期更加提早，抢得市场先机。20 世纪 90 年代初，当地特产技术推广部门研究推广大棚葡萄栽培取得成功，在避灾、促早、提质等方面取得明显的成效，并逐渐形成温岭市新兴的农业龙头产业，被誉为"中国大棚葡萄之乡"。2013 年全市大棚葡萄面积 4 万多亩，亩产值达到万元以上，促进农民创收 4 亿多元，经济效益十分显著。

3. 经验启示

设施农业具有高科技含量、高投入、高产出、高效益、易于集约化生产等特点，因此在具有高附加值的园艺作物、畜禽、水产等产业领域发展迅速。近年来，随着科学技术的迅猛发展和高新技术在农业生产中的广泛应用，设施农业正成为现代农业的新亮点，它的发展给传统农业注入了新鲜血液，给农业现代化带来了强大的动力和发展前景。在设施农业发展过程中，温岭市充分发挥财政资金的引导作用，将有关涉农项目、农业综合开发、农业产业化项目资金进行有效整合，用于支持设施农业基础设施配套建设。同时，大力吸引社会资金，鼓励和支持农业龙头企业、农民专业合作社投资参与设施农业发展；积极引进推广大棚栽培双膜和三膜覆盖、促早熟提质量等技术，以及巨峰、夏黑、维多利亚、奥古斯特等优良早熟品种，有效提高了亩均产量和亩均效益，极大地调动了农民发展设施农业的积极性。

设施农业属于高投入高产出，资金、技术、劳动力密集型的产业，在农业项目中也属于高风险产业，制约设施农业发展的主要因素包括资金、技术和信息等。设施农业在前期发展需要投入大量的资金，一般的农户难以有足够的实力进行建设。科技是设施农业的核心优势，缺乏新品种、新技术和轮作新模式，设施农业产出和效益大打折扣，甚至还不如大田生产。市场信息不灵，农户对市场的认知度不够，盲目跟风发展设施农业，一哄而上，造成收益不稳定，抗风险能力不强。因此，在设施农业发展过程中，需切实加强政府政策、资金、技术和信息等方面引导，加大财政资金补助力度，采取切实可行措施积极引导社会资金更多地投入设施农业，促进设施农业持续健康发展。

四、若干政策建议

（一）加强组织领导

加强农业生态环境建设，促进农业资源可持续利用是一项综合性的系统工程，涉及部门多，工作内容复杂，任务艰巨，各级政府部门应将其列入重要议事日程，统一思想、理清思路，制定政策，作为加强生态文明建设、推动现代农业发展、促进农业转型升级的重要举措来抓。加强部门合作，形成各方协同、共同推进的工作格局，由农业资源综合管理部门牵头，加强发改、农业、林业、财政、环保、科技、国土、水利等部门的协作，明确各自的责、权、利，精心组织，优化协作方式，提高参与程度，形成上下联动、各方协作、整体推进的工作机制。

（二）加强农业资源保护利用

重点是加强耕地、水、畜牧和渔业等资源合理利用与保护，实现可持续发展。强化耕地质量建设与管理，大力推广使用有机肥，持续推进秸秆机械粉碎还田，发展保护性耕作，提升土壤有机质和水资源利用效率。进一步加快制定与完善新型主体培育、有机肥加工和使用、沼液配送、新能源开发和推广等方面的技术措施，通过政策拉动和准入倒逼，促进农牧结合，实现清洁化生产、无害化处理和资源化利用。坚持休渔禁渔制度，控制捕捞强度，开展渔业资源增殖放流，恢复和保护渔业资源。同时，统筹做好农业野生植物保护和外来物种防治工作。

（三）强化农业生态环境建设

重点是推广节约型技术，加大面源污染防治力度，改善农业生态环境。深入开展农产品产地环境保护工作，推进农产品产地土壤重金属普查与分级管理，建立预警机制，创新修复技术，探索农产品禁止生产区划分，建立禁产区补偿机制。从源头预防、过程控制和末端治理等环节入手，开展农业面源污染定位监测，实施农村清洁工程，推进农村废弃物资源化利用，将农业源污染物减排工作纳入国家节能减排中，建立考核机制。加快开展规模化畜禽养殖污染治理，大力推广农业清洁生产技术，减少外部投入品使用量，减少污染物排放量，实现资源的节约和清洁生产。推进美丽乡村创建，重点发展生态农业、能源生态工程、休闲农业，整治乡村环境，培育农村生态文化，着力改善农村面貌。

（四）强化农业科技支撑

制定适合省情的农业生态建设和农业资源可持续利用技术战略，逐步建立企业为主、政府支持的技术创新体系。依托浙江大学、浙江农林大学和浙江省农业科学院等高等院校和科研院所的技术和人才资源，以农业"两区"建设为平台，探索"产学研"合作和院地对接的新模式，为农业生态环境建设和农业资源可持续利用提供技术保障。加强科技创新，突破制约农业资源可持续利用的技术瓶颈，重点加强规模化集约化种养技术、农业清洁生产技术、农业废弃物资源化技术、以沼气为纽带的节能型农业技术、节水型农业技术、土壤培肥与精确施肥技术、农业生态环境修复技术、控制农业面源污染技术等关键技术的科技攻关，加强对种养业循环、农牧业废弃物综合利用、种植业结构调整、保护性耕作等农业生态环境建设提供技术支撑。

（五）完善农业扶持政策

发展资源节约型、生态友好型农业是破解资源环境约束、转变农业发展方式的迫切要求，要进一步建立健全农业资源保护政策和农业生态补偿机制，促进农业环境和生态改善。加快制定完善农业资源可持续利用的政策意见，加大财政扶植力度，突出扶持重点，积极争取出台相关可操作性的补贴政策。发挥财政资金的导向作用，调动农业生产经营主体和社会力量的积极性，形成以政府投入为导向、农民投入为主导、社会力量投入为补充的多元化的农业生态环境建设投入机制。全面落实强农惠农政策，围绕农业生态环境建设和农业资源可持续利用，加强要素集约集成、资源环境保护、新型主体培育、金融保险支持、农业科技创新、农业基础设施改善、区域循环农业发展、农业资源保护和生态环境改善等方面政策研究，着力构建资源节约型、生态友好型农业政策保障体系。

（六）健全农业法律法规

全面贯彻执行《中华人民共和国农业法》《中华人民共和国农产品质量安全法》《中华人民共和国循环经济促进法》以及《浙江省农业自然资源综合管理条例》《浙江省农业废弃物处理与利用促进办法》等农业法律法规，加强普法宣传，深化农业综合执法，推进行政执法规范化，不断提升执法能力和依法行政水平。进一步加强以农产品质量安全、农业资源环境保护、农业废弃物处理与利用、农村水环境治理、农业水土保持、农业支持保护等为重点的农业立法和制度建设，为浙江省农业生态环境建设和农业资源可持续利用提供有力的法律法规保障。

参考文献

常颖，2005. 我国农业可持续发展面临的生态环境问题及治理对策［J］. 北方经济（11）：
   61-62.

仇焕广，莫海霞，白军飞，蔡亚庆，王金霞，2012. 中国农村畜禽粪便处理方式及其影响因素——基于五省调查数据的实证分析［J］. 中国农村经济（3）：78-87.

崔和瑞，2004. 基于循环经济理论的区域农业可持续发展模式研究［J］. 农业现代化研究

（2）：94 - 98.

郭越龙，2016. 农业生态环境与可持续发展研究［D］. 武汉：华中师范大学.

李峰，2013. 我国中部农业循环经济发展战略研究［D］. 武汉：武汉大学.

李清，2018. 农业生态环境保护与农业可持续发展研究［J］. 农业与技术，38（11）：176 - 177.

李中华，王国占，齐飞，2012. 我国设施农业发展现状及发展思路［J］. 中国农机化（1）：
　　7 - 10.

骆世明，2017. 农业生态转型态势与中国生态农业建设路径［J］. 中国生态农业学报，25
　　（1）：1 - 7.

宋喜斌，2014. 以色列节水农业对中国发展生态农业的启示［J］. 世界农业（5）：56 - 58.

王肖芳，2014. 经济协调发展视角下的农业生态环境研究［J］. 统计与决策（9）：62 - 64.

王泽焕，2016. 试论立体农业［J］. 农技服务，33（5）：50.

严立冬，邓远建，屈志光，2010. 论生态视角下的低碳农业发展［J］. 中国人口·资源与环
　　境，20（12）：40 - 45.

尹昌斌，程磊磊，杨晓梅，赵俊伟，2015. 生态文明型的农业可持续发展路径选择［J］. 中
　　国农业资源与区划，36（1）：15 - 21.

翟勇，2006. 中国生态农业理论与模式研究［D］. 杨凌：西北农林科技大学.

周震峰，王军，周燕，孙英兰，2004. 关于发展循环型农业的思考［J］. 农业现代化研究
　　（5）：348 - 351.

朱立志，2013. 农业发展与生态文明建设［J］. 中国科学院院刊，28（2）：232 - 238.

第三章　基于资源利用效率的浙江农业可持续发展评价体系及模式研究

　　在党的十九大上，习近平总书记强调："要坚持人与自然和谐共生。建设生态文明是中华民族永续发展的千年大计。必须树立和践行绿水青山就是金山银山的理念，坚持节约资源和保护环境的基本国策，像对待生命一样对待生态环境，统筹山水林田湖草系统治理，实行最严格的生态环境保护制度，形成绿色发展方式和生活方式。"随着城市化、工业化进程加快，人地矛盾突出，农业资源过度开发、农业环境污染严重，农业生态系统退化的趋势尚未得到有效遏制，我国农业可持续发展受到严重制约。而单纯通过资源投入的增加和规模的扩大已经不能解决这些矛盾，必须将提高农业资源利用效率作为传统农业向现代农业转型的"硬核"。因此，如何挖掘有限农业资源的潜力，提高资源利用效率，实现农业资源的可持续利用，具有重要的现实意义。

　　浙江作为"两山"理论发源地，以"八八战略"为指引，坚持绿色发展，在废弃物综合利用、土地整治和土壤污染治理、清洁能源、水源地保护与水污染治理、特色生态资源保护等领域取得了显著成效，探索形成了一批具有创新性的地域可持续发展模式。2017年12月8日，浙江被农业部等八部委授予全国首个也是目前唯一一个整省推进的国家农业可持续发展试验示范区称号，同时也成为首批农业绿色发展试点先行区。但作为我国陆域面积最小的省份之一，浙江省仍然面临着耕地、水资源和劳动力等资源紧缺，台风暴雨等自然灾害频发等问题，现代农业发展依旧面临多重挑战。

　　本研究立足浙江资源禀赋和农业发展实际，从农业资源的集约、循环、永续利用以及农业产业的绿色、高效、安全和可持续发展出发，分析浙江省农业可持续发展的基础与现状，运用构建可持续发展多层次综合评价指标体系与评价模型，通过数据去量纲处理和变异系数法对浙江省 25 个国家农业可持续发展试验示范县（市、区）农业可持续发展水平进行综合评价，在此基础上，梳理浙江农业可持续发展模式，从而为提高浙江省农业资源利用效率、加速推进农业现代化建设建言献策。

一、研究背景

（一）研究目的与意义

可持续发展问题已成为当今人类社会共同关注的问题，农业作为直接利用自然资源进行生产的基础性产业，是人类对自然资源与生态环境影响和依赖性最大的第一产业，其可持续发展对整个国家和地区的可持续发展，起着至关重要乃至决定性的作用。大力推动农业可持续发展，是中国特色新型农业现代化道路的内在要求，也是实现农业产业结构优化、特色产业提升、农业资源环境保护与生态建设的必然要求。农业生产是自然再生产和经济再生产相互交织的过程，良好的农业生态环境以及对自然资源实行合理的开发、利用和保护，是实现农业可持续发展的基础和条件。依靠科技进步，挖掘农业资源潜力，提高农业资源利用效率，千方百计减少资源的占用和消耗，提高生态系统的自我恢复能力，增殖自然资源，改善生态环境，已成为实现农业可持续发展的重要途径。

联合国粮农组织对农业可持续发展的定义是：管理和维护自然资源基础，实行技术变革和制度创新，以确保当代人和后代人对农产品的需求不断得到满足，这种发展能保护土地、水资源、植物和动物遗传资源，同时技术上适当、经济上可行，能够被社会所接受。面对人口膨胀、环境污染、生态恶化、资源短缺、粮食与能源危机等问题，世界各国都开始进行保护资源和发展持续农业实践，在探索可持续农业发展模式等方面，积累了丰富的经验，走出了一条具有本国特色的农业可持续发展之路。就其模式而言，目前国际上比较有代表性的有美国、西欧、日本和印度等模式。

表 3-1 国外农业可持续发展典型模式

模式类型	模式特点与内容
美国 低投入可持续农业	该模式通过尽可能减少化肥、农药等外部合成品投入，围绕农业自然生产特性来利用和管理农业内部资源，保护和改善生态环境，降低成本，以求获得理想的收益
西欧 综合性可持续农业	该模式以实现人口增长、经济发展、资源开发利用和生态环境之间的平衡点为目标，并主要通过综合农业与生态系统、土壤保护、水源保护、经济的关系，并要求政府积极参与，统一部署，充分调动各方面力量进行资源深度开发，并协调各方利益
日本 环保型可持续农业	这一模式是通过降低农场外部投入如化肥、机械、农药等来保护环境，防止土地盐碱化，保持和逐步提高土地肥力；同时利用现代生物技术培育适于水地、盐碱地、荒漠和生态敏感区耕作的作物品种，扩大耕地面积，弥补耕地不足，通过提高效率来保护环境
印度 低成本、高效能型 可持续农业	包括生态、经济、社会与文化等多个领域，各领域都必须同环境有机结合起来，既适合当地的特点，又能持续不断地发展。这是一条以减轻资源承载力为前提的成本低、能效高和生态环境优良的可持续农业发展道路，是一种"合理利用资源、保持生态平衡、求生存与探发展"的农业发展模式

从以上分析可以看出，各国所选择的模式都能从本国国情出发，与本国生态和资源组合特点紧密相联。例如美国的低投入模式，实际是一种在生态系统中弱化人的主动性而强化自然能动性的模式，这与其现代化生产系统极其强大和生态资源条件供给充足有关。西欧采取的是一种综合性发展模式，在发展过程中着力寻求人口、经济、资源与生态的平衡点。日本在农业生态环境极其贫乏的条件下，采取生态效益优先、有时甚至不惜牺牲农业经济效益来追求生态环境效益的做法。印度由于农业投入水平相当低、经营比较粗放、规模又小，因此农业的重点仍在于增长和发展，采取了与美国、日本有较大差异的路径，但在其发展过程中，为避免重蹈西方"石油农业"的老路，在注重发展的同时，也注重对本国生态环境的保护，从而形成了具有本国特色的农业可持续发展模式。

浙江人多地少、人均资源相对紧缺，而经济社会又相对发达的基本省情，决定了我们必须走资源集约、生态高效型农业可持续发展之路。如何借鉴国外农业可持续发展模式的成功经验并结合浙江省情，在实践中探索、构建出具有浙江特色的农业可持续发展模式，对于实现农业现代化建设和国家农业可持续发展试验示范区建设具有重要的现实意义。

（二）研究动态

1. 关于农业可持续发展的研究

一是农业可持续发展模式的研究。揭新华（1994）、雍兰利（1999）、何煜（2000）、潘晓峰（2008）、张平（2012）等对生态农业的发展模式进行分析，总结出生态整合、生态链联接与转换、减量化生产、产业链横向拉长、产业链纵向延伸、庭院微循环等模式，为我国生态保护与农业可持续发展模式提供了具体的针对性办法。

二是农业可持续发展评价指标的研究。继联合国 1995 年提出了第一套指标体系之后，一些国家基于全球、国家和区域尺度也提出了大量的指标体系，国际可持续发展研究所统计表明，已经有超过 900 多套的可持续发展评价指标体系。结合中国的实际情况，国内学者也对具有中国特色的农业可持续发展评价指标进行了研究，比较有代表性的指标主要包含人口、经济、社会、资源、环境 5 个方面（许信旺，2005；赵学平等，2007；何秀丽等，2008；张尔升等，2008）。

三是对农业可持续发展评价方法的研究。国外关于可持续发展评价的方法较多，典型的有，"驱动—状态—影响—响应"模型（Zhou S D 等，2013）、生态足迹（Ferng J 等，2014）、指标重要性法（Marnika E 等，2015）、线性回归法（Golusin M 等，2011）、层次分析法（Shen L 等，2015）、多准则决策法（Jayaraman R 等，2015）、多指标综合评价法（Boggia 等，2010）等。我国学术界大多采用了综合指数评价和多元统计方法（许联芳等，2006；张丽等；2007；韩瑛等，2009；文余源等，2002；崔和瑞，2008；孙艳玲等，2009；赵莉等，2010）。

2. 关于农业资源利用效率的研究

通常农业资源利用效率包含两层含义：一是指各类农业资源被开发利用的比率，体现了现有农业资源开发和利用的广度，用公式表示为：农业

资源利用率 $=\dfrac{\text{农业资源总量}-\text{未利用农业资源总量}}{\text{农业资源总量}}\times 100\%$。二是指农业资源开发利用的效率，体现了农业资源开发和利用的深度，用公式表示为：农业资源投入效率 $=\dfrac{\text{农业产量（或产值）}}{\text{农业资源投入总量}}$（或为其倒数，即"单位农业产出资源消耗"）。从可持续发展的要求看，在浙江现代农业发展中尤其要强调农业资源开发利用的效率，而不是农业资源被开发利用的比率。这是因为前者更有利于农业资源的集约、安全、循环、综合和永续利用，而后者则容易导致农业资源的过度开发和粗放利用。其利用效率评价主要有以下两种：

一是单项农业资源利用效率评价。①气候资源。气候资源包括光、热、降水等，评价指标有光能利用率、光合潜力利用率、光温潜力利用率、气候潜力利用率（刘秋海等，1998）、热量产出率、降水产出率（崔读昌，1995；谢高地等，2002）等。②水资源。水资源由天然降水、灌溉水和土壤水构成。Mark W 等（2002）、Keith Wiebe（2006）、黄初龙（2005）、王宗明（2007）、石丽忠（2008）等构建农业水资源可持续利用评价指标体系，为各地区的农业水资源利用提供决策导向和预警预测。③土地资源。评价土地资源利用效率的指标主要有土地利用率（开发利用程度）、产出率（土地生产力）、资源消耗系数（生产单位农产品所占土地面积）与土地的可持续发展度等（于伯华等，2008；许树辉，2011）。

二是农业资源综合利用效率评价。近几年关于农业资源利用效率评价研究中，其评价内容和评价方法上都呈现出综合化趋势。徐勇（2001）从结构上将之划分为自然资源和经济社会资源评价指标体系两大类，每类各含五个亚类，每亚类又由本底指标、潜力指标和效率指标组成。谢高地等人（2002）在此基础上将评价指标分为资源利用效率、社会满足程度、经济、环境和可持续评价指标 5 类。随后，于法稳（2004）、刘一明（2006）、郑海霞（2006）、巩前文（2008）等通过对传统方法进行改进，对农业资源利用效率进行综合评价。此外，当前农业资源评价的综合化研究更加集中于农业资源可持续利用评价（敖登等，2004；贾蕊等，2007；陈家金，2008；陈琼等，2016；侯智惠等，2017）。

二、基于资源利用效率的浙江省农业可持续发展评价

为全面分析浙江省不同区域在资源利用方面的农业可持续发展水平，本研究选取了浙江省 25 个国家农业可持续发展试验示范县（市、区）作为考察对象，构建了基于资源利用效率的农业可持续发展多层次综合评价指标体系，通过数据去量纲处理和变异系数法综合分析浙江省农业可持续发展水平。

（一）基于资源利用效率的农业可持续发展多层次综合评价指标体系构建

如前文综述，本研究结合已有农业可持续发展指标体系研究，构建了一个更加全面的衡量体系，基于资源利用效率视角从农业资源禀赋、农业发展水平、农业从业人员科技水平、经济效益、社会效益、生态效益 6 个方面对浙江省 25 个国家农业可持续发展试验示范县（市、区）的农业可持续发展水平进行了评价。该评价体系不仅有直观反映农业可持续发展程度的效益指标，同时涵盖了能够间接反映农业可持续发展程度的潜力指标，从已有农业资源供给保障程度、对已有农业资源利用的集约程度，以及现在农业科技进步程度三方面评价了各地区的农业可持续发展潜力。

一般认为农业资源是农业生产过程中所涉及自然资源和经济社会资源的总称。其中存在于自然界、可作为农业生产原料的物质和能量来源以及农业生产所必需的自然环境条件为农业自然资源，主要包括土地、水、气候、生物、农用矿物等。而农业经济社会资源主要包括劳动、资本、技术、信息和管理等资源。从农业经济管理的角度出发，我们关注的是现有的农业土地、水、劳动力、技术和主要的农业物质资料的利用效率。本研究基于资源利用率的角度，结合数据可获得性，构建了以下基于资源利用效率的农业可持续发展一般评价指标体系。

1. 农业土地资源

土地资源的利用率包含土地产出率和土地利用率两个层次。

（1）土地产出率。土地产出率是指一定时间内单位土地面积上所取得产

值或产量，体现了土地资源集约利用、节约利用和综合利用水平，是反映某地区或部门农业生产力水平的综合经济指标。计算公式为：土地产出率＝土地产值/土地面积。

（2）土地利用率。本研究选取指标为耕地复种指数度量土地利用率。土地利用率可以反映土地资源开发潜力和集约利用水平。

2. 劳动力资源

农业劳动生产率指单个农业劳动者在单位劳动时间内（一般为一年）生产的农产品数量或者农产品价值，是反映一个地区或部门农业劳动生产效率的综合经济指标，广义上也体现了农业资源综合利用水平。计算公式为：劳动生产率＝生产农产品数量（农业生产总值）/农业从业人员数量。

3. 农业水资源

农业水资源的利用率是表示农业用水中真正得以利用的水资源的比率或效率。选取指标为农业灌溉水有效利用系数，又称灌溉水平均利用系数，指灌入田间的水量（或流量）与渠道引入总水量（或流量）的比值。

4. 农业物质资料

现代农业生产需要投入各类农业物质资料，衡量其投入的效率主要有以下常用指标：

（1）化肥、农药及农用塑料薄膜消耗系数（或利用效率系数）。表示单位农产品生产消耗的化肥、农药及农用塑料薄膜数量，其倒数则为利用效率系数。实际应用中更常用化肥、农药及农用塑料薄膜的施用强度，即单位面积化肥、农药及农用塑料薄膜施用量。由于化肥、农药及农用塑料薄膜是农业生产的主要污染源，该指标是体现农业资源安全利用和永续性利用的主要指标，也是表征农业生态效益的重要指标。

（2）有机废弃物利用率。即秸秆、畜禽粪便等农业废弃物利用量与其产量的比率。主要有秸秆利用率、畜禽养殖粪污综合利用率等指标。由于秸秆的燃烧是农业生产的重要污染源，畜禽粪便是农业面源污染的主要污染源之一，该指标是表征农业生态效益的重要指标，也是农业资源循环利用、综合利用的重要体现。

5. 农业技术资源

农业技术资源的利用率是指农业技术得以有效推广、应用的比率或其利用的效率，选取以下几个指标表示：反映农业新技术覆盖率的指标，主要包括高标准农田面积比重、畜禽规模养殖比重、水产标准化健康养殖比重、农业良种覆盖率。这些指标反映了农业生产技术的保障水平，但本身并不直接体现农业效益。

本研究的指标体系构建不仅考虑了以上基于资源利用效率的基础分析指标，同时结合联合国粮农组织与荷兰政府在1991年4月联合召开的"农业与环境国际会议"，并在会议上通过了《登博斯宣言》，即可持续发展与乡村发展宣言，探索出发展可持续农业的战略发展目标：一是突出粮食安全保障；二是探索发展农村综合经济模式；三是推进农村资源的科学循环利用。结合当前可获得数据，农业指标体系的构建应该充分反映出农业和农村的可持续发展。本研究还考虑了如下指标体系：

一是能够直接反映县（市、区）农业经济、生态效益的指标，是高效可持续现代农业内涵的根本体现。①经济效益指标包括：农业综合劳动生产率、耕地综合产出率和农民人均纯收入。②生态效益指标包括：农村生活垃圾处理率、农村生活污水处理率、化肥使用强度、农药使用强度、农用薄膜使用强度、农膜回收率、秸秆综合利用率、规模化养殖废弃物综合利用率、畜禽养殖粪污综合利用率、病死畜禽专业无害化处理场集中处理率。

二是体现农业社会效益的指标，主要考虑其食品安全保障效益，农业劳动力转移和财政对农业的补贴，是农业基础地位的表现，也是农业多功能性的重要体现。主要包括：劳均粮食产量、劳均肉蛋鱼产量、"三品一标"年均增长率、"三品"种养殖面积比重、农业剩余劳动力转移、财政支农力度。

三是影响农业生产效益的重要因素或体现高效生态农业重要特征，但不直接反映农业效益的指标。主要有：①农业资源保障指标，包括人均耕地面积、人均水资源量、森林覆盖率；②农业发展水平指标，包括农田灌溉水有效利用系数、复种指数、单位播种面积农机总动力、高标准农田面积比重、畜禽规模养殖比重、良种覆盖率、水产标准化健康养殖比重；③农业从业人员科技水平指标，包括农业科技人员占从业人员比率、农村实用人才培育程度、持专业证书的农业劳动力占比。

综合以上两方面，本报告的整体指标体系如表 3-2。

表 3-2 综合指标体系

分　类	指标名称	计算公式
农业资源禀赋	人均耕地面积	耕地面积/人口总数
	土壤有机质含量	
	森林覆盖率	
农业发展水平	农田灌溉水有效利用系数	
	复种指数	农作物播种面积/耕地面积
	每百亩农机总动力	农机总动力/耕地面积
	高标准农田面积比重	
	畜禽规模养殖比重	
	种植业良种覆盖率	良种化种养殖面积/种养殖总面积
	水产标准化健康养殖比重	
农业从业人员科技水平	农业科技人员占从业人员比率	农林牧渔业科技人员数/农业从业人员
	农村实用人才培育程度	农村实用人才培训数量/农业从业人员
	持专业证书的农业劳动力占比	持专业证书农业劳动力数量/农业从业人员
生态效益	农村生活垃圾处理率	
	农村生活污水处理率	
	化肥使用强度	化肥用量/耕地面积
	农药使用强度	农药用量/耕地面积
	农用薄膜使用强度	农用薄膜用量/耕地面积
	农膜回收率	
	秸秆综合利用率	
	规模化养殖废弃物综合利用率	
	畜禽养殖粪污综合利用率	
	病死畜禽专业无害化处理场集中处理率	
经济效益	农业综合劳动生产率	农业产值/农业从业人员
	耕地综合产出率	农业产值/耕地面积
	农民人均纯收入	

（续）

分　　类	指标名称	计算公式
社会效益	劳均粮食产量	粮食产量/农业从业人员
	劳均肉蛋鱼产量	肉蛋鱼产量/农业从业人员
	农业剩余劳动力转移	农业从业人员/全社会从业人员
	财政支农力度	财政支农支出/农业总产值
	"三品一标"年均增长率	
	"三品"种养殖面积比重	"三品"种养殖面积/总种养殖面积

（二）测量模型与方法

1. 数据去量纲处理

本研究评估的是 2015 年浙江 25 个国家农业可持续发展试验示范县（市、区）的农业发展能力的可持续性。为了避免指标量纲上的不同而影响正常的评定工作，先进行无量纲化处理这些指标数据。

本研究设定每个指标的最大值和最小值分别是 10 和 0，也就是说，就一个单项指标而言，该指标的得分范围在 0～10，从而形成与该指标对应的单项指数。再由属于同一方面的指数按照一定的权重合成该方面指数，最后由六个方面指数按照一定权重合成总指数。

计算指标得分的方法如下：

根据指标数值大小与农业可持续发展程度高低的相关关系，计算指标得分的公式可分成两大类：当指标的数值大小与农业可持续发展程度高低正相关时，则这些指标的得分采用如下公式计算：

$$\text{第 } i \text{ 个指标得分} = \frac{K_i - K_{min}}{K_{max} - K_{min}} \times 10$$

其中，K_i 是某个地区第 i 个指标的原始数据，K_{max} 是所有 25 个市第 i 个指标相对应的原始数据中数值最大的一个，K_{min} 则是最小的一个。

当指标的数值大小与市场化程度高低负相关时，则这些指标的得分采用第二个公式计算，即原始数据越大指标得分越低，该指标所体现的农业可持续发展程度越低。其计算方法如下：

$$第\,i\,个指标得分=\frac{K_{\max}-K_i}{K_{\max}-K_{\min}}\times10$$

2. 指标权重

本研究利用的变异系数法（coefficient of variation method）是直接利用各项指标所包含的信息，通过计算得到指标的权重，这是一种客观赋权的方法。此方法的基本做法是：在评价指标体系中，指标取值差异越大的指标，也就是越难以实现的指标，这样的指标更能反映被评价单位的差距。

各项指标的变异系数公式如下：

$$V_i=\frac{\sigma_i}{X_i}$$

其中，V_i 是第 i 项指标的变异系数，σ_i 是第 i 项指标的标准差，X_i 是第 i 项指标的平均数。各项指标的权重为：

$$W_i=\frac{V_i}{\sum\limits_{i=1}^{n}V}$$

根据公式计算指标权重如表 3-3：

表 3-3　各项指标权重

分　　类	总体权重	指标名称	分类权重
农业资源	0.068 3	人均耕地面积	0.022 9
		土壤有机质含量	0.016 3
		森林覆盖率	0.029 1
农业发展水平	0.157 6	农田灌溉水有效利用系数	0.005 9
		复种指数	0.021 8
		每百亩农机总动力	0.027 2
		高标准农田面积比重	0.039 8
		畜禽规模养殖比重	0.015 3
		种植业/农业良种覆盖率	0.007 9
		水产标准化健康养殖比重	0.039 8
农业从业人员科技水平	0.214 8	农业科技人员占从业人员比率	0.046 3
		农村实用人才培育程度	0.083 3
		持专业证书的农业劳动力占比	0.085 2

（续）

分　　类	总体权重	指标名称	分类权重
生态效益	0.190 6	农村生活垃圾处理率	0.002 2
		农村生活污水处理率	0.014 4
		化肥使用强度	0.028 9
		农药使用强度	0.034 6
		农用薄膜使用强度	0.081 8
		农膜回收率	0.009 3
		秸秆综合利用率	0.003 5
		规模化养殖废弃物综合利用率	0.000 7
		畜禽养殖粪污综合利用率	0.006 1
		病死畜禽专业无害化处理场集中处理率	0.009 1
经济效益	0.096 6	农林牧渔业综合劳动生产率	0.042 3
		耕地综合产出率	0.031 9
		农民人均纯收入	0.022 4
社会效益	0.272 2	劳均粮食产量	0.045 3
		劳均肉蛋鱼产量	0.085 5
		农业剩余劳动力转移	0.043 8
		财政支农力度	0.039 7
		"三品一标"年均增长率	0.050 1
		种植业"三品"认证农产品面积比重	0.007 9

（三）对浙江农业可持续发展的实证评价

1. 各子系统评价

（1）农业资源禀赋水平评价。该指标反映了农业发展的基础自然资源保障和支持能力，得分越高，反映该地区农业资源越充足。农业资源禀赋权重系数为 0.068 3，该项指标满分是 0.683 0 分，浙江 25 个国家农业可持续发展试验示范县（市、区）的农业资源禀赋加权得分在 0.071 1～0.642 9，而浙江省整体得分是 0.316 9。具体来看，龙泉市农业资源禀赋得分最高，遂昌、泰顺次之；农业资源禀赋得分低于浙江省整体水平的有德清、婺城、嘉善、东阳、上虞、三门、苍南、定海、海宁、萧山和慈溪；其中，慈溪得分最低，萧山、海宁次之。结果表明，浙江省农业资源的分布不太均衡，尤其是萧山、慈溪、海宁等农业经济水平较高的县（市、区），支持农业发展的农业资源水平相对较低（表 3-4、图 3-1）。

表3-4 各地区农业资源禀赋得分

区域	满分	浙江省			
得分	0.683 0	0.316 9			
区域	龙泉市	遂昌县	泰顺县	衢江区	新昌县
得分	0.642 9	0.570 9	0.517	0.497	0.451 8
区域	龙游县	桐庐县	安吉县	建德市	仙居县
得分	0.449 7	0.411 8	0.389 9	0.372 3	0.370 9
区域	莲都区	诸暨市	余姚市	兰溪市	德清县
得分	0.369 6	0.357 4	0.354 1	0.320 7	0.302 6
区域	婺城区	嘉善县	东阳市	上虞区	三门县
得分	0.297	0.288 9	0.276 1	0.269 6	0.263 8
区域	苍南县	定海区	海宁市	萧山区	慈溪市
得分	0.219 7	0.180 1	0.123 2	0.110 7	0.071 1

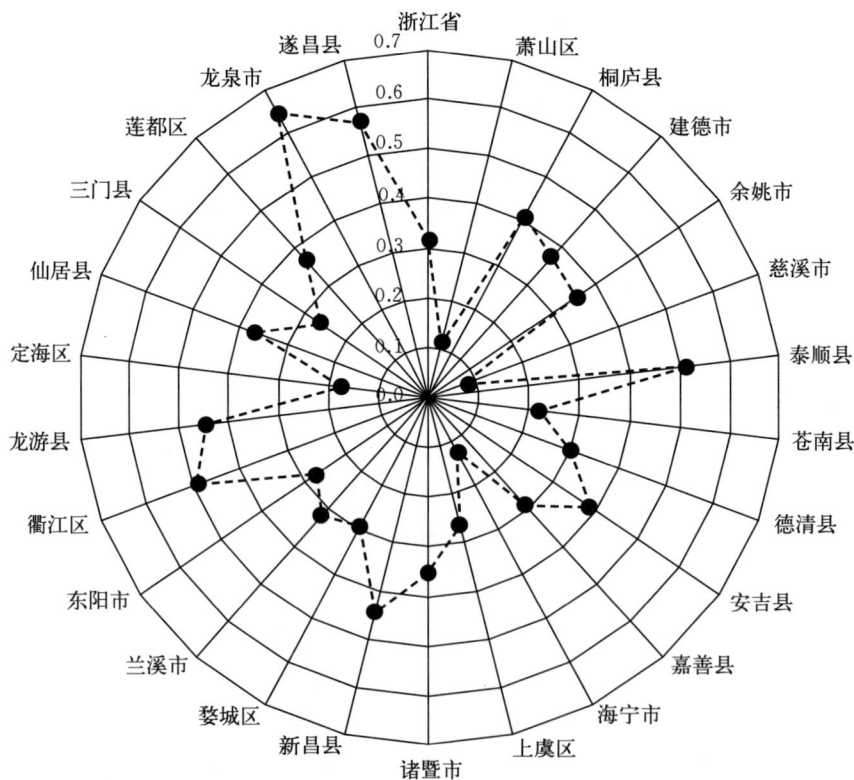

图3-1 各区域农业资源禀赋得分

（2）农业发展水平评价。该指标反映了农业资源利用的集约程度，得分越高，反映农业资源的利用效率越高，更有利于农业可持续发展。农业发展水平的权重系数为0.156 9，该方面指标满分是1.569 0分，浙江25个国家农业可持续发展试验示范县（市、区）的农业发展水平加权得分为0.195 4～1.311 9，浙江省整体得分是0.895 4。从得分结果来看，除诸暨、慈溪、苍南、三门、安吉、定海六地外，其余示范县（市、区）的得分均低于浙江省整体得分；其中，诸暨农业发展水平最高，慈溪、苍南次之；此外，泰顺农业发展水平最低，龙游、遂昌次之。整体结果表明，浙江省农业发展水平总体较为均衡，但山区、丘陵地区农业发展水平相对较低（表3-5、图3-2）。

表3-5　各区域农业发展水平得分

区域	满分	浙江省			
得分	1.569 0	0.895 4			
区域	诸暨市	慈溪市	苍南县	三门县	安吉县
得分	1.311 9	1.121 6	0.939 1	0.921 5	0.902 3
区域	定海区	余姚市	嘉善县	海宁市	东阳市
得分	0.900 3	0.865 8	0.858 9	0.835 7	0.816 6
区域	仙居县	萧山区	婺城区	龙泉市	兰溪市
得分	0.810 8	0.777 2	0.765 9	0.760 6	0.757 2
区域	德清县	莲都区	衢江区	建德市	上虞区
得分	0.718 1	0.714 7	0.698 7	0.689 8	0.681 3
区域	桐庐县	新昌县	遂昌县	龙游县	泰顺县
得分	0.645	0.550 9	0.475 2	0.430 9	0.195 4

（3）农业从业人员科技水平评价。该指标反映该地区一方面农业的科技进步水平，另一方面也反映了该地区农业人力资源质量，得分越高，说明该地区科技越发达，农业人力资源质量越高，农业可持续发展潜力越大。农业从业人员科技水平指标的权重系数为0.214 8，该方面指标满分是2.148 0分，浙江25个国家农业可持续发展试验示范县（市、区）的农业从业人员科技水平加权得分在0.093 1～1.066 8，浙江省得分是0.388 4，该指标的平均得分整体上远低于该指标的最高水平，说明浙江省农业从业人员科技水平整体较低。从得分结果来看，安吉农业从业人员科技水平最高，德清、泰顺

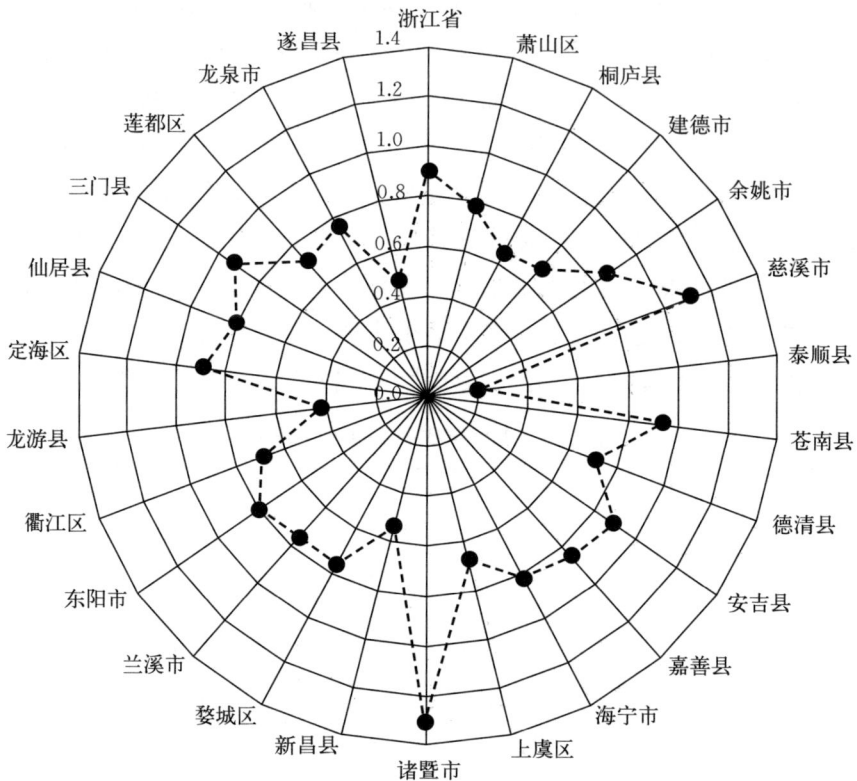

图3-2 各区域农业发展水平得分

次之；同时，桐庐、龙泉、萧山、莲都、慈溪、龙游、遂昌、建德、东阳、苍南、上虞、兰溪、婺城和衢江的得分低于浙江省整体水平；其中，衢江农业从业人员科技水平得分最低，婺城、兰溪次之。从整体结果来看，浙江省农业从业人员科技水平发展极为不均衡，且也在一定程度上反映了各地农业人力资源质量水平差距较大。各级政府应进一步重视农业科技创新并加大投入，同时加强农业人力资源的培养（表3-6、图3-3）。

表3-6 各区域农业从业人员科技水平得分

区域	满分	浙江省		
得分	2.148 0	0.388 4		
区域	安吉县	德清县	泰顺县	三门县	仙居县
得分	1.066 8	1.062 2	0.757 2	0.671 3	0.605 6

（续）

区域	余姚市	定海区	新昌县	海宁市	嘉善县
得分	0.528 4	0.479 6	0.475 2	0.458 2	0.456 2
区域	诸暨市	桐庐县	龙泉市	萧山区	莲都区
得分	0.416 5	0.375 2	0.375	0.331 8	0.285 8
区域	慈溪市	龙游县	遂昌县	建德市	东阳市
得分	0.278 2	0.271 7	0.253 8	0.240 7	0.239 2
区域	苍南县	上虞区	兰溪市	婺城区	衢江区
得分	0.164 8	0.157 1	0.130 8	0.106 3	0.093 1

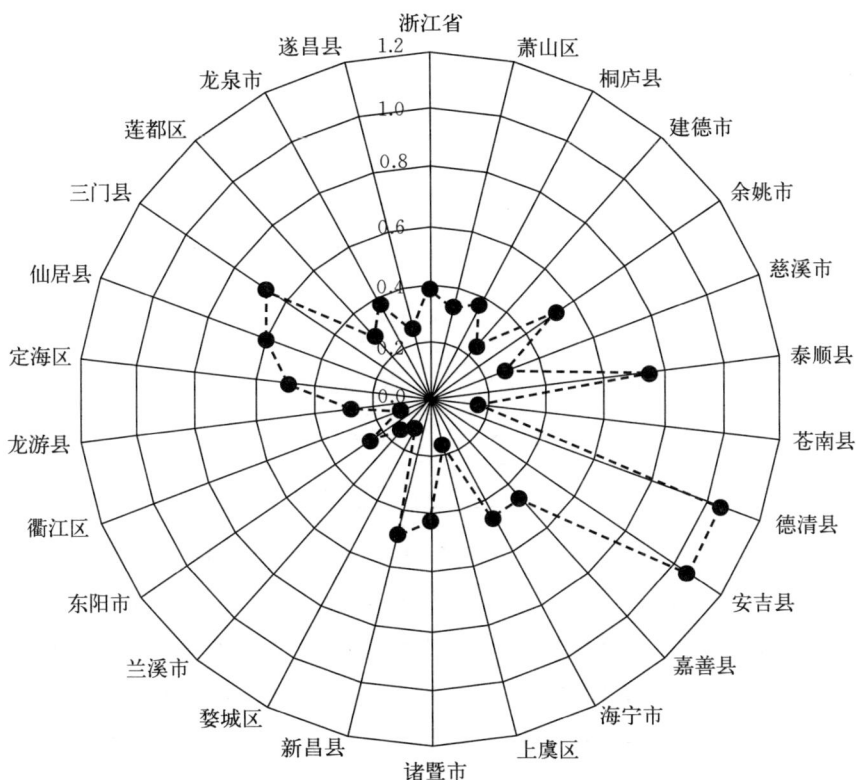

图3-3　各区域农业从业人员科技水平得分

（4）生态效益评价。该指标是农业可持续发展重要的组成部分，系统得分越高，表示农业发展所处的生态环境改善越好。生态效益的权重系数为

0.1906，该方面指标满分是 1.9060 分，浙江 25 个国家农业可持续发展试验示范县（市、区）的生态效益水平加权得分在 0.5870～1.7201，浙江省整体得分是 1.2451，农业生态效益水平整体较高。具体来看，定海农业的生态效益最高，仙居、龙泉次之；仅有婺城、衢江、萧山、莲都、建德和慈溪低于浙江省整体分值。结果表明，浙江省农业生态效益水平发展比较均衡，得分率较高，表明浙江省农业生态建设成效显著（表 3-7、图 3-4）。

表 3-7　各区域农业生态效益得分

区域	满分	浙江省			
得分	1.9060	1.2451			
区域	定海区	仙居县	龙泉市	安吉县	东阳市
得分	1.7201	1.6709	1.5925	1.5837	1.5606
区域	苍南县	海宁市	新昌县	诸暨市	上虞区
得分	1.5391	1.5321	1.5184	1.5078	1.4985
区域	兰溪市	龙游县	德清县	嘉善县	余姚市
得分	1.4905	1.438	1.4235	1.4217	1.4121
区域	遂昌县	桐庐县	泰顺县	三门县	婺城区
得分	1.3767	1.3749	1.3425	1.2798	1.2448
区域	衢江区	萧山区	莲都区	建德市	慈溪市
得分	1.1262	1.0877	0.9579	0.9301	0.5870

（5）经济效益评价。经济效益得分越高，表示该地区农业在经济方面的可持续发展能力越高。经济效益的权重系数为 0.0966，该方面指标满分是 0.9660 分，浙江 25 个国家农业可持续发展试验示范县（市、区）的经济效益水平加权得分在 0.0123～0.9179，浙江省整体得分为 0.4614。具体来看，嘉善农业的经济效益得分最高，为 0.9179，嘉善县农民人均收入高达 24441 元、劳均农业产值 10.74 万元、亩均耕地产值 0.8 万元，萧山、慈溪次之；其中，新昌、三门、婺城、衢江、东阳、仙居、龙泉、苍南、兰溪、遂昌、龙游和泰顺的得分均低于浙江整体得分值，且泰顺农业经济效益最低，得分仅 0.0123，龙游、遂昌次之。从整体结果来看，浙江省农业经济

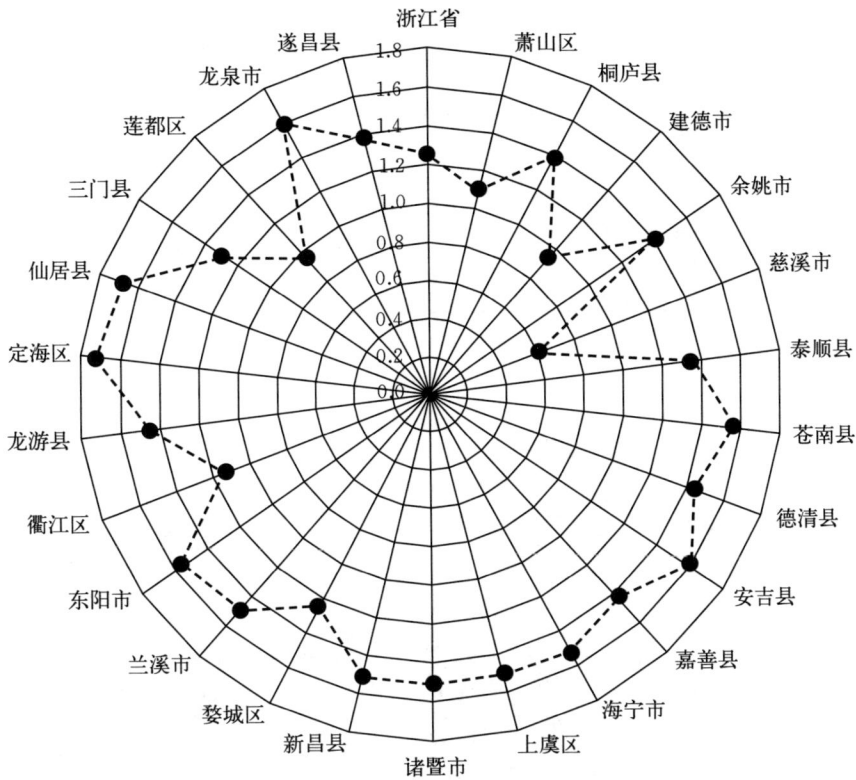

图3-4　各区域的生态效益得分

效益水平相差巨大，农业内部贫富差距分化、农业生产率高低差距过大。在提高农业生产率和农民生活水平的同时，应该考虑农业内部差距，发挥农业生产率高的地区的生产力优势，同时促进生产率低的地区提高生产率，促进贫困地区农民收入的提高（表3-8、图3-5）。

表3-8　各区域农业经济效益得分

区域	满分	浙江省			
得分	0.966 0	0.461 4			
区域	嘉善县	萧山区	慈溪市	余姚市	诸暨市
得分	0.917 9	0.882 3	0.747 1	0.736 4	0.625 9
区域	上虞区	定海区	安吉县	德清县	建德市
得分	0.622 4	0.587 8	0.583 3	0.559 1	0.548 7

（续）

区域	桐庐县	海宁市	莲都区	新昌县	三门县
得分	0.540 2	0.504 6	0.463 7	0.410 3	0.402 4
区域	婺城区	衢江区	东阳市	仙居县	龙泉市
得分	0.347 6	0.268 0	0.265 8	0.223 9	0.198 4
区域	苍南县	兰溪市	遂昌县	龙游县	泰顺县
得分	0.179 9	0.178 6	0.169 3	0.102	0.012 3

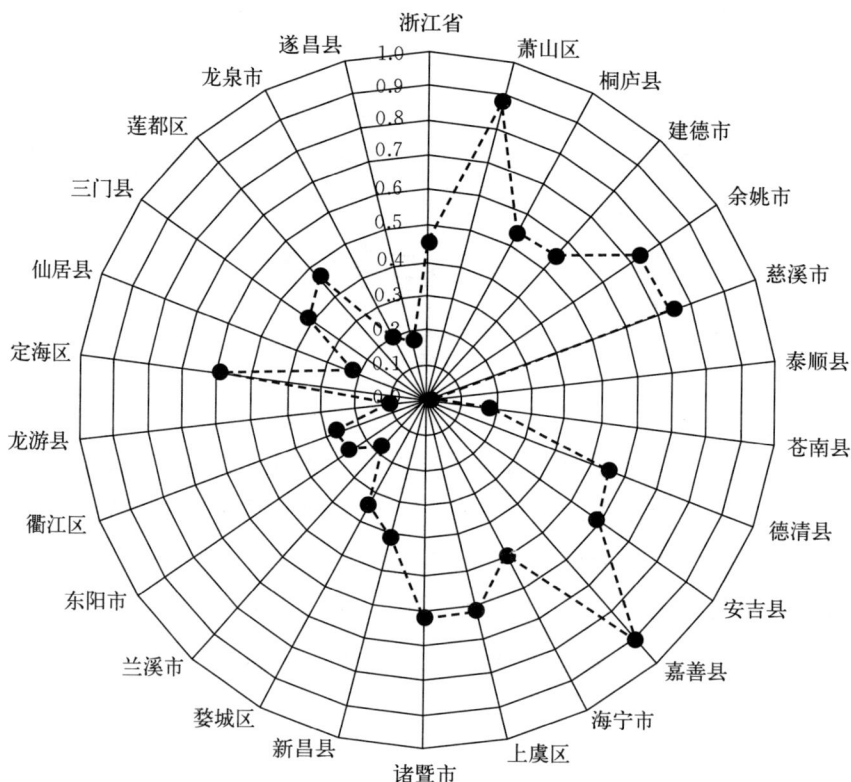

图3-5　各区域的经济效益得分

（6）社会效益评价。社会效益得分越高，表示农业发展对社会贡献越大，可持续发展能力越强。社会效益的权重系数为0.272 2，该方面指标满分是 2.722 0 分,浙江 25 个国家农业可持续发展试验示范县(市、区)的社会效益水平加权得分在 0.383 3~1.880 9,浙江省社会效益水平的整体得分是 1.055 1。具体来看,除德清、定海、海宁、苍南、嘉善、婺城和三门七地外,其余示范县(市、区)的社会效益得分均低于浙江省整体得分,其中,德清农业的社会效益最高,定海、海宁次之;兰溪农业社会效益最低,东阳、龙泉次之。整体上看,农业可持续发展的社会效益极不均衡(表 3-9、图 3-6)。

表 3-9　各区域农业社会效益得分

区域	满分	浙江省		
得分	2.722 0	1.055 1		
区域	德清县	定海区	海宁市	苍南县	嘉善县
得分	1.880 9	1.558 2	1.423 9	1.237 6	1.176 6
区域	婺城区	三门县	诸暨市	慈溪市	萧山区
得分	1.141 5	1.073 7	1.069 9	1.041 0	1.032 7
区域	余姚市	上虞区	泰顺县	安吉县	衢江区
得分	1.024 9	0.953 8	0.913 5	0.907 8	0.903 6
区域	龙游县	仙居县	遂昌县	桐庐县	新昌县
得分	0.793 2	0.733 7	0.707 8	0.671 1	0.651 4
区域	莲都区	建德市	龙泉市	东阳市	兰溪市
得分	0.585 8	0.551 4	0.536 3	0.459 3	0.383 3

2. 综合得分情况

该指标是以上六方面指标的加权平均数,反映该地区整体的农业可持续发展能力,得分越高,农业可持续发展水平越高。农业可持续发展水平最高分为 10,浙江 25 个国家农业可持续发展试验示范县(市、区)的农业可持续发展加权得分在 3.261 1~5.946 4,浙江省农业可持续发展的综合水平得分是 4.362 3。具体来看,各地区农业可持续发展综合水平排序如表 3-10、图 3-7 所示,其中,德清县得分最高,安吉、定海次之;兰溪农业综合水平得分最低,建德、莲都次之。整体上看,各地区的农业可持续发展的综合水平相对均衡。

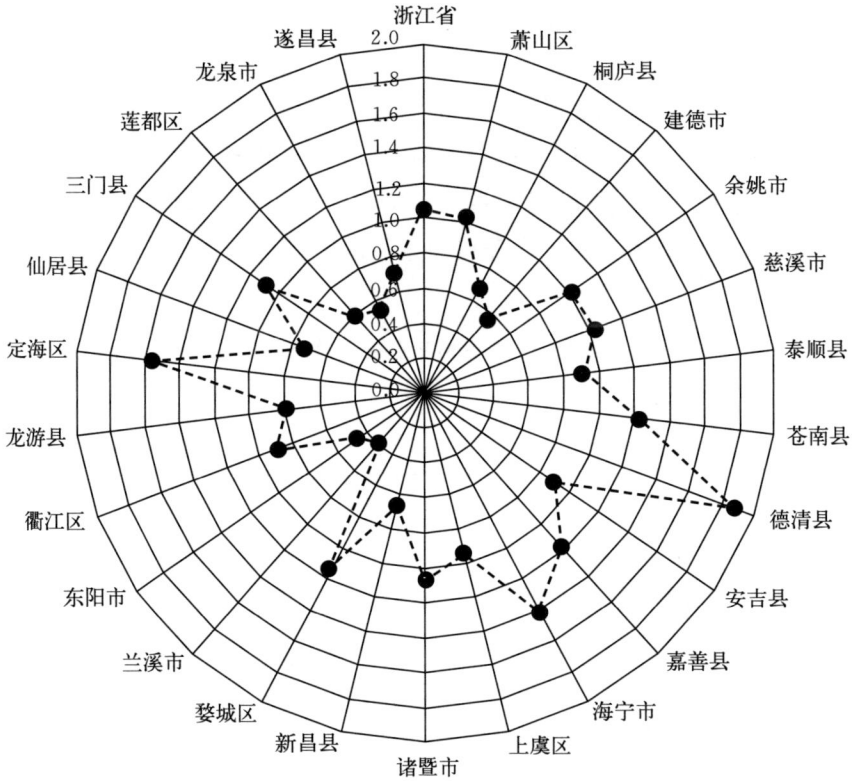

图 3-6　各区域的社会效益得分

表 3-10　各区域农业可持续发展综合水平得分

区域	满分	浙江省			
得分	10	4.362 3			
区域	德清县	安吉县	定海区	诸暨市	嘉善县
得分	5.946 4	5.433 9	5.426	5.289 4	5.120 2
排名	1	2	3	4	5
区域	余姚市	海宁市	三门县	仙居县	苍南县
得分	4.921 7	4.877 7	4.612 4	4.415 8	4.280 1
排名	6	7	8	9	10
区域	萧山区	上虞区	龙泉市	新昌县	桐庐县
得分	4.222 4	4.182 6	4.105 6	4.057 9	4.018 2
排名	11	12	13	14	15

（续）

区域	婺城区	慈溪市	泰顺县	东阳市	衢江区
得分	3.903	3.846 1	3.737 8	3.617 7	3.586 5
排名	16	17	18	19	20
区域	遂昌县	龙游县	莲都区	建德市	兰溪市
得分	3.553 7	3.485 5	3.377 5	3.333	3.261 1
排名	21	22	23	24	25

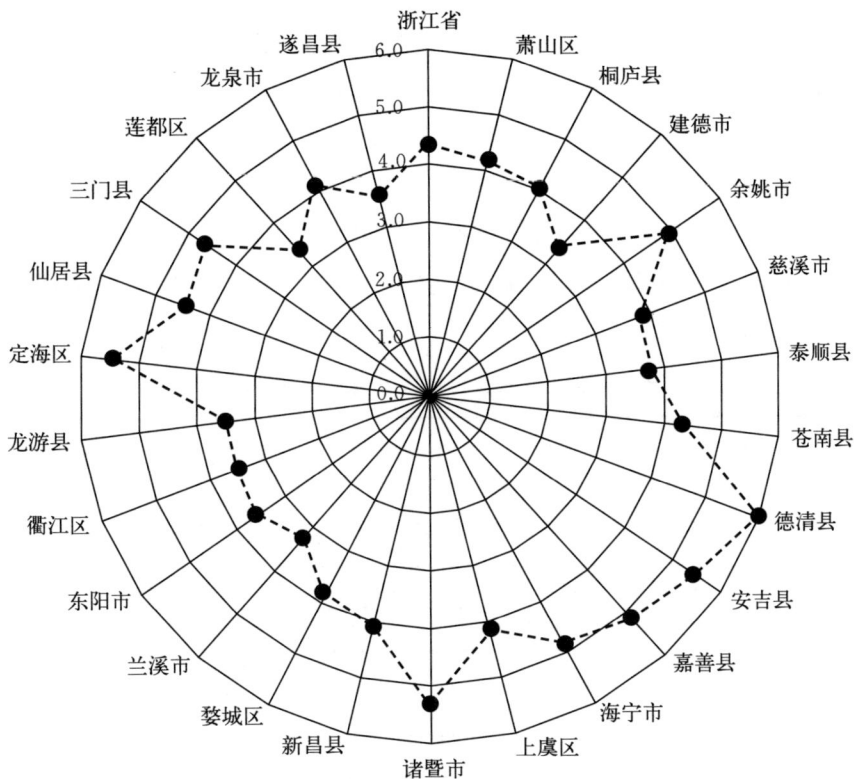

图 3-7 各区域农业可持续发展水平综合得分

（四）小结

一是各子系统得分率存在较大差异。浙江省农业可持续发展的综合水平得分为 4.362 3，得分率不足 44%，其中，农业发展水平和生态效益 2 个子系统得分率超过 50%，科技水平和社会效益的得分率不足 40%，具体详见下表 3-11。首先，从农业资源禀赋和农业发展水平两项指标来看，表现出地域差异大、分布不均衡的特点，尤其是部分经济发展水平较高而农业资源又相对紧缺的地区，必须加强农业资源节约、集约和循环利用，才能全面推进农业的可持续发展。其次，从农业从业人员科技水平来看，该指标是六个指标中得分率最低的指标，是影响农业可持续发展综合水平提高的最大因素之一，补齐农业从业人员科技水平"短板"，有助于促进农业可持续发展。再次，从生态效益来看，该指标是六项指标中得分最高的指标，说明浙江作为"两山"理论的发源地，在农业生态建设方面取得了较大的成绩。再次，从经济效益来看，该指标得分率较高，但存在地区分布不均的问题，反映了各地区农业内部贫富分化，农业可持续发展公平性的问题，也是未来急需解决的问题之一。最后，从社会效益来看，该指标的得分率排在第五位，各地差异较大，说明农业可持续发展的社会效益极不均衡，提高农业的社会效益，不仅有助于促进农业可持续发展水平提高，还可促进区域农业统筹协调、均衡发展。

表 3-11　浙江省农业可持续发展各子系统得分情况

评价子系统	分　值	浙江省得分	得分率（%）	备　注
农业资源禀赋	0.683	0.316 9	46.40	4
农业发展水平	1.576	0.895 4	56.81	2
农业从业人员科技水平	2.148	0.388 4	18.08	6
生态效益	1.906	1.245 1	65.33	1
经济效益	0.966	0.461 4	47.76	3
社会效益	2.722	1.055 1	38.76	5
合计	10	4.362 3	43.62	

二是农民职业培训是提高农业从业人员科技水平的重要手段之一。农业劳动者素质、农业科技与装备应用水平的差异导致了各地区农业经济效益的差异。目前，浙江省的农业经营规模较小，以家庭经营为主，农业技术的传承更多的是依靠家庭代际传承，农民接受职业培训的比例相对来说还较低。

因此，政府可以考虑加强对职业农民的培训，尤其要重视对低收入水平农民的培训，加大对人力资本的投资。

三是要在一定程度上加大对弱势地区的财政资金投入。要加大农业基础设施投资，改善农业生产条件，尤其是重视对落后贫穷地区的政策倾斜，使贫困地区免遭"贫困陷阱"。

四是富裕地区在保持经济高速发展的同时要考虑农业生态可持续发展。值得注意的是，农民人均纯收入最高的萧山、慈溪、海宁市区（其中萧山、慈溪的综合经济效益水平位居前两名），是农业资源可持续发展得分最低的地区。虽然这些地区基于较少的资源取得了较好的农业经济发展水平，但也不可避免地带来一些问题。萧山实现农民收入、经济效益双第一，伴随的是生态效益得分倒数第三，农药使用过多、农膜回收率较低是其生态效益得分较低的原因。慈溪不仅农民收入高、经济效益得分高，而且有着较高的现代化水平，但是生态效益得分最低，农药、化肥和农膜的过量使用是导致其生态效益低的原因。

五是走具有浙江特色的农业可持续发展之路。浙江在农业可持续发展过程中，要突出自身特色，坚持产业融合、产村融合、产城融合和功能多样的运营理念，依托当地拥有的农业资源禀赋，做大、做强、做优"绿水青山"经济，发展与"绿水青山"密切相关的休闲农业、文创农业、观光农业、养生农业、体验农业等产业，实现三产融合发展。

三、浙江农业资源可持续利用的发展模式分析

（一）发展模式分类机理

根据上述基于资源利用效率的浙江省农业可持续发展评价，我们可以发现：增强农业科技支撑、加快农业产业融合发展、推进农业资源节约集约和循环利用，是提升农业可持续发展水平的关键所在。为此，研究从空间、技术、产业、循环等视角出发，以资源整合为重点，探索适合浙江省情的农业可持续发展模式和现实路径。

1. 空间视角

以农业资源节约、集约利用为核心，在多种相互协调、相互联系的种植

业内部、养殖业内部、种养业之间，在空间、时间和功能上的多层次综合利用优化的高效农业结构，具有集约、高效、可持续和安全等优点。这是一种"节约资源、集约发展"的农业可持续发展模式，针对浙江情况，重点发展立体种养和设施栽培等现实路径。

2. 技术视角

依托农业科技创新，以提高投入要素资源利用效率和生态环境保护为核心，通过推广节约型的耕作、播种、施肥、施药、灌溉与旱作农业、集约生态养殖、秸秆综合利用等节约型技术，应用水土保持和保护环境等环保型技术，以减少农业面源污染和废弃物生成，减少农业资源消耗和物资投入，促进农业可持续发展。这是一种"减少投入、减少污染"的农业可持续发展模式，针对浙江情况，重点推进农业要素资源减量化投入和清洁化生产等现实路径。

3. 产业视角

以农旅结合和三产融合发展为核心，加快农业产业化发展，形成农业产业链条，从而拉动整个产业的快速发展，由此不仅促进了全省农业的规模化、产业化、组织化、标准化和品牌化建设，提升全省农业整体素质和市场竞争力，而且推进了全省区域循环农业的整体发展，提高了农业资源利用水平。这是一种"产业融合，互联网＋"的农业可持续发展模式，针对浙江情况，重点发展种养加结合和休闲创意农业等现实路径。

4. 循环视角

以农业资源的高效利用和循环利用为目标，以"减量化、再使用、资源化"为原则，以物质循环流动和能量梯次利用为特征的农业生产运行模式，它摒弃了传统农业的掠夺性经营方式，把农业经济发展与生态保护有机结合起来，是实现农业可持续发展的必然选择。发展循环农业，构建资源节约型、环境友好型生产体系，既有利于农业节能减排，减轻环境承载压力，又有利于提升农业产业发展水平，促进产业融合和农业功能拓展，推进农业转型升级。这是一种"生态循环、高效利用"的农业可持续发展模式，针对浙江情况，重点推进废弃物处理无害化和资源化利用等现实路径（图3-8）。

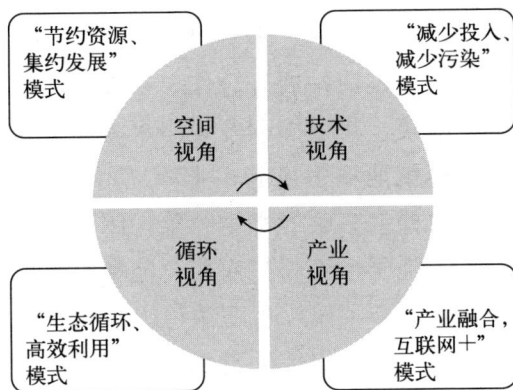

图 3-8　浙江农业资源可持续利用的发展模式分类

（二）发展模式案例分析

1. 空间视角的"节约资源、集约发展"模式

该模式主要通过对农业立体空间和时间空间的充分利用，体现资源的节约、集约利用，达到节约资源、集约发展的目标，具体包括立体农业、设施农业等模式。立体农业充分利用空间和时间，通过间作、套作、混作等立体种养、混养等模式，充分挖掘土地、光能、水源、热量等自然资源的潜力，缓解人地矛盾，提高农业资源利用率，具体包括：三园养鸡、林下仿野生铁皮石斛、幼林地种植牧草等林地立体农业模式；稻田养鸭、稻田养鱼等水田立体农业模式；以及鱼虾蟹混养、鱼菜共生等池塘立体农业模式。设施农业以工业化装备和标准化、安全生产技术为基础，通过推广运用现代生物技术、信息技术和工程技术，培育农业生物技术产业、生物质能产业、信息产业，推动产业技术的交叉融合，大幅度提高农业劳动生产率和土地生产率，降低物耗、能耗和污染排放，实现农业可持续发展。该模式具有高投入、高科技、高品质、高产量和高效益等特点，因此很适合于技术、资金相对密集的都市城郊和沿海较发达城镇。目前，浙江省推广的设施模式主要有：以塑料大棚、避雨棚架、玻璃温室等为主的设施种植业，以热光大棚、高位池、网箱等为主的设施渔业，以自动化饮水、温控，高度机械化喂料、清粪、集蛋、挤奶、孵化等为主的设施畜牧业。

（1）渔源水产：立体种养，降污提效。宁海渔源水产对虾养殖公司是一家专业从事水产养殖、饲料、网具、渔具批发、零售的环保企业。2015年，渔源水产与宁海县水产技术推广站展开合作，在养殖池塘的水面上种下数排空心菜、木耳菜等绿色蔬菜，积极探索开发净水立体种养模式。对虾池塘净水立体种养模式是指在养殖池塘中搭起由PVC管制成的筏，筏中直接铺设塑料泡沫板作为浮床，选择空心菜等水生叶菜，用浮床作为载体栽种。在养殖塘内种出的空心菜不需施肥也不需打农药，池塘中养殖对虾的粪便即是最好的肥料。最重要的是，空心菜等绿色蔬菜可以吸收水中多余的营养，平衡水体氮、磷等元素的含量，促进水体的自我净化。据检测显示，采用净水立体种养模式的池塘水体中亚硝酸氮和磷酸盐含量较对照池塘分别降低了82％和92％。该模式在提高养殖户效益的前提下，既节省了养殖成本，又改善了池塘内水质，提高了水体自净水平，一定程度上降低了养殖污水的排放量，今后可作为养殖污水自净处理的重要模式。

（2）阳田股份：设施栽培，高产高效。浙江阳田农业科技股份有限公司是一家现代设施农业企业，成立于2012年8月，专业致力于现代设施农业种植技术、农业设施设备、果蔬产品的研发、生产和销售。公司依托阳田股份示范基地搭建种植技术研发平台、农业设施设备研发及生产平台、果蔬产品销售平台，向农户提供果蔬种植整体解决方案，帮助农户、农企开展高效、高产、高收入的现代化农业生产。浙江阳田提供的现代设施农业综合方案包括硬件和软件，硬件包括温室智能大棚＋基质栽培高架设施＋智能肥水控制系统，形成了一套高科技全自动农业种植系统；软件指阳田草莓种植技术包，其组成包含了果蔬种植工作规范指导书、设施设备使用规范指导书、环境检测记录规范指导书、肥料配比专业指导书、果蔬筛选规范指导书等。"阳田农科模式"摆脱了农业对土壤的依赖，可在非农用地种植；劳动强度低，省时省工高效使植物工厂成为可能；杜绝了土壤污染带来的食品安全风险，精确滴灌节水节肥以避免给土壤带来的次生污染；综合成本适宜，不受高温极寒南北地域限制；同时减轻了农民的劳动强度，提高劳动生产率，省力、省时、高效，真正做到了幸福农业、快乐农业，具有很强的推广价值。

2. 技术视角的"减少投入、减少污染"模式

该模式通过农业废弃物"三循环"利用、投入品包装物回收及病死动物无害化处理等技术手段，实现农业废弃物处理无害化和资源化、生态化利用，从而使经济系统与自然生态系统的物质循环过程相互和谐，促进资源永续利用。

（1）东和农业：投入减量化，供给优质化。浙江东和农业科技发展有限公司位于浙江省诸暨市，是一家集农业科研、开发、推广、种植、经营为一体的综合性企业，也是绍兴市重点龙头企业，拥有十里坪有机茶基地核心面积 3 000 多亩，联结基地 2 万亩。该公司以沼液和有机肥培育茶叶，促进农业废弃物从污染治理向资源化利用转变；利用物理方法防治虫害，安装太阳能杀虫灯 100 多只，开展人工除草，不用除草剂、化肥、农药、植物生长调节剂等物质；通过测土配方施肥技术，应用喷灌滴灌、肥水同灌等节约型技术，实现农业投入品的减量化，提升茶叶品质，带动了山区农民增产增收。

（2）华腾牧业：清洁化生产，绿色化产出。浙江华腾牧业有限公司成立于 2007 年，是一家从事配合饲料加工、销售和饲料原料贸易以及养殖机械供应、服务一条龙的农业企业。近年来，在生猪养殖业提质减量的背景下，浙江华腾牧业有限公司以饲料加工生产为基础，前连饲料原料基地，后通养殖牧场和产品加工销售，拓展有机肥开发和社会化服务，努力打造"零污染养猪"绿色生猪全产业链新模式。一是用健康理念重新定义猪肉。华腾牧业突破传统饲养技术，运用"营养防病"的理念，利用省级农业企业科技研发中心的软件和硬件优势，引进国际先进的饲料加工技术，成功研发了新型无抗型安全饲料，通过在饲料中添加新型天然抗菌肽、微生态制剂、酶制剂和酸化剂等替代抗生素，实现饲料中无抗生素添加，并改善生猪肠道环境，增加营养吸收与利用率，有效解决了传统养殖模式中猪肉药物残留难题，从而提高免疫功能，确保猪肉美味、健康、安全。二是用环保理念重新定义养猪。公司拥有先进的猪粪处理技术，对饲料的严格把关首先从源头减少了猪排泄物中的污染因子，而两道干湿分离的工艺将熟化、发酵的尿液和粪渣彻底分离，尿液经过曝气、电解、膜浓缩等层层处理工艺后形成浓缩肥液和循环用水，粪渣则通过添加有益菌配方进行再次发酵、碳化等处理模式，最终制成有机肥，整个处理过程将生猪排泄物利用到极致，变废为宝，让公司在饲料生产、猪肉食品等主业外找到了新的利润增长点。三是用创新理念提升养殖管理模式。牧场将饲养区和办公区进行分隔,并按照欧洲标准引进了自动喂料系统、自动温控系统、猪防打架玩具、母猪淋浴房、自动监控系统等先进设施设备,实现猪舍内环境可控和生态档案的信息化管理,实现了生猪养殖的全程控制和清洁化生产。

3. 产业视角的"产业融合,互联网十"模式

该模式是以现代农业为基础,通过资源整合,促进产业的横向和纵向融合,并利用区域内特有的自然和特色农业优势,充分发挥信息技术和农业创意,集赏花、垂钓、采摘、餐饮、健身、狩猎、宠物乐园等设施与活动于一体,形成具有生产、观光、休闲度假、娱乐乃至承办会议等综合功能的一种农业生产经营模式。该模式强化了农业的观光、休闲、教育、文化和创意等多功能特征,形成具有第三产业特征的一种农业生产经营形式。其优势是利用自然资源优势,实现农业发展与休闲旅游的有机结合,提高了农业经济效益,促进农业多功能开发。此外,浙江积极推进农业"机器换人",大力发展"智慧农业",推动"互联网十",给传统农业插上互联网的翅膀,变得高大上。

(1)米果果小镇:推崇自然农法,实现三产融合。"米果果小镇"位于浙江省诸暨市山下湖镇,投资额接近 3 亿元,面积 5 000 亩,实现了从一产的特色果蔬种植,到二产的火龙果深加工,再到三产的休闲旅游、教育培训、农事体验、文化创意商务的完美融合,因此这里也被称作农业版的"迪士尼乐园"。首先,推崇现代自然农法。从 2003 年成立起,米果果就确立了"四不用"生产模式:不用农药,采用以虫治虫、诱捕治虫、农艺治虫、以菌治虫等;不用化肥,用微生物发酵肥、自制营养液等;不用生长激素,自然生长;不用除草剂,以草控草,通过建设连栋大棚示范区以及对示范区进行提升与改造,种植火龙果、蓝莓等特色产业,提高作物产量与质量。米果果还建立了园区二维码追溯系统对生产过程进行全程控制,实现农产品全程无公害生产。并建有 1 200 平方米的生物肥加工车间,为生态种植提供源源不断的有机肥。其次,打造"互联网十现代农业"生态体系。在米果果,现代农业已不单单是种养殖的概念,而是一个富有现代气息、拥有生态多样性的"互联网十农业"生态体系。其表现形式,是在一个农业特色小镇的载体上,形成以工补农、农旅结合、以农助教等为一体的农业生态体系,让"农

民"成为体面的职业，让城里人有个新的去处。一是以工补农，开发火龙果果酱、果汁等产品，研发出 4 个火龙果系列产品并申报国家专利；二是农旅结合，在园区开设米果果乐园、生态餐厅、特色民宿、丛林自助烧烤、户外拓展基地、梦幻夜、超级灯光秀等项目，并与绍兴农科院等科研院所展开合作，种植 20 多种观赏性植物，2016 年吸引游客达 23 万多人；三是以农助教，小镇上配套建立了农耕博物馆、火龙果文化主题馆、青少年农业科普馆、农技培训基地等，使其成为综合性社会活动教育基地；此外，通过园区特色商业街进行销售，在线上官网下单后由配送专员送货上门，通过微信、淘宝等电商平台都可以买到所需农产品，通过"互联网＋营销"的方式，让农产品销售不再难。

（2）绿沃川农业：推进机器换人，发展智慧农业。台州绿沃川农业有限公司创立于 2013 年 10 月，位于浙江省农业观光示范小镇——台州市黄岩区北洋镇，是一家集自动化蔬菜种植技术和空中草莓栽培技术、良种培育、农业观光、农业技术培训、农技推广等生产经营及服务于一体的现代化农业企业。一是发展智慧农业。公司占地面积 300 亩，集合了自动化作业、智能化控制、工厂化生产、无土化培植、立体化种植等多重技术功能。自动化蔬菜种植技术和空中草莓栽培术，填补了国内的相关技术空白。目前绿沃川有蔬菜水培基地面积约 30 亩，通过高技术的应用，绿沃川蔬菜不但亩产翻倍，而且种植时间也更加灵活，打破了蔬菜种植在空间和时间上的制约。二是实现机器换人。种植蔬菜不沾泥土，利用机械实现自动化流水线作业，宛如置身现代工厂车间，大棚内部的温度、光照、湿度全部由电脑自动控制，采用自动化的无土栽培技术，播种、收割、采摘都是由自动化调节，工人只需要在最后包装阶段人工包装就可以了。三是构建营销网络。公司与各大型超市、各大农产品经销商订立长期供求关系，并建立了绿沃川电商网和微信群营销平台。四是打造产品品牌。绿沃川农产品具有不施农药的优势；无土壤重金属、水质等环境污染，产品常常供不应求。

4. 循环视角的"生态循环、高效利用"模式

循环视角的"生态循环、高效利用"模式是以农业资源的高效、循环利用为目标，以"减量化、再使用、资源化"为原则，以物质循环流动和能量梯次利用为特征的农业生产运行模式。它摒弃了传统农业的掠夺性经营方式，把农业经济发展与生态保护有机结合起来，是实现农业可持续发展的必然选择。该模式是浙江实现高效生态农业的重要途径，通常包括减量型模式、再使用型模式、再资源化模式等三类。目前，浙江省各地循环农业实践中最为突出的典型模式主要包括："稻、萍、鱼立体种养""猪—沼—菜""猪—蚯蚓—甲鱼""猪（羊）—沼—粮（蔬果）"，以及稻鸭共育、茭白田养鱼、池塘混养模式、海湾鱼虾贝藻兼养模式、基塘渔业模式、稻田养殖模式、湖泊网围模式、秸秆"五化"利用等。其中，在畜禽养殖排泄物生态消纳治理过程中，全省探索形成了由主体小循环、园区中循环、县域大循环组成的"三循环"高效生态农业新格局。下文对废物处理无害化和资源化利用的两个案例进行概述。

（1）开启能源：沼气并网发电，猪粪资源化利用。浙江开启能源科技有限公司是一家专业从事畜禽排泄物资源化综合利用的企业，也是国内以生猪排泄物为主要原料，融沼气发电、余热利用、有机肥生产、种养殖于一体的循环化发展示范企业。公司于2009年开始实施农业废弃物资源化和沼气发电示范项目。采用废弃物中温厌氧发酵和沼气生物净化工艺，将生产的沼气用于发电并网销售，将沼液和沼渣加工成有机肥。公司年可处理畜禽粪污和其他农业废弃物12.2万吨，年可并网发电量1 320万千瓦时，产沼渣1.74万吨，沼液19.65万吨。预计年均销售收入可达1 307.7万元。该模式具有显著的能源、环保、社会、经济效益，不仅能有效破解生态环境对畜牧业发展的制约难题，形成了科学有效的生态循环产业链，实现畜牧业的可持续发展；还有效解决了生猪的污染问题，保护了生态环境，并且缓解了龙游县日趋严峻的电力紧张局面，对促进生态循环农业的发展等具有重大意义。

（2）明波食用菌：废物再利用，资源循环化。温岭市明波食用菌种植园成立于2009年，是一家专业从事食用菌栽培技术研究、开发、推广、应用的生态型科技企业。种植园现有标准菇房37间，年生产秀珍菇100万袋。基地从2009年开始引入利用葡萄枝循环种植秀珍菇生产模式，将废弃在田头的葡萄枝条剪切、研磨成枝屑，成为生产秀珍菇的基质原料。温岭市是中国大棚葡萄之乡，种植葡萄5万多亩，每年修剪产生上万吨葡萄枝条，这些残枝大部分被弃在田头腐烂或烧毁。葡萄枝条含有一定的粗蛋白、木质素和各种纤维素，用葡萄枝条作为秀珍菇基质原料，实现废物再利用，降低秀珍菇的生产成本。同时，种植园利用秀珍菇菌糠覆盖种植马铃薯，延长了这一循环农作模式的生产链。用秀珍菇菌糠覆盖种植马铃薯，不仅使马铃薯产量增、卖相好，而且收薯时不需要用工具挖，可以如捡鸡蛋一样轻松地将马铃薯从地里捡起，节约了采收成本。明波食用菌种植园的"葡萄残枝—秀珍菇菌糠—马铃薯废物循环利用模式"获评浙江省生态循环农业模式创新奖。

（三）小结

通过从空间、技术、产业、循环视角出发对浙江农业资源可持续利用的发展模式进行总结，发现其农业可持续发展之路包含以下特点：

一是走特色精品之路，引领农业迈向更高水平。浙江正视发展过程中面临的人多地少空间困境，注重特色和精品，着力于农业生产方式转变和体制机制创新，打造具有浙江特色的"小而精，小而特，小而美"农业，实现差异化、集聚化发展。

二是重技术研发创新，共享技术进步红利。浙江省着力开展农业绿色发展共性关键技术研发，突破绿色药肥、植保等技术瓶颈，强化耕地保育、地力提升、节水灌溉技术装备、高效种植模式等技术供给，攻克农膜残留回收、秸秆和畜禽粪污综合利用等技术难题。

三是促三产融合发展，带动全产业链裂变。因为环境的改善和一二三产业的融合，产生生态红利，"农业＋旅游""农业＋互联网"等新业态不断涌出，农业的性质和功能正在发生转变，从原来单纯生产农产品，转为生产、生活、生态和教育融合发展，打造横跨一产、二产、三产的产业布局。

四是创生态循环模式，打造农业绿色发展高地。围绕"一控两减三基本"的生态循环农业发展目标，浙江省着力推动农业废弃物资源化、循环化利用，着力推广测土配方施肥等精准施肥用药技术，实现化肥农药减量增效。在此基础上，浙江省积极开展"打造整洁田园、建设美丽农业"行动，集中建设1000个美丽牧场和1万家生态牧场，促进养殖业与种植业有机融合，全面实现畜禽养殖废弃物资源化利用，打造生态安全、环境友好型畜牧业。

四、对策与建议

(一) 构建农业可持续发展"规范公平"的政策体系

坚持可持续发展理念，为农业可持续发展营造和提供宽松、公平的政策环境，并逐步使之纳入规范化、法制化轨道。制定或完善病死动物无害化处理、沼液资源化利用、农药包装废弃物和废弃农膜回收处置、农作物秸秆综合利用、商品有机肥生产与应用、病虫害绿色防治等实施意见和扶持政策。综合利用税收、金融、价格、补贴等措施，调动农业经营主体发展节水农业、设施农业、绿色食品开发、生态农业等领域的发展；严格限制资源浪费、污染严重产业的规模和布局范围。发挥财政资金的导向作用，调动农业生产经营主体和社会力量的积极性，形成以政府投入为导向、农民投入为主导、社会力量投入为补充的多元化农业可持续发展投入机制。全面落实强农惠农政策，围绕农业可持续发展，加强要素集约集成、资源环境保护、新型主体培育、金融保险支持、农业科技创新、农业基础设施改善、区域循环农业发展、农业资源保护和生态环境改善等方面政策研究，着力构建农业可持续发展政策保障体系。

(二) 构建农业可持续发展"机制创新"的服务体系

加大农业农村改革和创新力度，逐步突破体制机制约束，释放改革红利，全面激发农业发展活力。深化农村土地承包经营权确权赋权活权改革和国有农场改革，创新农村集体土地"三权分置"有效实现形式，探索股份合作等多种经营方式，激活农村资产、资源、资金等各类生产要素潜能，实现保值增值；创新土地流转引导和服务机制，完善土地流转服务平台，引导和规范土地经营权有序流转，发展多种形式适度规模经营。建立健全农业资源有偿使用和生态补偿机制，推进农业水价改革，引导节约用水；建立农业碳汇交易制度，促进低碳发展。探索建立农产品市场风险预警和防范机制，完善应急储备制度，有效保障主要农产品供给。深化农村金融体制改革，完善城乡一体化的体制机制，深入推进农业供给侧结构性改革，为农业可持续发展增添强劲动力。

（三）构建农业可持续发展"支撑引领"的科技体系

制定适应省情的可持续农业技术战略，逐步建立企业为主、政府支持的可持续农业科技创新体系。广泛开展国内外交流与合作，积极引进先进适用的农业可持续发展技术。依托浙江大学、浙江农林大学和浙江省农业科学院等高等院校和科研院所的技术和人才资源，以农业"两区"建设为重要平台，探索"产学研"合作和院地对接的新模式，为农业可持续发展提供技术保障。重点抓好重金属等污染物与农作物污染相关性研究及污染物钝化、生物治理、去除等关键技术的研究推广；加强优质种苗、配方施肥、绿色防控、旱作农业、水土保持、沼气工程、农业废弃物资源化利用等关键技术攻关，重点对种养业循环模式、农牧业废弃物综合利用模式、种植业结构调整模式等强化技术支撑，突破可持续农业发展的制约瓶颈。

（四）构建农业可持续发展"创新创业"的经营体系

浙江农业可持续发展必须注重开发农业多种功能，推进农业产业链和价值链建设，培育新型农业经营主体，提高农业综合效益，从而构建"创新创业"经营体系，具体来说：一是要积极培育新型农业经营主体，夯实建设现代农业的微观基础。二是要创新土地流转机制与推进适度规模经营，构建多主体参与共创土地流转机制。三是要积极探索农业经营组织模式创新，重点发展"家庭农场＋家庭农场集群（合作社或合作社联社）＋公司"的产业化经营模式，形成紧密的利益共同体，分享资本收益。四是要加快建立多元化农业服务体系，把握新型农业经营主体培育与新型农业服务体系建构的互促共进关系，优化现有公益性农业服务体系，支持企业开展经营性服务，促进社会化有效服务模式创新。

（五）构建农业可持续发展"多元融合"的产业体系

以市场需求为导向，强化区域化布局、专业化生产、粮经饲统筹，总结农牧渔结合、种养加一体、一二三产业融合发展的实践与做法，以农业产业融合、产城融合、产村融合、三生融合等态势，着力构建浙江可持续农业全新的产业体系，驱动农业区域经济、社会、人文和生态等融合发展。此外，要依托浙江省农业资源、科技、文化、产业和产品优势，结合农业"两区"和休闲观光农业基地、农家乐项目建设，按照"接二连三进四"的要求，结合"美丽乡村"建设，利用各地田园风光、自然景观、生态环境等资源，加快农业文化、技术、资源相互交融、渗透，充分发挥生态文化、农耕文化在资源高效利用中的核心价值作用，大力提升农业的文化内涵，达到永续利用资源、提高农业附加值的目的。

（六）构建农业可持续发展"安全可控"的质量体系

按照农业可持续发展必须更加注重农产品质量安全，确保"舌尖上的安全"的要求出发，坚持"产出来""管出来"两手抓、两手硬的战略方针，基于破解农产品质量安全形势严峻问题，构建"安全可控"质量体系。具体来说，一是要从农业经营主体社会责任和"三生"融合理念出发，把生态健康、职业健康和消费健康作为优先考虑，构建与保证产出农业精品的标准体系。二是要以重建信任为目的，构建农业经营主体与消费者、媒体和公众的信息沟通平台。包括基于互联网的农产品标准、质量安全追溯和监测信息等的公开机制，基于消费者参与的农产品质量安全过程监督体验机制，基于媒体和社区平台的成熟消费理念培育机制等。

（七）构建农业可持续发展"示范带动"的宣传体系

加强舆论宣传，引导媒体宣传农业可持续发展政策、模式和典型，引导全社会树立勤俭节约、保护生态环境的观念，改变不合理的消费和生活方式。鼓励企业和农户增强节能减排意识，按照减量化和资源化的要求，降低能源消耗，减少污染排放，充分利用农业废弃物，自觉履行绿色发展、建设节约型社会的责任。加大对农业可持续发展技术和模式的宣传与示范，推动各级政府部门和广大群众树立农业可持续发展观；发挥社会监督作用，逐步推行农业生态环境公告制度，健全农业环境污染举报制度，广泛接受社会公众的监督，形成全社会关心支持农业可持续发展的良好氛围和推进合力。

参考文献

敖登，高娃，巴雅尔，等，2004. 半干旱区县域农业自然资源评价研究——以和林格尔县为

例 [J]. 干旱区资源与环境，18 (5)：99 - 102.

陈家金，李丽纯，李文，2008. 福建省农业资源可持续利用综合评估方法研究 [J]. 中国生态农业学报，16 (5)：1234 - 1238.

陈琼，秦静，孙国兴，等，2016. 天津农业资源可持续利用综合评价分析 [J]. 湖北农业科学，55 (6)：1623 - 1628.

崔和瑞，2008. 河北省农业可持续发展状况的综合评价 [J]. 统计与决策 (12)：103 - 105.

巩前文，张俊飚，2008. 能量比值法构建与实证检验——关于农业资源利用效率测算方法的一个改进 [J]. 中国人口资源与环境，18 (2)：135 - 138.

韩瑛，韩珺，陈忠祥，2009. 区域农业可持续发展的生态安全评价——以宁夏红寺堡移民区为例 [J]. 山西师范大学学报：自然科学版，23 (1)：88 - 91.

何煜，2000. 不同地域环境下的生态农业模式探讨 [J]. 学术论坛 (5)：42 - 46.

侯智惠，逢焕成，2017. 中国北方农牧交错带农业资源可持续利用水平演变及趋势预测——以乌兰察布市为例 [J]. 中国农业资源与区划，38 (4)：49 - 55.

贾蕊，梁银河，朱新民，等，2007. 山西省农业资源环境与经济协调发展评价与对策研究 [J]. 国土与自然资源研究 (4)：39 - 40.

揭新华，1999. 生态农业：农业可持续发展的最佳模式 [J]. 上饶师专学报，19 (4)：1 - 12.

刘一明，2006. 农业公共资源利用效率的度量与评价方法 [J]. 华南农业大学学报：社会科学版，5 (2)：14 - 18.

潘晓峰，2008. 咸丰县生态农业可持续发展及其导向模式研究 [D]. 武汉：华中科技大学.

孙艳玲，黎明，2009. 基于数据包络分析的四川农业可持续发展研究 [J]. 科技进步与对策，26 (2)：34 - 37.

文余源，邓宏兵，2002. 基于 GIS 和 SPSS 的湖北省可持续农业发展能力研究 [J]. 中国人口·资源与环境，12 (4)：89 - 93.

谢高地，成升魁，于贵瑞，等，2002. 中国自然资源消耗与国家资源安全变化趋势 [J]. 中国人口·资源与环境，12 (3)：22 - 26.

徐勇，2001. 农业资源高效利用评价指标体系初步研究 [J]. 地理科学进展，20 (3)：240 - 246.

许联芳，刘新平，王克林，等，2006. 湖南省农业可持续发展的生态安全评价 [J]. 资源科学，28 (3)：87 - 93.

许树辉，2001. 城镇土地集约利用研究 [J]. 地域研究与开发，20 (3)：67 - 69.

许信旺，2005. 安徽省农业可持续发展能力评价与对策研究 [J]. 农业经济问题 (2)：58 - 61.

雍兰利，1999. 中国生态农业发展模式初探 [J]. 青海民族大学学报：社会科学版 (2)：63 - 66.

于伯华，吕昌河，2008. 基于 DPSIR 模型的农业土地资源持续利用评价 [J]. 农业工程学报，24 (9)：53 - 58.

于法稳，2004. 甘肃省农业资源利用的效率分析 [J]. 开发研究 (5)：54 - 57.

张尔升，王勇，2008. 海南省农业可持续发展的评价与策略 [J]. 山东农业大学学报：社会科学版（1）：57-60.

张丽，刘越，2007. 基于主成分分析的农业可持续发展实证分析——以河南省为例 [J]. 经济问题探索（4）：31-36.

张平，2014. 张掖市高效生态农业可持续发展模式与机制研究 [D]. 兰州：甘肃农业大学.

赵莉，王生林，2010. 甘肃省定西市农业可持续发展能力评价与分析 [J]. 沈阳农业大学学报：社会科学版，12（2）：149-152.

赵学平，陆迁，2007. 区域农业可持续性定量评价研究——以陕西省为例 [J]. 华南农业大学学报：社会科学版，6（1）：17-22.

郑海霞，封志明，张陆彪，等，2006. 甘肃省县域农业资源利用效率综合评价 [J]. 经济地理，26（4）：632-635.

Boggia A，Cortina C，2010，. Measuring sustainable development using a multi-criteria model：A case study [J]. Journal of environmental management91（11）：2301-2306.

Ferng J J，2014. Nested open systems：An important concept for applying ecological footprint analysis to sustainable development assessment [J]. Ecological economics（106）：105-111.

Golusin M，Ivanovic O M，Teodorovic N，2011. The review of the achieved degree of sustainable development in South Eastern Europe—The use of linear regression method [J]. Renewable and Sustainable Energy Reviews，15（1）：766-772.

Jayaraman R，Colapinto C，La Torre D et al，2015. Multi-criteria model for sustainable development using goal programming applied to the United Arab Emirates [J]. Energy Policy（87）：447-454.

Marnika E，Christodoulou E，Xenidis A，2015. Sustainable development indicators for mining sites in protected areas：tool development，ranking and scoring of potential environmental impacts and assessment of management scenarios [J]. Journal of Cleaner Production（101）：59-70.

Shen L，Muduli K，Barve A，2015. Developing a sustainable development framework in the context of mining industries：AHP approach [J]. Resources Policy（46）：15-26.

ZHOU S，Mueller F，Burkhard B et al，2013. Assessing agricultural sustainable development based on the DPSIR approach：case study in Jiangsu，China [J]. Journal of Integrative Agriculture，12（7）：1292-1299.

第四章　基于农地质量的绿色农产品生产布局与优化研究

近年来，随着工业化、城镇化水平不断提高，我国土地资源及其环境正面临着巨大压力，许多农地出现肥力下降、重金属污染加重等现象。由于传统农用地分等不考虑重金属污染，造成的"毒大米""毒蔬菜""毒水果"等事件也时有发生，农产品质量与安全问题越来越引起社会广泛关注，绿色农产品的生产摆到了突出位置。为此，农业部先后出台了一系列加快发展绿色农产品的扶持政策和实施意见。浙江省启动了绿色农产品行动计划，并提出"全省农业两区生产的农产品全部达到无公害、绿色标准"的要求。

绿色农产品生产受多种因素影响，包括人为不科学地施肥用药、农地质量立地条件、贮运加工过程中添加剂过量使用等。随着食品质量安全生产标准的普及以及监管力度的加强，手段更加先进，影响农产品质量的人为因素正在逐渐减少、作用正在逐渐减弱，但农地质量的影响不会立即消除，而且有些影响因素是不可逆转的。绿色农产品生产基地的首要条件是环境条件，只有在产地、产品的生产环境符合绿色农产品的生产标准，即农产品产地是无污染的、土壤有害元素含量符合产地环境标准的，才具有生产绿色农产品的条件和资格。因此，农地质量的退化必将对粮食安全、绿色农产品生产和生态安全带来严重的影响。

开展基于农地质量的绿色农产品生产布局优化研究，对摸清浙江省农地质量状况，探索农地资源保护与开发利用，加快推进绿色农产品生产，优化生产布局，提高农产品质量安全水平等均有十分重要的现实意义。

一、浙江农地质量总体状况

（一）农用地环境质量状况

根据国家土壤环境质量分类标准，土壤环境质量分成四种功能类型：土壤质量基本保持自然背景水平的为Ⅰ类土壤；能够满足粮食、蔬菜、茶果种植，对植物和环境不造成危害的为Ⅱ类土壤；能够满足林业生产，对植物和环境基本不造成危害的为Ⅲ类土壤；不能满足植物正常生长的为劣Ⅲ类土壤。

据最新浙江省地质调查院等单位调查，全省土壤环境综合质量总体状况良好，农用地综合土壤环境质量类型以Ⅱ类、Ⅰ类土壤为主，分别占调查区农用地总量60.8%和21.2%，Ⅲ类土壤占16.8%、劣Ⅲ类土壤1.2%，劣Ⅲ类土壤在浙北平原区、浙中丘陵盆地区有小面积分布，在浙东沿海丘陵平原区Ⅲ类土壤呈孤点状分布。但我们也必须清楚看到存在诸多的土壤污染因素，不适合种植绿色、无公害农产品的农用地面积总量也较大，涉及区域范围较广，对农产品生产安全性带来较大影响。

1. 浙北平原区

杭嘉湖平原的大部分、宁绍平原南部的综合土壤环境质量功能类型多属Ⅱ类，分布面积为84.69万公顷，占平原区总面积的58.80%。Ⅰ类土壤主要分布于长兴泗安盆地、萧山北部平原、慈溪北部、桐乡等地，分布面积为28.19万公顷，占平原区总面积19.60%。Ⅲ类土壤主要分布于绍兴河网平原区、宁波盆地、姚江河谷平原、杭州城北和嘉兴—乌镇一带，分布面积为29.64万公顷，占平原区总面积20.60%。劣Ⅲ类土壤分布于杭州南星桥—近江、绍兴市区、上虞道墟—东关、宁波市区—横街和长兴八都坎等地，其中杭州南星桥—近江、绍兴市区、宁波市区—横街等地的劣Ⅲ类土壤是由土壤汞量超标所致，上虞道墟—东关劣Ⅲ类土壤是由镉超标引起，长兴八都坎劣Ⅲ类土壤则由酸性侵入岩体砷高背景引起土壤超标。劣Ⅲ类土壤分布总面积为1.44万公顷，占总面积1.00%。

2. 浙东沿海丘陵平原区

本区绝大多数地区土壤综合环境质量功能类型为Ⅱ类，分布面积为77.45万公顷，占总面积75.8%。Ⅰ类土壤分布面积为10.91万公顷，占总面积10.6%，呈小面积块体分散分布，主要分布于象山、三门等。Ⅲ类土壤分布面积共13.71万公顷，占总面积13.4%。平原区Ⅲ类土壤产生与工业、城镇污染有关，主要分布于温州市区、台州路桥—泽国和宁波北仑—东钱湖等地；丘陵区Ⅲ类土壤形成与特殊地质体分布有关，如基性火山岩、花岗岩等，主要分布于宁海沥洋、三门花桥等。劣Ⅲ类土壤呈零星孤点状分散分布，面积为 0.06 万公顷，占总面积 0.1%，主要是由汞、镉、铬等超标所引起。

3. 浙中丘陵盆地区

本区土壤综合环境质量功能类型以Ⅰ类、Ⅱ类为主，两者分布面积占总面积 82.5%，总体环境质量较佳，尤其是金华市区、兰溪、义乌、东阳、浦江、丽水等行政区域，土壤综合环境质量几乎均属Ⅰ类和Ⅱ类。其中Ⅰ类土壤面积为 41.11 万公顷，占总面积 31.3%；Ⅱ类土壤面积为 67.22 万公顷，占总面积 51.2%。本区Ⅲ类土壤面积为 19.94 万公顷，占总面积 15.2%，主要分布于新昌—嵊州、武义柳城、龙游溪口、江山—常山等地，多与某些特征地质体具有成因联系。如新昌—嵊州一带Ⅲ类土壤主要是由玄武岩铬、镍等含量较高所引起。武义柳城一带Ⅲ类土壤主要是由磨石山群安山岩中铜、锌等含量较高所引起。龙游溪口一带分布广泛的变质岩（重金属元素高背景），又有花岗岩体侵入，产生多金属矿化和硫铁矿化，造成土壤中铜、铅、锌含量较高。而江山—常山一带，主要分布的是寒武系—奥陶系炭质灰岩、炭质泥岩，其重金属元素含量较高，导致风化形成的土壤中重金属含量普遍较高，使得土壤环境质量下降。因此，由此风化形成的土壤环境质量功能类型多属Ⅲ类。劣Ⅲ类土壤分布面积为 3.01 万公顷，占总面积 2.3%。劣Ⅲ类土壤主要分布于诸暨应店街和五一、江山大陈、常山县城西北侧和衢州城西等地，其中，诸暨应店街和五一、江山大陈、常山县城西北侧等位于铜、铅、锌、镉、钴、镍、钒等重金属含量最高的地层寒武系荷塘组出露区，土壤多为风化残坡积母质形成的红壤，超标因子主要为镉，其成因与荷塘组碳质页岩直接相关。衢州城西劣Ⅲ类土壤主要是由滴滴涕残留超标引起。

（二）农用地地力状况

根据《浙江省标准农田地力调查与分等定级技术规范》标准农田地力等级划分为三等六级。其中，一等田为高产稳产良田，即农田土壤肥力较高、基本无低产障碍因子、综合生产能力达到吨粮田水平。二等田为中产田，即在近年内通过综合地力培肥、土壤改良措施，可以将地力综合提升到一等田水平。三等田为低产田，即土壤养分严重失衡，或存在严重土壤障碍因子。

根据最新开展的全省标准农田地力调查数据，共涉及全省 97.86 万公顷标准农田，采集土壤样点 36 433 个，其中多年种植的标准农田占 81.4%、平整后农田占 14.0%、旱改水占 1.6%、溪滩地占 0.3%、围垦后农田占 2.1%、新围垦地占 0.1%、其他农田占 0.5%。通过地力评价结果分析表明，在全省已建成标准农田中，只有近三分之一为一等田，即达到了吨粮田建设标准的只占 33.2%；二等田占 60.7%、三等田占 6.1%，即中低产田面积占 66.8%。调查还发现全省约有 4 万公顷标准农田建在坡度大于 10°的高丘上，有 53%的标准农田耕作层厚度小于 16 厘米，有 2.7 万公顷常年性设施栽培或新围垦的标准农田出现土壤盐化现象。可见，标准农田建设过程中重数量、轻质量、缺乏后续管理的问题比较突出，耕地地力水平有下降的趋势。

1. 浙北平原区

在全省三大区域中，浙北平原区的标准农田地力水平相对较好，一等田占 45.0%，比全省平均水平高 11.8 个百分点；三等田仅占 2.2%，低于全省平均水平 3.9 个百分点；二等田占 52.8%。其中嘉兴市和湖州市的一等田占比位居全省 11 个地市的前两位，分别为 55.2%和 51.1%。在各县（市、区）中，镇海、鄞州、海盐、南浔、吴兴等县（区）的一等田占比都在 80%以上，其中镇海区一等田占 95.6%，为全省最高。本区的三等田主要集中在象山、安吉、余杭和建德等县（市），其中，象山县的三等田占 14.6%，为本区最高。

2. 浙东沿海丘陵平原区

在全省三大区域中，浙东沿海丘陵平原区的标准农田地力居中游水平，一等田占 32.2%，低于全省平均水平 1 个百分点；三等田占 6.0%，低于全省平均水平 0.1 个百分点；二等田占 61.8%。台州市的一等田占比为 31.9%，居全省 11 个地市的第 5 位；温州市的一等田占比为 30.6%，居全省 11 个地市的第 7 位。在各县（市、区）中，路桥、椒江、温岭、龙湾、瓯海、苍南等县（市、区）的一等田占比都在 50%以上，其中路桥区一等田占 92.0%，为本区最高。本区的三等田主要集中在泰顺、乐清、文成、永嘉、仙居、玉环和黄岩等县（市、区），其中，泰顺县的三等田占 30.1%，为全省最高。

3. 浙中丘陵盆地区

在全省三大区域中，浙中丘陵盆地区的标准农田地力水平最低，一等田仅占 12.6%，低于全省平均水平 20.6 个百分点；三等田为占 7.8%，高于全省平均水平 1.7 个百分点；二等田占 79.7%。丽水市、金华市和衢州市的一等田占比分别为 1.1%、4.1% 和 6.6%，居全省 11 个地市的末三位。在各县（市、区）中，越城、柯桥、上虞、新昌、诸暨、嵊州、金东和江山等县（市、区）的一等田占比在 10% 以上，青田、庆元、景宁等县基本没有一等田。本区的三等田主要集中在青田、松阳、莲都、缙云、云和、庆元和磐安等县（市、区），其中，青田县的三等田占 27.1%，为本区最高。

（三）非优质农用地状况及其分布

农用地地力状况反映农田实际利用水平下的现实生产能力，即土地肥力水平等；农用地环境质量状况侧重的是反映土壤环境健康质量状况及部分有益养分的丰缺。从土地肥力理论来看，土地肥力是土地质量的重要指标，也是农用地等级划分的主要依据之一，土地肥力可分为土地自然肥力与土地人工肥力。在土地自然肥力不足的情况下，可以补充土地人工肥力来满足作物生长需要。但是土地地力太差，需施用过量的人工肥力，不仅会造成环境污染，还会对农产品造成一定危害；而土壤环境质量是影响农产品质量安全问题的源头因素。综合二者关系，我们将环境质量优（Ⅰ类、Ⅱ类土壤）、地力肥力水平较好（一等田、二等田）的农用地划为优质农用地；把环境质量劣（Ⅲ类、劣Ⅲ类土壤），或者地力肥力水平较差（三等田）的农用地统称为非优质农用地。

表 4 - 1　优质农用地与非优质农用地划分

序号	农用地环境质量状况	农用地地力状况	综合评价	备　注
1	Ⅰ类、Ⅱ类土壤	一等田、二等田	优质农用地	发展绿色农产品、富硒农产品开发
2	Ⅲ类、劣Ⅲ类土壤	一等田、二等田、三等田	非优质农用地	因地制宜、分类利用
3	Ⅰ类、Ⅱ类、Ⅲ类、劣Ⅲ类土壤	三等田		

优质农用地适宜种植绿色农产品、富硒农产品等；非优质农用地不能满足绿色农产品生产要求，需因地制宜，坚持分类利用开发。非优质农用地主要包括重金属污染土壤、氟污染土壤和有机物污染土壤等，以及土壤养分严重失衡，或存在严重土壤障碍因子的三等田，其分布状况如下：

1. 重金属污染土壤

据省地调院土壤重金属污染综合评价成果，重金属未污染土壤面积有194.61万公顷，占调查区的50.81%；重金属轻污染土壤面积146.93万公顷，占38.36%；重金属中污染土壤面积35.30万公顷，占9.22%；重金属重污染土壤面积6.18万公顷，占1.61%。

土壤重金属的重度污染主要分布在杭州、宁波、绍兴、诸暨、新昌、常山、瓯海、乐清等地。进一步分析该区不同重金属对土壤的污染程度，发现浙北地区以Hg污染最为严重，Cu次之；浙中、浙东地区以Cd污染最为严重，Hg次之。造成土壤重金属含量超标的主要原因是由于化肥、农药、城市垃圾、污水灌溉、饲料添加剂的使用、大气污染物的沉降以及原生地质环境等。

2. 氟污染土壤

据省地调院土壤氟污染综合评价成果，全省总体上为清洁区域，面积达337.88万公顷，占调查区总面积的88.99%；轻污染区39.19万公顷，占10.32%；中污染区1.26万公顷，占0.33%；重污染区1.33万公顷，占0.35%。从分布区域看，浙北平原区和浙东沿海丘陵平原区氟污染土壤面积较小，95%以上土壤为清洁区域；浙中盆地丘陵区土壤氟污染较为严重，清洁区域仅占77.46%，重污染区有1.24万公顷，占全省土壤氟重污染总面积的93%以上。造成土壤氟污染成因类型多样，有工业污染型、矿山污染型、复合污染型和原生地球化学异常等四种，其中，杭州湾北部轻度污染多为工业污染引起，武义—永康一带中度和重度污染为矿山污染型，江山大陈一带中度和重度污染为原生地球化学异常，溪口地区和义乌—东阳地区轻度污染则由复合污染引起。

3. 有机物污染土壤

据对持久性有机污染物的调查，发现DDT（滴滴涕）等有机氯农药，在停用20余年后的土壤中检出率仍达100%，但绝大部分区域均属低残留区域，约占97.1%；中残留以上区域面积仅11.01万公顷，约占调查区面积的 2.9%。其中高残留区域 5.43 万公顷，主要分布于平湖市新埭南部、萧山区浦沿南部、慈溪市庵东、宁海县力洋东部、三门县花桥东部、临海市涌泉东部、温岭北部、常山县招贤和江山市大陈东部；超高残留区域 1.65 万公顷，主要分布于杭州东北部、衢州西北部和龙游溪口东部。

调查区内土壤中六六六（BHC）含量的检出率达 100%，但与 DDT 相比，BHC 在土壤中的残留量少一些，普遍未超过 10 微克/千克。中残留区域总面积仅为 6.83 万公顷，约占调查区面积的 1.8%，主要分布于平湖西部、余杭区瓶窑南部、杭州东部、萧山区党湾南部、慈溪栲栳山南麓、三门县健跳南部、临海市涌泉南部、杜桥东部、乐清、苍南、金东区安地南部、衢州南部和江山市淤头—峡口之间。

在浙北、浙中地区，土壤样品的多氯联苯含量均小于分析检出限，但在浙东地区其污染较为严重，样品检出率高达 58.5%，最高含量为 770 纳克/千克以上，以 PCBs 含量为 0.5 纳克/千克圈定的中—重污染区面积达 18.33 万公顷，占调查区面积的 4.8%，主要分布于路桥、龙湾—永嘉乌牛、临海杜桥—温岭、龙湾仙岩—瑞安等处。

4. 三等田（低产田）

调查发现目前全省有三等田 7.75 万公顷，主要集中分布局在丘陵山区，其中丽水、金华、温州等三市最多，分别有 2.27 万公顷、1.49 万公顷和 1.45 万公顷，合计占全省三等田总面积 67.2%。在各县（市、区）中，青田、泰顺、象山、松阳、庆元、缙云、乐清、仙居、东阳、兰溪、武义、遂昌、安吉、莲都、余杭、永康、磐安、开化、苍南、文成、江山、义乌等 22 县（市、区）的三等田面积在 0.13 万公顷以上，其中青田县为最高，达到 0.57 万公顷。三等田为低产田，即土壤养分严重失衡，或存在严重土壤障碍因子，需经过长期土壤改良、地力培肥，农田地力可提升到二等田、甚至达到吨粮田综合生产能力水平。但目前三等田中大多数无法直接种植水稻，并有部分新造标准农田由于不具备耕种条件，农民不愿承包而处于撂荒状况。

二、基于农地质量的绿色农产品生产布局优化策略

我们把土壤环境质量作为绿色农产品生产布局的主要因素，并适当考虑

土地肥力状况，符合浙江绿色农业发展要求，可以从源头保证农产品的质量安全，优化绿色农产品布局，增强农产品的市场竞争力，保障人民健康。因此，坚持因地制宜的原则，对优质农用地，要加强农田基础设施建设和农地质量提升，建成高标准农田和永久性基本农田，为绿色农产品生产提供可靠的保障；对含有硒、钾等有益元素富集的优质农用地，要以特色、特质、特效农产品品牌打造为切入点，加快开发富硒农产品等。对非优质农用地，坚持分类防治利用的方针，对轻度、中度污染区，坚持边修复边利用，稳步推进土壤污染综合治理，作为绿色农产品生产的后备资源；对较为严重的污染区，重点抓好污染源稳定和防止扩散，加快农业种植结构调整，禁止种植食用农产品，重点发展能源植物、花卉苗木、休闲观光农业等，或者调整农用地用途，改为工业、城镇、交通等建设用地。

（一）优质农用地

发展绿色农业不仅能满足人们对健康食品的需要，提高农业的竞争力，也是农业可持续发展的前提和保证。早在 2003 年浙江省委、省政府就提出"生态立省、建设绿色浙江"的要求，把发展现代农业的侧重点放在绿色农业上，从绿色农业起步，同步提高生态质量、农产品质量和农民生活质量，走出一条可持续发展的现代农业之路。最近省委、省政府又提出了打造绿色农业强省的宏伟目标。调查发现全省Ⅰ类、Ⅱ类土壤总面积分别达到 80.21 万公顷和 229.36 万公顷，合计占调查区的 82.0%，说明浙江省优质土壤还是占了绝大多数，这为绿色农业强省建设奠定了良好的基础。

1. 绿色农产品产地布局

产地的环境质量标准是绿色农产品标准体系中最基础的部分，是选择绿色农产品基地的根本依据。在本次农用地质量环境调查中，利用浙北、浙东、浙中三地区 9 154 件表层土壤样（1 件/4 平方千米）全量 As、Cd、Cr、Cu、Hg、Pb 分析数据，依据农业部绿色食品产地土壤环境质量标准（NY/T 391—2000）（执行较为严格的水田标准值），根据不同 pH 对应土壤重金属指标的含量限值，进行单元素评价；然后综合 As、Cd、Cr、Cu、Hg、Pb 六元素单指标评价结果，采用一票否决法编制综合评价图，根据其是否满足绿色农产品生产要求，划分为适宜区和不适宜区；再套合对应区域的土地利用现状图，剔除非农用地区域，分别统计满足绿色农产品生产要求的农用地、水田、旱地、园地和不能满足绿色农产品生产（非绿色）的农用地、水田、旱地及园地等区块面积，并计算各类面积占各地区同类面积的百分比。最后，再统计不能满足绿色农产品生产要求的不适宜区内各类农用地（即非绿色农用地）的面积与比例。

通过综合评价分析，本次调查的浙北、浙东和浙中地区适合种植绿色农产品的农用地面积为 180.9 万公顷，占农用地面积的 76.5％。其中，水田 147.9 万公顷，占总水田的 74.9％；旱地 25.7 万公顷，占旱地总面积的 86.7％；园地面积 7.3 万公顷，占园地总面积的 78.6％（表 4 - 2）。

表 4 - 2 浙江省主要农产区内的各类土地资源可利用状况

单位：公顷，%

地区	绿色农用地						非绿色农用地					
	水田		旱地		园地		水田		旱地		园地	
	面积	比例	面积	比例	面积	比例	面积	比例	面积	比例	面积	比例
浙北地区	717 291	48.5	145 486	56.6	13 119	17.9	258 215	61.2	7 102	19.7	1 998	13.7
浙东地区	279 820	18.9	74 758	29.1	24 086	33.0	127 323	30.2	23 313	64.8	10 130	69.2
浙中地区	481 582	32.6	36 728	14.3	35 887	49.1	36 270	8.6	5 582	15.5	2 505	17.1

此外，本次调查表明强酸性土壤已占浙北、浙东和浙中地区土地面积的 36.9％，因此，强酸性土壤的农业利用已成为当前和今后面临的重要问题。强酸性土壤不适于部分农作物生长（如棉花、小麦等），可以优先考虑种植水稻、油菜、马铃薯、萝卜、荞麦、芝麻等对土壤要求偏酸性或酸碱性适宜性较宽的作物。调查发现全省强酸性绿色农用地面积为 18.7 万公顷，占农用地面积的 7.9％，主要分布于浙北地区的长兴、慈溪，浙中地区的新昌、嵊州、东阳—金华、衢州，浙东地区的宁波、临海、天台等地。

2. 绿色农产品生产及布局优化策略

（1）加快推进绿色农产品布局调整。要进一步加强对优质农用地的保护，着手实施绿色环境、绿色生产、绿色品牌等工程，加快农业基础设施建设，改善生态环境，严格控制农业面源污染，全面推进绿色农业建设。一要根据上述划定的绿色农产品产地布局状况，结合全省永久基本农田及其示范区划定，进一步优化全省标准农田、粮食生产功能区、现代农业园区、蔬菜功能区，以及水果、茶叶、中药材等食用农产品生产基地的空间布局，将环境污染、肥力缺乏的农用地调出食用农产品生产区域，将环境清洁、肥力丰富的土地调入食用农产品生产区域。二要严格遵循土壤环境质量优先原则，严禁将重度污染区域列入上述绿色农产品生产基地布局；对已建或在建的食用农产品基地中存在的重度污染区域，要及时进行调整。三要进一步完善绿色农产品基地建设规划，全省各县（市、区）要根据各自的优质农用地分布情况，以及农业特色产业基础，进一步加强绿色农产品基地建设，促进特色产业向优质农用地集中，实现区域化、规模化发展，打造绿色农产品产业集群。

（2）加快提升农用地地力水平。当前，浙江省在已建成标准农田中，吨粮田不足三分之一，中低产田面积占 66.8%，而且过量施用化肥引起土壤酸化和板结、重金属污染、硝酸盐污染和土壤次生盐渍化等问题，还导致土壤肥力呈持续下降趋势，全面提升农用地地力水平迫在眉睫。一要实施农田质量提升工程，采用农艺、生物等各类措施，对标准农田进行土壤改良和地力培肥；通过施用农家肥、秸秆还田、种植绿肥还田，提升土壤有机质含量；实施测土配方施肥，促进土壤养分平衡；推广保护性耕作，治理盐碱土壤、酸化土壤，改善耕作层土壤理化性状。二要加快实施坡耕地水土流失综合治理，因地制宜新建、修复农田防护林网，合理修筑岸坡防护、沟道治理、坡面防护等设施，增强农田保土、保水、保肥能力，减少水土流失、改善农田生态环境。三要以高标准农田建设为中心，重点围绕灌排能力、田间道路通行运输能力、机械化水平、科技应用水平、综合生产能力、建后管护能力等建设内容，增加农田耕作层厚度、提升生态修复能力、提高耕地质量和地力等级。四要进一步推进中低产田、中低产园和中低产林改造，完善沟渠路配套，以及防治水土流失、合理调整耕作制度、秸秆还田和增施有机肥等培肥改良土壤，增加土壤有机质含量，改善生态环境，提高地力水平。

（3）加快构建绿色农产品生产体系。绿色农产品生产除了受产地环境质量影响外，还受到诸多因素影响，如化学投入品残留、工业废弃物污染水源、使用不当的色素添加剂等，因此，必须加快构建从种植、加工到流通销售全程监管的绿色农产品生产体系。一要加强源头监管，重点抓好农业投入品的科学合理使用，禁止使用高毒、高残留农药和对人体有害的添加剂、重金属等投入品，大力推广无毒、低毒的生物农药，严格执行禁用限用规定，从源头上把好绿色农产品质量安全关。二要努力推进农业标准化生产，制定完善绿色农产品生产技术标准，严格按照绿色食品标准组织生产，强化绿色农产品产前、产中、产后等环节全程绿色监管，使农产品达到"由农田到餐桌"的全程质量安全，由传统的事后检验走向事前的控制，保障农产品质量和安全。三要建立绿色农产品可追溯制度，通过追溯管理，对造成质量安全事故的责任人实行质量追究，从而强化生产经营者的质量安全意识，从根本上保证农产品质量安全。四要构建绿色农产品市场开发与营销体系，牢牢树立绿色营销观念，认证一批绿色农产品生产基地、绿色农产品生产企业和绿色农产品品牌，大力实施绿色策划设计、绿色生产、绿色品牌和绿色包装，积极引导消费者逐步树立起绿色消费的观念，使绿色消费成为一种受人尊敬的社会行为，从而促使绿色农产品的快速发展。

案例一：路桥峰江基本农田布局优化

路桥峰江地区拆解业污染严重，引起浙江省国土资源厅的高度重视，2007 年委托省地质调查院开展"台州市路桥区峰江地区基本农田质量调查"，历时近 3 年。调查发现该地区土壤普遍已遭受严重的镉、铜等重金属和多氯联苯等有机污染物的复合污染，严重影响了土地质量，并带来食品安全问题。综合评价数据显示中等程度以上污染土地共28 块，占调查区土地面积的三分之一，其中重污染土地 9 块。中国地质大学采用 GIS 空间分析法，对路桥峰江基本农田布局进行优化，综合考虑土地稳定的生产能力、土地肥力、环境与健康质量，并依此确定基本农田调入调出门槛，实现把环境污染、肥力缺乏的耕地调出基本农田，把高产、优质、清洁的耕地划为基本农田，保证基本农田质量。最终共调出了环境污染、肥力缺乏及地力综合差等的耕地 247.18 公顷，调入了环境清洁、肥力丰富、地力综合质量优质、优良的耕地 250.04公顷。与调整前的相比，峰江地区不仅确保了基本农田数量不减少，而且保证了质量有所提高，进而能更好地达到保护耕地、保障绿色农产品生产安全的目的。

案例二：仙居打造浙江绿色农产品基地

仙居县地处浙东南山区，土壤环境质量优，生态环境优越，森林覆盖率达77.9%，非常适合绿色农产品生产。早在"十一五"期间，县委、县政府就提出"打造浙江绿色农产品基地"的战略目标，并制定了《仙居县绿色农产品生产基地发展规划》，先后出台绿色农产品生产基地建设扶持政策及土地、林地流转等有关政策，促进全县绿色农产品生产走上规范化、规模化、标准化的轨道。全县围绕做大做强杨梅、绿色稻米等主导优势产业，大力整合绿色品牌，着力构建绿色农产品市场、储运、信息等物流体系，创建了全省首家绿色农产品专卖市场，通过绿色食品认证34个、有机食品认证21个。全县大力推进绿色农产品基地建设，加强农产品质量监管，力推农业标准化生产，严把农产品市场准入关，实现农产品"从田头到市场"的全程质量控制，目前建成绿色农产品生产基地30多万亩。同时，仙居县还不断完善服务体系，率先在全国建成农业"三位一体"公共服务体系和"3X"新型农业服务模式，农产品质量安全监管工作成为全国典型，这些服务体系为绿色农产品发展提供有力保障。

(二) 富硒农用地

硒能促进人体生长发育，调节人体机能，增强抗病能力，可预防心血管病，预防和治疗克山病和大骨节病等多种疾病，是人体必需的微量元素之一，中国营养学会将硒列为每日膳食营养之一。

1. 富硒农产品产地布局

根据浙江省地质调查院的富硒土壤调查资料和研究成果，全省共圈定富硒土壤资源29处，面积达76.54万公顷，主要分布在龙游、诸暨、慈溪、长兴、安吉、德清、萧山、余杭、奉化等地。其中，Ⅰ级区5处，面积21.66万公顷（占28.3%），Ⅱ级区15处，面积33.44万公顷（占43.7%），Ⅲ级区9处，面积21.44万公顷（占28.0%）。

从总体上看，富硒土壤主要分布于丘陵山地区。在浙江东部地区主要与中生代的中酸性火山岩有关，高硒区基本分布在北仑—奉化、象山半岛、三门—临海及温州—苍南等丘陵地区；而在浙江中部则主要与古生代的沉积岩有关，高硒区基本分布于江山大陈—常山、龙游北部及诸暨应店街—茨坞一带；浙北平原区高硒区主要分布在丘陵残坡积及山前冲积土壤地区，如长兴—湖州地区、萧山南部地区和余姚—慈溪的栲栳山地区等。面积较大的富硒区，多是由一些局部的高硒区组成，即在同一地质背景条件下，土壤富硒程度并不完全相同。这一现象说明富硒土壤的形成不仅受地质背景的控制，同时还可能与该区土壤的理化性状、地形地貌特点、小气候特点有关。

调查发现，产于诸暨一带的晚稻米大部分都达到了富硒稻米的要求，主要分布在诸暨北部的直埠、枫桥、阮市、五一、应店街等地；产于慈溪翠屏山的夏秋茶、衢州十里丰农场的春茶和开化龙顶茶等达到富硒茶的要求；产于慈溪和上虞的包心菜、西蓝花，新昌的花生、茄子，上虞的芹菜、辣椒等达到富硒蔬菜的要求；产于金东的葡萄、萧山进化的大青梅、龙游志棠的莲子等达到富硒水果的要求。而产于平原地区的稻米、蔬菜等达不到富硒农产品的要求。可见，对产于平原区的大宗农产品，如稻米、油菜等，要提高产品的硒含量，应以人工补硒为主；而产于丘陵山地区的特色农产品，如茶叶、水果则应充分利用富硒土壤资源来获得农产品品质的提升，生产天然富硒产品。通过对浙江省农产品中硒含量的调查还发现，不同农产品中的含硒量是不同的，稻米和茶叶富硒能力较强，蔬菜、水果中的西蓝花、包心菜、葡萄、文旦等品种富硒能力较强，均适宜开发成富硒农产品。

2. 富硒农产品生产及布局优化策略

（1）分类推进富硒土地资源开发。富硒土壤的发现不仅改变了长期以来人们对浙江贫硒的认识，也丰富了浙江省农业自然资源的类型，为土壤硒资源利用与管理提供了依据。富硒土壤是培育和种植天然富硒农产品的宝贵资源，按照因地制宜、优势互补、协调发展的原则，进一步优化富硒产业的区域布局，分类推进富硒农产品开发。

富硒土壤Ⅰ级区、Ⅱ级区。土壤不仅总量达到了富硒标准，而且硒的有效态含量也很高，容易被农作物吸收，可用来开发天然富硒农产品，如富硒大米、富硒茶叶、富硒蔬菜、富硒水果等，以提高农产品附加值。这类富硒土地的直接利用相对比较简单，在明确富硒土壤分布和富硒优势农作物品种的基础上，因地制宜规划种植区域，打造规模化、产业化、高效益的天然富硒农产品生产基地。

富硒土壤Ⅲ级区。土壤含硒量相对前者低一些，但仍然适合开发富硒农产品。要加强对土壤含硒开发的专项评价，选择既易富硒又具市场前景且比较效益高的农产品品种，必要时适当考虑添加外源硒，以保证富硒农产品的要求。

低硒区。尤其是大宗粮食产区，继续推广以外源硒添加技术为主的富硒稻米生产经验，促进富硒大米生产技术逐渐向绿色农产品方向发展，为低硒区开发富硒优质农产品生产提供示范。

非农用地富硒资源利用。非农用地富硒土壤层采用异地利用的方法，一般只适用于已规划批准农转建设用地征占的富硒耕地。富硒耕作土壤是宝贵的土地资源，应采用表土剥离、异地培肥等工程手段，快速改善新开发耕地的质量。富硒土层的异地利用，还应当与高标准农田建设和中低产田改造结合起来，使富硒土层的异地再利用一举多得，收效更为显著。

此外，在富硒初级产品的支持下，可由企业进一步开发富硒食品、功能性食品等，拉长产业链，加快农业增长方式的转变。

（2）科学保护与利用富硒土地资源。富硒土地资源是开发天然富硒农产品的先决条件，只有其得到了科学保护、有效的利用与开发，才能把其转化为经济价值。一要深化富硒资源普查，要深入开展硒矿、土壤、特色作物硒含量普查，对省内富硒区硒资源储量、土壤含硒情况、植物资源富硒能力等硒资源情况进行详细普查，建立完整的硒资源档案。二要加强富硒土地资源保护，建立富硒农产品生产保护区，加强富硒农产品生产基地建设和生态环境保护，要将保护富硒土壤和土地整理结合起来，加快完善富硒区的高标准农田建设和水利设施配套，在改善生产条件的同时，达到保护富硒土地资源、改善农业生态环境的目的。三要加强顶层规划设计，保护与利用富硒土地资源，全省要统一规划富硒产业优先发展区、重点发展区等，统筹兼顾，循序渐进，防止一哄而上，促进绿色生态富硒农产品发展，实现土地由资源型向资产、资本型转变；各富硒区的当地政府要加快制定富硒农产品发展战略规划，明确富硒产业发展的方向、目标与思路，创新发展模式，引导富硒农产品科学开发。

（3）深入推进富硒农产品产业化开发。富硒产业是一项充满生机的朝阳产业，是丘陵山区高效生态农业的重要特色产业，要把富硒农产品产业化开发作为富硒产业培育与开发的重点抓手。一要加强政策扶持，各级政府要加快制定相关优惠扶持政策，在项目建设、金融信贷、财政资金投入、科研开发等方面优先倾斜，支持一批具有一定基础和规模、技术含量高、市场前景好、竞争力强的富硒产业龙头企业，形成"公司＋基地＋农户"产业化发展模式。二要推进富硒农产品集约化、规模化和标准化生产，进一步完善富硒农产品标准化生产加工体系和富硒农产品质量标准体系，做到产前、产中、产后各环节都有技术标准和操作规范，实行全过程标准化管理；进一步加强对富硒产品的质量监管，完善富硒产品质量追溯、市场准入和责任追究制度；进一步抓好富硒农产品生产源头监管，强化对富硒资源、富硒生态环境、富硒投入品使用的管理，严把质量关。三要实施富硒农产品品牌战略，大力扶持富硒新产品和新技术申请专利、注册商标、申报地理标志产品，对富硒产品和技术进行全方位的保护，逐步形成具有自主知识产权的知名品牌，增强富硒产品和企业的市场竞争力。四要加强技术协作，突出科技攻关。加大对硒产品研发机构的扶持力度，为硒产业发展打造技术支撑平台；建立富硒产业信息平台，对外宣传天然富硒土地，发布各类富硒农产品信息，大力开拓市场。五要突出产业延伸，要依托龙头企业，建设富硒产业园区，因地制宜开发新产品，提高市场占有率，完善延长产业链，促进富硒产业集聚发展和转型发展，推进富硒特色农业产业向集群发展迈进。

案例三：龙游县天然富硒农产品开发

龙游县是全国较早进行天然富硒农产品开发的地区之一。全县具有大面积的富硒土壤资源，总面积200.25平方公里，富硒土壤区中平均含量在0.44毫克/千克以上，最高平均值达0.84毫克/千克，许多农产品已达到标注富硒农产品的标准，适宜开发优质天然富硒农产品。为此，县委县政府专门成立了龙游县天然富硒农产品开发工作领导小组，制定了《龙游县天然富硒农产品开发规划》，并与浙江农科院、上海农科院等科研机构签订了技术委托协议，研发富硒农产品优良品种和种植技术。全县还注册了"龙硒"商标，统一产品质量标准，主打统一品牌。为深入推进富硒农产品产业化开发，在横山镇富硒集聚区建设全省首个富硒产业园，设立了富硒休闲养生区、富硒农产品生产观光区和加工展示区、富硒新产品试验示范区等功能区块，促进富硒产业向标准化、规模化、基地化和休闲观光化发展。目前，富硒产业已成为龙游县推进山区经济转型发展的重要载体，现已成功开发富硒大米、莲子、番薯、发糕、蜂蜜、莲子酒、冻米糖等系列产品，全县共有6 000亩富硒莲子、3 000亩富硒水稻和近万亩其他富硒农产品种植基地，年带动4 000多户农户增收数亿元。

（三）受污染土地

《全国土壤污染状况调查公报》显示，我国耕地土壤点位污染物超标率为19.4%，其中轻微、轻度、中度和重度污染点位比例分别为13.7%、2.8%、1.8%和1.1%，主要污染物为镉、镍、铜、砷、汞、铅、滴滴涕和多环芳烃。浙江省调查结果更不容乐观，绿色农产品不适合区47.2万公顷，占农用地总面积的23.5%。这些土地中也不是全部都不能种植农作物，有部分还是适合种植无公害农产品的，可以作为未来绿色农产品生产的后备土地；有部分目前已经不适合种植食用农产品，应加快农业结构调整，因地制宜推进受污染土地的分类开发利用。

1. 受污染土地布局

受污染土地分食用农产品不适合区和绿色农产品不适合区两大类，其中前者污染程度相对较重，后者污染程度相对较低。

（1）食用农产品不适合区分布。全省不适合种植食用农产品的农用地面积为31.6万公顷，占农用地总面积的13.4%。其中水田面积29.2万公顷，占水田总面积的14.8%；旱地面积1.6万公顷，占旱地总面积的13.3%；园地面积0.8万公顷，占园地总面积的8.8%（表4-3）。

（2）绿色农产品不适合区分布。全省不适合种植绿色农产品的农用地面积为47.2万公顷，如果剔除不适合种植食用农产品的较重污染区，可得到轻度污染农用地面积约为15.6万公顷，占农用地总面积的10.1%（表4-3），可以发展无公害农产品生产。

表4-3　浙江省主要受污染土地资源状况

单位：公顷，%

地区	绿色农产品不适合区						食用农产品不适合区					
	水田		旱地		园地		水田		旱地		园地	
	面积	比例	面积	比例	面积	比例	面积	比例	面积	比例	面积	比例
浙北地区	778 893	46.3	150 082	53.6	13 908	16.4	199 380	68.3	2 849	17.5	1 224	15.0
浙东地区	360 081	21.4	83 377	29.8	30 270	35.7	50 074	17.2	6 941	42.6	3 394	41.5
浙中地区	544 646	32.3	46 512	16.6	40 642	47.9	42 347	14.5	6 497	39.9	3 554	43.5

（3）重点污染区分布及主要污染因子。浙江省重点污染区以镉、汞、铅等重金属污染，以及多环芳烃、多氯联苯、滴滴涕和六六六等持久性有机污染物为主，各地市重点污染区分布及主要污染因子详见表4-4。

表4-4　浙江省重点污染区分布及主要污染因子

地　　区	布局区域	主要污染原因
杭州市	丁桥—笕桥—彭埠一带	汞、铅量超标
	三墩、祥符与良渚*一带	汞量超标
	瓶窑*—仓前*—余杭*一带	汞量超标
	新塘—蜀山—所前*一带	汞、铅量超标
	义桥*—临浦*一带	汞、镉量超标
嘉兴市	嘉北—王江泾*—新塍*一带	汞量超标
	乌镇—石门*—河山*一带	镉、汞量超标
	洲泉*—崇福*一带	汞量超标
	盐官*—周王庙*沿海一带	汞量超标
	海盐武原*沿海一带	汞量超标
	大桥*—余新*一带	汞、镉量超标
	西塘*—干窑*一带	汞、镉量超标
	当湖*—新丰*一带	汞、镉量超标

（续）

地　区	布局区域	主要污染原因
湖州市	环渚*—八里店*—道场*一带	汞、镉、铅量超标
	雉城*—李家巷—吕山*一带	汞、铅量超标
	洪桥*—李家巷—杨家埠*一带	镉、铅量超标
	南浔*—练市*一带	镉、汞量超标
	德清城关*北部	汞、镉量超标
绍兴市	钱清—安昌—齐贤一带	汞量超标
	福全—兰亭—鉴湖一带	汞、砷量超标
	东湖—稽山—城南—府山一带	汞、铅量超标
	东浦—灵芝—华舍—柯岩—湖塘一带	汞、铅、砷量超标
	斗门—马山—皋埠一带	汞、铅量超标
	孙端—陶堰—道虚*—东关一带	汞、镉、铅量超标
	丰惠—永和*一带	汞、铅量超标
	谢塘—小越*一带	汞、镉量超标
	江藻*—暨阳—山下湖*一带	镉、汞、铅量超标
	茨乌*—应店一带	镉量超标
	剡湖*—鹿山*一带	铬量超标
	城关*—大市聚*一带	铬量超标
宁波市	九龙湖—澥浦—骆驼—庄市一带	汞量超标
	小港*—大碶*一带	汞量超标
	邱隘—五乡—下应—云龙—姜山—钟公庙—石碶一带	汞量超标
	高桥—集市港—古林—洞桥*—横街一带	汞、镉、铅量超标
	三七市—丈亭*一带	汞量超标
	东北—东南—陆埠*一带	汞、铅量超标
	江口*—锦屏一带	汞量超标
衢州市	汪村—花园—黄家一带	汞、铅量超标
	高家*—莲花—杜泽*一带	镉、铅量超标
	姜家山*—航埠*一带	镉、DDT超标
	五里—招贤—阁底*一带	镉量超标
	二都桥—天马*—湖东—何家一带	镉、汞量超标
	清湖*—贺村—吴村一带	铬、镉量超标

（续）

地　　区	布局区域	主要污染原因
温州市	瞿溪*—郭溪—潘桥—楼桥一带	铅、汞、铬量超标
	梧埏—三垟*—南白象—茶山*—丽岙一带	汞、铅、镉量超标
	双屿*—仰义沿江一带	汞、铅量超标
	状元—瑶溪*—永中一带	汞、铬量超标
	瓯北*南部沿海一带	铬量超标
	乌牛*—北白象*—磐石*一带	镉、汞量超标
	乐成—柳市*—象阳*一带	汞、镉、铅量超标
	闹村—南湖*一带	汞量超标
台州市	峰江*—横街—新桥—泽国一带	汞、铬量超标、PCBs
	高桥*—沙埠*一带	镉、铅量超标
	箬横*—石桥头*一带	汞、铬量超标
	珠港*东南沿海一带	汞、镉、铅量超标

注：带 * 的乡镇为小部分受污染。

2. 受污染土地农业生产及布局优化策略

（1）分类推进受污染土地开发利用。全省不适合种植无公害农产品的农用地面积较大，涉及区域范围较广，对农产品生产安全性带来较大影响。因此，对本次调查划出的这些非绿色、非无公害农用地，建议要逐步加强"加密检验"，进一步甄别其污染成因，并且更明确地界定其污染范围和区域，为指导绿色、无公害农产品的生产提供可靠的依据。对污染区内现有的大规模食用型农产品商品基地，尤其是出口农产品基地，必须进一步加强农产品安全性评价研究，分类推进受污染土地开发利用。

轻度污染土壤。对农产品安全性影响不大的轻度污染区，可以继续安全种植，发展无公害农产品生产。要加强源头治理，循序渐进，采用农艺过程阻控技术，积极推进土壤污染源治理。要坚持截污和复土并重，加强农用地及产品超标情况检测跟踪，进一步推广测土配方施肥、有机肥重金属钝化与去除等技术措施，逐步将土壤中的污染物清除出土体，并杜绝新的污染源进入轻污染区污染，全面推进农用地质量提升与污染修复治理。

中度污染土壤。对农产品安全性有一定影响的中度污染区，可以选择性种植部分适宜农作物，发展无公害农产品生产。总体上要坚持边修复边利用，积极推广重金属低吸收、可食部分低累积的农作物品种，使其可食部位的重金属含量低于相关食品安全标准的最大允许值（MPC），从而保证农产品的安全生产。污染土壤治理，要重点推广重金属污染土壤修复植物能源化、材料化等关键技术，采用土壤重金属活化技术，促进修复植物重金属的快速积累，快速降低农田土壤中的重金属含量。在食用农产品生产过程中，还可以辅助采用钝化剂，把土壤中重金属的活性降下来，使之不能迁移也就不会被吸收，确保食用农产品质量安全。

重度污染土壤。对农产品安全性有较大影响、已经不适宜无公害农产品生产的重度污染区，要加快实施重度污染农用地种植结构调整，逐步退出食用农产品种植，重点发展能源植物、花卉苗木、休闲观光农业等；或进行农用地用途调整，改为工业、城镇、交通等建设用地。对土壤污染较重区域，要严格控制易吸收污染物的食用农产品种植；充分利用不同作物对污染物的耐受性和抗逆性，因地制宜选择一批对污染物耐受且低富集或不富集品种种植，降低食用农产品的污染风险。

（2）加强污染土壤治理技术研发。我国农田污染土壤的治理修复工作起步较晚，污染土壤修复相关的技术虽然也取得不少突破，但多数技术还处于实验室研究或中试阶段。我国广西、云南和湖南等省区在土壤重金属污染治理修复方面取得了一些成功经验，但在浙江尚缺乏适合省情的成功案例与工程管理经验。因此，必须加强污染土壤修复治理技术的引进、研究、试验与示范应用，增强自主研发能力和科技创新能力。

对重度污染土壤，以土壤重金属扩散有效控制、防止次生污染为主要目标，重点研发针对重金属迁移、扩散的防控技术，开发土壤重金属固定剂，筛选耐受重金属园林绿化植物等，通过种植非食物链作物，促进土壤重金属原位固定，防止污染物向周边区域扩散。

对中度污染土壤，以高效修复与有效利用相结合为主要目标，重点研发重金属高积累、高生物量的非食物链植物（绿化、纤维、能源类）的筛选与种植技术，以及修复植物材料资源化利用技术等，开发适合于产业化开发、规模化利用的修复植物资源化途径。

对轻度污染土壤，以降低土壤重金属生物有效性，阻控重金属由土壤向农产品转移为目标，引选重金属低吸收农作物品种，结合土壤重金属钝化技术、农艺过程稳定技术、有机肥等农投品安全施用技术等，有效降低农产品中重金属的积累，构建轻度污染农田土壤修复与合理利用技术体系。

对于未污染农田，开展土壤清洁保育技术，重点研究灌溉水源、农业投入品（畜禽养殖有机肥、生活污泥等）重金属污染控制技术，以及通过饲料源头控制、有机肥重金属钝化和去除工艺、分类使用等关键技术攻关，解决目前畜禽养殖有机肥中重金属含量普遍较高的问题，杜绝重金属污染源进入未污染农田。

同时，借鉴引进国外先进理念、技术与经验，采用引进与自主研发相结合，创新污染治理各环节、不同污染类型治理技术体系，为农用地污染修复治理提供高效的科技支撑。

（3）大力推进污染土壤综合防治。工业污染物排放、农用化学品使用、重金属和难降解有机污染物在土壤中长期累积，土壤安全问题已对国家粮食安全、食品安全和生态环境安全形成制约，保护土壤环境刻不容缓。一要加快制定实施土壤污染防治行动计划，坚持以农产品质量安全为目标，优先保护农用地土壤环境，强化工业污染场地治理，积极开展土壤污染治理与修复试点，促进土壤污染防治行动实施。二要加强农业面源污染防治，加大种养业特别是规模化畜禽养殖污染防治力度，科学施用化肥、农药，推广节能环保型炉灶，净化农产品产地和农村居民生活环境，减轻农业面源污染对水体和土壤影响。三要稳步推进重金属污染治理，重点以土壤中污染较为严重的镉、汞、铅等重金属为主攻方向，选择有代表性的区域，开展不同治理模式的试验与示范，采用重金属污染土壤的植物修复技术，种植能源植物和利用绿化苗木移栽等方式修复重金属污染土壤。四要开展矿山地质环境恢复和综合治理，推进尾矿安全、环保存放，妥善处理处置矿渣等大宗固体废物。

案例四：广西大环江流域污染土壤植物修复与生态治理

植物修复就是利用绿色植物来转移、容纳或转化污染物，使其对环境无害。植物修复效果彻底、绿色环保，但植物修复所需时间与土壤污染的重金属浓度直接相关，重金属超标不高的土壤，3～5年可见效，如果超标严重，修复的时间则会翻番。蜈蚣草是治理土壤中砷污染非常有效的植物，它能将砷吸收，在吸附了大量重金属后，就地焚烧，通过严格的工艺化控制，避免二次污染。2001年大环江上游遭遇百年一遇的暴雨，洪水将沉积的废矿渣带入农田，上万亩农田遭遇砷、镉等重金属严重污染。中科院陈同斌团队在当地建立以蜈蚣草为主的"植物—物化固定联合修复技术示范工程"，工程获得国家重金属土壤污染防治专项资金2450万元，拟修复污染农田1280亩。经过10年治理，这片受伤的大地正在逐渐恢复。截至目前，陈同斌课题组在全国已建立8个土壤修复技术示范工程，分布于广东、北京、浙江、河南、湖南、云南等地。

案例五：路桥峰江重污染农用地种植结构调整

一般来说中度污染、轻度污染的土壤，可以一边种植一边治理，实行轮作，但如果是重度污染的农用地，治理时间长，而且费用不菲，治理未必可行。路桥峰江是浙东南闻名的废旧金属集散地，每年拆解销售废金属材料300多万吨。该行业带来巨大经济效益的同时，也污染了当地土壤和生态环境。为改变这种状况，近年来该街道全面实施"绿满峰江"工程，倾力打造集现代农业、花卉生产、旅游观光、休闲度假于一体的万亩复合型花木基地，重点培育一批沿河、沿路、沿山精品示范园和若干个田园式生态湿地公园。街道专门成立了绿化管理所，编制花木发展规划，出台土地流转、花木种植奖励措施，并制定优惠政策引进苗圃种植企业。目前全镇已引进苗圃企业10家，栽种各类花卉苗木7000余亩，并签订中国路桥花木城项目，完成省级现代林业主导示范区建设，还搭建了花卉苗木网络信息交易平台，初步形成了浙东南花卉苗木产业群。

三、对策建议

（一）建立严格的土地质量保护制度，确保绿色农用地资源可持续利用

1. 构建耕地质量保护体系

我国采用的是世界上最严格的耕地保护制度，但耕地质量有优劣之分、区位也有好坏之别，耕地保护是融合数量保护、质量保护、空间保护与生态保护等多位一体的综合保护体系。强化耕地保护，既要坚守耕地数量红线，又要提升耕地质量，建议将耕地的地力状况和环境质量状况一并纳入耕地红线保护，构建集环境质量标记、地力标记于一体的耕地质量保护体系。坚持以保量提质为总目标，加强耕地质量建设，将环境清洁、肥力丰富的耕地划为永久基本农田，加快建立生态补偿机制，确保基本农田总量不减少、用途不改变、质量有提高。

2. 建立农用地土壤分级管理利用制度

鉴于浙江省非绿色农用地面积较大、涉及区域范围较广，不可能立即全部改造成为绿色农用地，也不可能全部调整为非农建设用地，否则必将对农产品生产安全性带来较大影响。建议建立农用地土壤分级管理利用制度，将农产品产地土壤环境质量划分为未污染（绿色）、轻度污染（黄色）和重度污染（红色）三个等级，实现农产品产地土壤分级管理。绿色、有机农产品生产布局在绿色农用地上，并实施严格保护，杜绝新污染源进入绿色农用地；黄色农用地只能用于生产无公害农产品，针对不同地块污染特征种植污染物吸附少、对人体健康风险小的农作物；红色农用地严格禁止种植易吸附的食用农产品，可种植能源植物、绿化苗木等，并加强治理与修复，逐步改良。通过分级管理利用，确保农产品质量安全。

（二）加强产地环境认证及动态监测，优化绿色农产品布局

1. 加强绿色农产品产地环境认证

产地环境质量是保障农产品安全的重要因素，绿色农产品生产基地的首要条件是环境条件，只有在产地、产品的生产环境符合绿色农产品的生产标

准，即农产品产地是无污染的、土壤有害元素含量符合产地环境标准的，才具有生产绿色农产品的条件和资格。目前，绿色食品采取质量认证和商标管理相结合的方式认证，建议加强绿色农产品产地环境认证，将产地土壤环境质量作为绿色农产品基地建设的先决条件，只有土壤环境质量划为未污染的绿色土地，才具备建设绿色农产品生产基地的资格。要综合运用土壤环境质量调查结果，深入实施绿色农产品生产基地建设规划，将土壤环境清洁、肥力丰富的农用地列入绿色农产品生产基地；将污染土壤划出绿色农产品生产基地范围，进一步优化绿色农产品生产布局空间。

2. 加强绿色农产品产地环境动态监测

加强绿色农产品产地环境动态监测工作，是保障绿色农产品产地环境安全的重要技术支撑。为有效监督绿色农产品产地的环境质量，建议将绿色农产品产地环境动态监测工作纳入有关部门的年度工作计划和经费计划，按照国家和省制定的统一监测方案、技术规范和标准分析方法的要求，认真组织开展绿色农产品产地土壤环境质量的监督监测。要定期监测与抽测相结合，对绿色农产品基地实行动态管理，对监测结果不符合环境质量标准的基地，要及时提出整治意见并督促实施；对经整治仍不达标或短期内难以达标的基地，要建议当地政府取消其绿色农产品基地的称号，将其划出绿色农产品生产基地范围，并向社会公布。

（三）健全严格的土壤污染监测预警体系，有效保护农地环境

1. 建立污染物排放的监管体系

土壤污染不仅会导致农作物生产减产、品质下降，经济效益降低，更为严重的是，通过食物链还会影响人体健康，甚至会造成地下水污染。从源头控制向土壤输入污染物是首要任务，结合大气污染治理的各项工作，继续控制大气污染的排放量，重点加强对污水排放的重金属、有机污染物的监测力度。建议要加强污染物排放的监管体系建设，逐步将污水中的重金属含量监测和处理纳入环保部门日常监管工作中；严格控制化肥和农药的使用量，减少硝酸盐、氟等污染物的面源性污染。对敏感区域土壤，如重金属污染重点防控区、有色金属再生利用企业聚集区、重点废弃物焚烧企业和垃圾危废填埋设施周边设立长期监测点位，加强对重点污染源定期监测，并评估分析土

壤环境风险，有效保护绿色农用地。

2. 建立重点污染区土壤的长期监测和预警机制

由于土壤污染具有隐蔽性、危害滞后性和突发性（科学界称为"化学定时炸弹"），污染物一旦超过土壤容量的临界值，产生的危害不可估量。对重污染区不仅要监测土壤污染物的现实量和存在形态，还要监测变化趋势和污染物的输入输出量、影响范围以及对农作物安全性的影响。由于现有工作很难提供对环境质量未来变化趋势和环境承载临界点的准确判断和预测，一旦有环境问题出现，很难在短时间内迅速准确地找到污染源头并制定出有针对性的治理方案。建议建立土壤环境强制调查评估制度和监测预警机制，制定土壤污染事件处理预案，以便及时采取措施，预防发生重大污染事件，严格管控受污染土壤的环境风险。

3. 建立土壤环境状况共享数据库

近年来，国土、环保、农业等部门在不同层面、不同范围内开展了土壤污染调查，但由于部门之间缺少统一协调，采用的调查取样方法、检测方法、污染风险评估采用的标准不同，数据利用困难。建议建设全省统一的土壤环境质量数据库，实现污染场地状况和土壤环境质量信息互通共享。并加强基本农田、粮食生产功能区、现代农业园区和"菜篮子"基地等土壤污染状况和成因调查与监测，设立土壤环境质量固定监测点位和动态调整点，建设覆盖全省的重金属重点防控区、重点防控源和主要农产品产地的土壤环境质量监测网络，确保数据库的资料得到及时更新。

（四）加快推进土壤污染治理与修复，保护和改善农地质量

1. 建立全省土壤污染综合治理研究联盟

发达国家通过几十年的研究与实践，已逐渐形成了较成熟的土壤污染治理与修复技术体系，积累了较丰富的污染土壤修复经验。但我国农田污染土壤的治理修复工作起步较晚，污染土壤修复多数技术还处于实验室研究或中试阶段。建议由省科技厅统一协调，组织农业、环保、国土、地矿等相关科研机构，跨学科建立协同创新和攻关团队（工程技术研究中心），设立财政专项开展土壤污染综合治理研究、技术示范和推广，并积极与国内外科研院所开展合作攻关。加快土壤污染防治的技术支撑体系建设，重点围绕农作物

品种选育、重金属污染防治、土壤修复等领域，着重解决农田土壤重金属、农药和抗生素、典型持久性有机污染物的预防及污染土壤生态修复中的关键共性技术，开发土壤污染综合治理工程技术，并在重点污染区域先行先试，为浙江省全面开展农用地污染综合治理提供技术支撑。

2. 加强土壤污染源头防控

一要加强工业污染源防控，深化重金属污染综合防治，切实强化污染整治和排放量削减的倒逼约束作用，大力推广重金属污染物源头削减和综合治理技术装备。二要加强矿山污染源防治，建立矿山环境质量档案，推动矿山污染源综合防治。三要加强污水处理厂污泥和河道淤泥污染防治，加强清淤疏浚过程中淤泥处理工作，防止将不符合农用标准的淤泥还田或在基本农田堆放、倾倒。四要加强农田灌溉用水监管，防止未经处理或处理不达标的废水进入农田灌溉系统。五要加强农业面源污染防治，深入开展畜禽养殖污染治理行动，推进农田化肥减量增效行动，推进农药减量控害增效行动。六要实施土壤环境改良工程，开展以调节农田土壤酸碱度为核心的土壤环境改良工程，通过施用钙镁磷肥以及生石灰、白云石粉等土壤调理剂，改善酸化土壤 pH；应用测土配方施肥、保护性耕作等技术，采取种植绿肥、秸秆还田、增施有机肥等措施，提高土壤有机质含量，改善农田土壤环境，提升土壤环境容量和抗风险能力。

3. 积极推进污染土壤治理与修复

一要完善污染土壤治理与修复制度，建立健全责任追究制度、惩罚性赔偿制度、行政考核制度。二要加快重金属污染土壤治理，以生物修复（植物富集）为主，并积极推进采用客土、换土、去表土和深耕翻土等工程治理措施，以及固化/稳定化、电动修复、络合淋洗、蒸汽浸提、氧化还原、农业修复等物理化学修复措施，减少或者降低土壤重金属活性、含量。三要严格控制农药污染，主要采用光化学降解、化学降解和微生物降解等措施，使农药由复杂化合物逐步转变为简单化合物，降低农药的积累和毒害。四要推进重点区域污染土壤治理与修复，坚持因地制宜，以基本农田、粮食生产功能区、现代农业园区和"菜篮子"基地为重点，以生物治理为主线，重点在调整种植品种、改变栽培模式和改良土壤环境上推进，积极开展污染地块土壤治理与修复试点，积累经验技术后在全省推广，逐步减轻或消除农用地污染,保障农产品安全。

(五)加快实施农业清洁生产行动,全面推进绿色农产品生产

1. 加强农业生产投入品管理

强化农业化学投入品管理是保证农产品质量安全的重要环节。一要加强对化肥、农药、农膜、饵料、饲料添加剂等农业投入品的监管,健全化肥、农药销售登记备案制度,禁止将有毒、有害废弃物用于肥料或造田。二要加大对违法违禁生产、销售和使用高毒、高残留、有害农业投入品的处罚力度,营造生产、销售和使用安全农业投入品的良好氛围与环境。三要加强农资监管,为从根本上保障农产品安全,要集中开展农资打假专项整治行动,逐步形成一整套细致周全的农业生产投入品监管制度,使之贯穿生产、销售、使用各个环节,建立健全农业投入品追溯制度,建立农业生产投入品质量监测体系和长效监管机制,切断污染物进入农田的链条。

2. 推进农业生产过程清洁化

以减量化、清洁化为目标,大力推广资源节约型和环境友好型技术,加快推进农业生产过程的清洁化。一要深入开展测土配方施肥、精准农业技术,鼓励农民开展秸秆还田、种植绿肥、增施有机肥;进一步优化配置肥料资源,合理调整施肥结构,改进施肥方式,提高肥料利用率。二要科学合理使用高效、低毒、低残留农药和先进施药机械,配置杀虫灯,建立多元化、社会化病虫害防治专业服务组织,大力推进专业化统防统治,推广绿色植保技术,进行病虫抗药性监测与治理,提高防治效果和农药利用率,减少农药用量。三要大力发展畜禽清洁养殖,推行农牧结合和生态养殖模式,实现畜牧业与种植业协调发展。四要深入推进水产品健康养殖,积极推广安全高效人工配合饲料、工厂化循环水养殖、水质调控技术和环保装备,减少污染排放。

3. 加大农业面源污染治理力度

积极探索农业面源污染治理,农业清洁化生产。一要实施农田氮磷拦截,在现有农田排灌渠道基础上,通过生物措施和工程措施相结合,改造修建生态拦截沟,吸附降解农田退水中的营养元素,改善净化水质,促其循环再利用,减少农田氮磷流失。二要推进农村废弃物资源化利用,因地制宜建设秸秆、粪便、生活垃圾、污水等废弃物处理利用设施,大力发展农村沼

气，推进人畜粪便、生活垃圾、污水、秸秆的资源化利用。三要加强"肥药双控"实现化肥减量提效、农药减量控害。四要推进养殖技术清洁化，推广种养结合的生态养殖模式，实现养殖废弃物资源化再利用。五要制定相关政策措施，加快农膜回收装备的推广应用，对农民购买可降解农膜实施补贴，从源头上治理农膜污染。

参考文献

崔丽辉，2010. 绿色农产品营销中的原产地效应分析 [J]. 中国商贸（20）：46-47.

崔元锋，屈志光，2008. 绿色农业产地生态环境安全与污染控制 [J]. 中南财经政法大学学报（6）：31-33.

高艳梅，曲福田，张效军，2008. 工业化、城市化影响下的农地质量变化研究 [J]. 中国农业资源与区划（2）：26-32.

李传林，吴家华，王永邦，余自强，2016. 改善耕地质量，促农业绿色升级 [J]. 农业工程技术，36（5）：41.

李存洋，2014. 多措并举促进耕地质量的保护与提升 [J]. 农家顾问（15）：55.

吕慧敏，吴克宁，周勇，魏洪斌，辛亮亮，2015. 基于农用地分等的耕地质量主导限制型研究 [J]. 中国农业资源与区划，36（7）：11-18.

宋景超，2015. 基于土地整治的耕地质量等别提升研究 [D]. 北京：中国地质大学（北京）.

汪金敖，2007. 论现代农业建设中的优势农产品布局区域化 [J]. 湖南农业大学学报（社会科学版）（5）：15-17.

汪庆华，唐根年，李睿，等，2007. 浙江省特色农产品立地地质背景研究 [M]. 北京：地质出版社.

徐明岗，卢昌艾，张文菊，李玲，段英华，2016. 我国耕地质量状况与提升对策 [J]. 中国农业资源与区划，37（7）：8-14.

张雯丽，沈贵银，曹慧，徐雪高，王慧敏，2016. "十三五"时期我国重要农产品消费趋势、影响与对策 [J]. 农业经济问题，37（3）：11-17，110.

郑雄伟，郑国权，洪波，2017. 产地环境质量评价与绿色农产品生产研究——以湖北省洪湖市为例 [J]. 湖北工程学院学报，37（6）：45-50.

周国华，董岩翔，张建明，等，2007. 浙江省农业地质环境调查评价方法技术 [M]. 北京：地质出版社.

周健民，2013. 我国耕地资源保护与地力提升 [J]. 中国科学院院刊，28（2）：269-274+263.

第五章 美丽乡村建设与农业 区域布局优化研究

2003 年，浙江省委、省政府作出实施"千村示范万村整治"工程的重大决策，揭开了浙江美丽乡村建设的宏伟篇章。近十多年来，浙江始终把这项工作作为一个重点，持之以恒地抓好村庄整治和美丽乡村建设，农村面貌和生产生活条件发生了深刻的变化，美丽乡村建设已经成为浙江新农村建设的一张名片。到 2013 年底，全省共有 2.7 万个村完成环境整治，村庄整治率达到 94%，成功打造 35 个美丽乡村创建先进县。在美丽乡村建设不断深入推进的过程中，垃圾清运、污水处理、卫生改厕、村庄绿化、道路建设等与环境改善密切相关的设施提升明显，农村住房和村容村貌焕然一新。但农业不发达、农民不富裕、农村不繁荣，仍然是美丽乡村建设面临的突出矛盾和问题，主要表现在农业产业结构调整步伐仍然缓慢、农民持续增收能力依旧不强、农业面源污染依然严重等方面。

美丽乡村建设是一项复杂而艰巨的系统工程，美丽乡村不仅是外在的环境美，还要重视内在美。这就是生产要发展，尤其是农业生产要可持续发展，为农民生活宽裕提供就业岗位和收入保障。其关键是要以市场为导向，根据当地资源禀赋，深化农业和农村经济结构战略性调整，优化农牧渔业生产布局，拓展产业链条，全面推进农业产业化经营，积极培育"一村一品""一县一业"，为深入推进美丽乡村建设提供支撑与保障。开展美丽乡村建设与农业区域布局优化研究，探索总结美丽乡村建设过程中农业产业发展的一些成功经验与启示，对推进农业产业转型与美丽乡村建设互促共进发展，具有重要的现实意义。

一、浙江美丽乡村建设现状

（一）建设背景与成效

1. 浙江已全面进入城乡融合发展的新阶段

进入新世纪以来，浙江工业化、城市化快速推进，城乡关系呈现发展差距缩小、协调水平提高的新趋势，统筹城乡发展已全面进入城乡融合发展的新阶段。2012 年全省人均 GDP 首次超过 1 万美元，按照世界银行划分的标准，浙江已迈入中等发达地区行列；2013 年人均 GDP 超过 1.1 万美元，城镇居民人均可支配收入 37 851 元，农村居民人均纯收入 16 106 元，城乡居民收入倍差缩小到 2.35：1。随着这个新阶段的到来，农业面临着转型升级，农村建设也要转型。面对城乡经济社会发展出现的新变化，浙江省委、省政府早在 2003 年就作出实施"千村示范万村整治"工程的重大决策，揭开了浙江美丽乡村建设的宏伟篇章，并于 2010 年作出进一步推进"美丽乡村"建设的决策。

2. 浙江已进入建设"两美"现代化的新时期

2014 年 5 月，中共浙江省委十三届五次全会作出"建设美丽浙江、创造美好生活"的决定，创建"两美"将成为新时期浙江现代化建设的主题。伴随着实现中国梦的进程，走在前列的浙江人民努力实施"八八战略"，从"两创""两富"迈向"两美"的生动实践，演绎着实现中国梦的浙江样本。"两美"浙江是提升浙江全面建成小康社会水平、建设物质富裕、精神富有现代化浙江的重要内容。农村地区是"两美"浙江建设的基础，加快推进美丽乡村建设，是浙江省深入贯彻落实科学发展观、加快推进发展方式转变的重大战略，是统筹城乡发展、提高城乡一体化水平的客观要求，也是提高广大农民生活品质、全面建设惠及全省人民小康社会的重要举措。

3. 浙江美丽乡村建设成绩斐然

美丽乡村建设是浙江推进生态文明建设和深化社会主义新农村建设的新工程、新载体，是统筹城乡发展，建设社会主义新农村实践的又一重大创新。全面推进美丽乡村建设是深入推进"千村示范万村整治"工程，全面提升村庄整治、新社区建设、农房改造和农村生态环境建设水平的内在要求。近十多年来，浙江始终把这项工作作为一个重点，持之以恒地抓好村庄整治和美丽乡村建设，农村面貌和生产生活条件发生了深刻的变化，美丽乡村建设已经成为浙江新农村建设的一张名片。到 2013 年底，全省共有 2.7 万个村完成环境整治，村庄整治率达到 94%，成功打造 35 个美丽乡村创建先进县。在美丽乡村建设不断深入推进的过程中，垃圾清运、污水处理、卫生改厕、村庄绿化、道路建设等与环境改善密切相关的设施提升明显，农村住房和村容村貌焕然一新，绝大多数村庄设施健全、特色鲜明、环境优美，呈现出绿绕村庄、人在画中的独特江南田园风光。

（二）存在主要问题和制约因素

当前，浙江省美丽乡村建设也面临建设主体弱化、基层政府角色转换困难、村级组织人才匮乏、缺乏整体推进的战略举措等严峻挑战。农业不发达、农民不富裕、农村不繁荣，仍然是美丽乡村面临的突出矛盾和问题，尤其表现为村庄建设与农业生产力布局不协调、农业产业结构调整步伐仍然缓慢、农民持续增收能力依旧不强、农业面源污染依然严重；农业特色产业小而散、优而不强、规模效益不明显，产业支撑力薄弱、结构与布局不合理，农业资源配置不科学等问题十分突出，严重制约着美丽乡村建设的统筹推进和均衡推进。

（三）发展农业生产对推进美丽乡村建设的现实意义

1. 发展农业生产是美丽乡村建设的核心和重点

美丽乡村建设是一项复杂而艰巨的系统工程，按照"生产发展、生活宽裕、乡风文明、村容整洁、管理民主"的二十字方针要求，美丽乡村不仅是外在的环境美，更要重视内在美。美丽乡村建设既包括以农村面源污染综合整治为主要内容的农村环境的治理、以改善生态环境及资源保育为内容的生态工程建设、以强化农业生态系统服务功能为目标的农田与村镇景观的规划与建设，更包括农业生产向资源高效、环境友好产业转型的致富途径。建设美丽乡村离不开农业产业发展，这就要求全面优化农业生产力布局，推进农业产业化经营，积极培育"一村一品""一县一业"，为深入推进美丽乡村建设提供支撑与保障。

2. 发展农业生产是农民增收致富的重要途径之一

近年来，随着经济社会发展，浙江农民收入来源多元化和非农化趋势明显，工资性收入成为推动农村居民收入增长的主要动力。2013年，全省农村居民人均纯收入16 106元，已连续29年位居全国第一，其中工资性收入占53.3%，家庭经营纯收入占35.7%，非经营性收入占11%。尽管浙江农民收入的75%以上来自于非农经营收入，但对一些山区、欠发达地区农民，以及留守农村从事农业经营的专业户来说，农业经营收入占其总收入的70％以上，农业产业发展是全省600万农业从业劳动力增收致富的重要途径。当前，全省农民增收困难增多、增速放缓，农业有望成为助推农民增收致富的新途径。因此，要不断调整产业结构，大力推进农业产业化建设，加快发展高效生态农业，促进农业转型升级，实现农民增收、农业增效和农村发展。

3. 发展农业生产是农业现代化的必然选择

党的十八大强调"四化同步"发展战略，不仅明确了农业现代化与其他"三化"同等重要、不可替代的战略地位，而且明确了"四化"之间相互依存、互相促进的关系。农业现代化是现代化的基本内容之一，农业现代化如果跟不上工业化、城镇化发展步伐，也会导致工业化、城镇化发展受阻，因此，农业现代化能否与其他几个现代化同步发展，关系到现代化建设的成败。目前，浙江省产业发展中最薄弱的环节是农业，与快速推进的工业化、城镇化相比，农业现代化滞后的问题相对较为突出，农业仍是弱质产业，基础薄弱，经营主体总体比较弱小，产业融合度、集聚度不高，产业链、利益分配机制不完善等问题依然不同程度的存在。要使农业现代化与工业化、信息化、城镇化同步发展，必须深化农业结构调整，优化农业空间布局，推进农业生产要素重组，加快构建集约化、专业化、组织化、社会化相结合的新型农业经营体系，打造高效生态农业强省和特色精品农业大省。

二、典型案例分析与启示

近年来，在美丽乡村建设过程中，全省各地依托资源禀赋，大力发展"一村一品""一村一特""一村一景"等特色农业专业村，涌现了不少美丽乡村精品村，农业产业在美丽乡村建设中既彰显了不同村落的个性魅力，又丰富了生态文化的朴素内涵。与此同时，各地还积极推进"一村一品"向"一乡一业""一县一业"的产业板块转型，努力形成跨区域、集群式的优势农产品产业带，不断提升农业产业化水平，为持续推进"建设美丽浙江、创造美好生活"奠定坚实基础。

（一）典型案例分析

1. 安吉黄杜村白茶产业

（1）典型案例。黄杜村位于安吉县东部，溪龙乡南面，共有 460 户，总人口 1 480 人。全村拥有白茶基地 1 万余亩，90% 的家庭都在从事白茶种植、加工与销售，是一个产业特色鲜明、因茶而美、因茶而富的浙北山区村，被誉为"安吉白茶第一村"。2013 年农民人均纯收入 2.5 万元，高于全县水平。正是随着白茶产业的发展，黄杜村人民的生活水平也大为提升。目前全村绝大多数的村民都住上了别墅房，全村拥有家庭轿车 80 辆。黄杜村先后获得省级文明村、全面小康示范村和湖州市新农村实验示范村等荣誉称号。2008 年成为安吉县首批中国美丽乡村精品村之一，白茶园区成功创建国家级标准化白茶园区和省级旅游示范园区。

（2）主要经验总结。"中国白茶看安吉，安吉白茶看黄杜"，作为"中国白茶第一村"就是白茶产业的始发地和核心区。黄杜村是一个山区村，1997年全村开始种植白茶，成为全省第一个发展白茶产业的山村。经过 10 多年的努力，黄杜村的白茶从无名小茶变成了全国名茶中的后起之秀，也给村民们带来了丰厚的经济效益。其主要经验总结如下：一是立足山区生态优势，发展高效生态农业。安吉县是一个典型山区县，经历了工业污染之痛以后，1998 年安吉县放弃工业立县之路，2001 年提出生态立县发展战略。黄杜村由于良好的自然条件及村民对生态环境历来的保护重视，这里空气清新，空气质量为一级；水质清洌甘甜，水体质量也达一级，乃是气净、水净、土净的"三净"之地。低丘缓坡资源丰富，十分适合发展茶叶生产。二是注重农业产业化经营开发。县委、县政府针对白茶种植出台了一系列扶持政策，并派出科技人员深入农村、到田头、进农家，采取"一帮一、面对面"的方式，示范推广白茶技术，树立白茶生产样板，以点带面进行引导；大力鼓励发展茶叶加工业和品牌经营，全村有营业执照的茶厂 52 家，3 家企业通过 QS 论证，2 家企业正在申报 QS 论证，成立了 3 家白茶合作社，10 多家企业在国际国内茶叶评比中获得金奖，形成了大山坞、仙子、玉叶等一批知名品牌。三是以经营乡村的理念，推进美丽乡村建设。生产发展是美丽乡村建设的首要任务和基石，是实现美丽乡村建设宏伟蓝图的内在动力和关键环节。黄杜村村委以白茶产业的发展为契机，抓紧实施创建"先锋工程"，先后获得了省级生态村、市级文明村、专业特色村等荣誉称号，实现全村高效农业产业化，并完善村民交通、电力等基础设施，努力建设"生产发展、生活富裕、乡风文明、村容整洁、管理民主"的社会主义新农村。

2. 建德绪塘村草莓产业

（1）典型案例。绪塘村位于建德杨村桥镇的西南边，共有 776 户，总人口 2 480 人，被誉为中国大棚草莓第一村。早在 1990 年，绪塘村村民陈新年，将省农科院的草莓大棚种植技术引入村里后，草莓产业发展迅速，一批村民迅速成为了 20 世纪 90 年代初的"万元户"，而在绪塘村新建起来的一幢幢塑钢门窗和马赛克装点的楼房，也被当地人亲切地称为"草莓房"。目前全村拥有优质草莓基地 800 多亩，亩均草莓产值 2 万余元，仅此一项全村农民收入可达 1 600 万元以上。2013 年全村农民人均收入 1.8 万元，在全市各村名列前茅，被列入杭州市"精品村"项目创建村，展现出蓬勃发展、和谐幸福的新农村建设景象。

（2）主要经验总结。"中国草莓在浙江，浙江草莓在建德"，草莓在某种程度上已经成了建德的形象。建德最早种植草莓是在 20 世纪 80 年代初，从杭州市大观山果园引入，建德草莓从无到有、从露地栽培到大棚栽培、从弱到强，也是建德农民勇闯现代农业产业化之路的成功实践，为新农村建设奠定了良好经济基础。其主要经验总结如下：一是把发展高效生态现代农业作为增加农民收入、建设新农村的物质基础和根本保证。全村以草莓为主导优势产业，形成了集草莓种植物资供应、种苗繁育、技术服务、草莓种植、鲜果营销等完整的产业体系和产业集群，草莓产业成为全村乃至建德市现代农业标志性产业。草莓收获后再种一熟杂交稻或网纹甜瓜、西瓜、西红柿、青椒、鲜食玉米等粮经作物，并建立了省级草莓精品园和农家乐采摘游观光示范点，以草莓为主导的高效生态农业取得了前所未有的发展。二是把提高农民素质和创业创新能力作为发展现代农业、促进新农村建设的智力支撑和活力源泉。自草莓大棚种植技术引入村里后，绪塘村每年都邀请省农科院、市农业局的专家、教授开展实用技术培训，培育了一大批科技示范户，使每户都有一个"科技明白人"，绿色标准化技术引领草莓产业健康发展。三是把草莓文化作为草莓产业提升和美丽乡村建设的新亮点，近年来，依托省级草莓精品园建设了草莓休闲观光园，建造了草莓文化展示厅和乡村文化长廊，并成功承办了建德新安江·中国草莓节，目前绪塘村的草莓已远近闻名，慕名前来参观采摘的游客数不胜数。

3. 仙居双庙油菜花观光业

（1）典型案例。双庙乡地处仙居东南括苍山下，地域面积 56.6 平方公里，共有 20 个行政村，总人口 11 448 人，是典型的半山区农业乡。近年来，当地政府积极调整农业产业结构，引导农户利用冬闲田种植油菜花，让"闲田"变成"休闲胜地"，打造出特色观光农业，为发展休闲农业旅游和促进农民增收打下良好基础。全乡油菜种植面积 3 500 亩，多为梯田型油菜花田，加上周围环境奇石林立，群山环绕，层层叠叠的油菜花极具层次感，吸引了众多观光游客。双庙乡油菜花观光园已连续八年参加浙江油菜花节，并于 2012 年被定为浙江油菜花节的长期举办地、浙江省油菜花节的核心区和主观赏区，油菜花节期间接待游客超过 40 万人，2014 年被评为"华东最美十大金花胜地"之一。

（2）主要经验总结。浙江油菜花节是仙居县一个重要的农业旅游观光项目，双庙乡凭借梯田型油菜花田，以及孤傲山群等自然景观，走上了发展特色乡村旅游之路，把种庄稼变为种"风景"。其主要经验总结如下：一是立足农业生产，深入挖掘农业文化观光、休闲体验等功能。随着收入的增加，闲暇时间的增多，人们希望能在典型的农村环境中放松自己，乡村旅游正向回归自然、怡情养性转变，农业与旅游业交叉发展的新型产业——观光农业应运而生。油菜花作为生态旅游观光农业的最大载体，大力引导农民因地制宜地从种庄稼向种"风景"转变，让农民看到脚下的土地不仅能生产农产品，还能把田园风光、农事文化、农家情趣等转化为旅游产品。二是注重把农业与民俗文化、休闲美食相结合，实现以旅促农。双庙乡油菜花观光园作为浙江油菜花节的长期举办地，进行景区化打造，市场化经营，委托浙江尼塔园林景观发展有限公司进行规划设计，多年连续打造"稻草人"旅游品牌，围绕主题展出形态各异、栩栩如生的稻草人和机器稻草人与游客互动。此外每年花开时节都会举办丰富多样的油菜花节主题活动，同时还有民俗歌舞演出、篝火露营晚会等多种活动形式，吸引了大量游客到仙居旅游观光，油菜花节成为推进仙居旅游发展的一张金名片。

4. 西湖龙井村休闲茶产业

（1）典型案例。被誉为"茶乡第一村"的龙井村位于杭州市西湖风景区，村庄四面群山环抱，环境优美，共有农户330户，总人口666人。全村拥有近800亩的高山茶园，村的西北面北高峰、狮子峰、天竺峰形成一道天然屏障，挡住西北寒风的侵袭，南面为九溪，溪谷深广，直通钱塘江，春夏季的东南风易入山谷，通风通气的地理条件为龙井茶的生长提供了得天独厚的优势，这里出产的龙井茶闻名于世。龙井村农家茶楼经济发展迅速，目前全村拥有一百多家富有特色的农家茶馆，年接待游客35万人次，农家茶楼经营收入1 300万元以上，村民们都走上了健康有序的富裕之路，家家户户造起了小洋楼，家家户户的茶叶都供不应求，家家户户也成了高品质的农家乐。龙井村由此声名鹊起，先后被评为浙江省小康建设示范村、浙江省文明村、浙江省旅游特色村。

（2）主要经验总结。龙井村拥有龙井茶生长得天独厚的地理条件与自然环境，以及优越的区位优势和优美的生态环境，为茶叶生产和休闲茶业发展奠定良好基础。在龙井村，处处洋溢着茶的气息，这里一切的生产、经营活动都围绕着龙井茶，是农旅结合、一三产业互动发展的成功典范。其主要经验总结如下：一是紧紧围绕十八棵御茶历史文化做文章，千方百计推进龙井茶品牌保护工程。通过长期打假、媒体宣传、国内外交流等途径，切实保护了本村龙井茶的合法权益；并加快推进"龙井村"著名商标建设，品牌保护意识逐年加强，目前已有100多户茶农申领了自家的营业执照，有些甚至注册了特有的商标。二是积极引导茶农们树立"卖龙井茶文化"的理念，大力鼓励农户发展农家茶楼经济，由原来单纯的种茶、卖茶的第一产业，向休闲旅游服务业转变。利用优美环境和西湖龙井茶品牌，围绕龙井自然人文生态和西湖龙井茶文化等具有地方特色的文化，将喝茶赏景、赏茶采茶、运动休闲等参与性强的项目加入到农家乐休闲旅游中去，开办"以茶会友"为主题的"农家茶楼"，不断深化龙井村农家乐休闲旅游发展格局，全力推进龙井村农家乐休闲旅游。

5. 诸暨榧王村香榧产业

（1）典型案例。赵家镇榧王村地处诸暨市东部的会稽山麓，由西坑和钟家岭两个自然村组成，全村平均海拔500米以上，共有农户680多户，总人口2 031人，是远近闻名的香榧专业特色村。全村共有各类榧林3 000多亩，百年以上树龄的榧树9 700余棵，拥有千年香榧王、仙坪山古榧林、香榧博物馆等景点。香榧产业是该村的支柱产业，全村80％以上的收入来源于此。近年来，榧王村积极保护和利用香榧古树资源，建设香榧博物馆，发展香榧林休闲养生、观光旅游和农家乐等第三产业，挖掘香榧文化功能，农民收入不断增长，榧王村也由十多年前穷僻山村一跃成为赵家镇第一富村，成为诸暨市新农村建设文化特色村、绍兴市级文明村。

（2）主要经验总结。榧王村以林业增效、林农增收为中心，开展现代特色林业建设，发展以市场为导向的持续高效的休闲养生产业，大幅度提高林农收入水平，实现山区农村经济持续高效发展，真正体现了山区人民靠山吃山、人与自然和谐发展的良好发展格局。其主要经验总结如下：一是立足资源优势，大力实施"一村一品"强村富民工程，提升香榧经济价值。诸暨市从21世纪初开始大力开展新农村建设，尤其是针对山区村域经济特点，按照"区域化布局、产业化开发、多元化投入"的工作思路，以林业增效、林农增收为中心，以适宜发展中国著名的干果特产香榧为重点，开展现代特色林业建设，陆续培育出一批以榧王村为代表的精品特色专业村，创建出浙江山区村域经济发展的新模式，突出解决山区林业资源开发、产品生产和加工转化问题，实现产业拉动下的资源优化配置。对香榧进行综合利用深加工后，不仅能够拉伸香榧的产业链，而且产品的附加值至少能增加一倍。二是深挖"榧王"文化价值。榧王村拥有树龄达1 300多年的香榧树——"榧王"，为发掘"榧王"的文化价值，榧王村举办了每年一度的香榧文化节，开展各种香榧文化摄影比赛及民俗文化活动，并建设了集香榧科研、文化展览、生态休闲于一体的香榧博物馆，宣传香榧背后的文化价值，提升"榧王"知名度。2013年"榧王"所在的"会稽山古香榧群"被认定为全球重要农业文化遗产保护试点单位。三是深挖香榧林生态价值。榧王村不仅卖香榧，还卖空气，依托良好的生态环境，全村喊响"千年香榧林、休闲养生地"的口号，积极打造原始香榧生态游、农家乐休闲养生游、农业观光采摘游等旅游品牌，目前全村的农家乐已有六七家，正着力筹建以榧王村为中心的休闲养生基地，以造福更多榧农。

6. 南湖永红村生态循环农业

（1）典型案例。永红村位于南湖区凤桥镇东北部，下辖 6 个村民小组，共有农户 1 132 户，总人口 3 472 人。永红村是南湖区凤桥镇生猪养殖村，2013 年全村共有猪舍面积 15.22 万平方米，常年生猪存栏 4 万～5 万头，生猪养殖过程中的猪粪污染是困扰新农村建设的一大难题。多年来，全村围绕生态循环农业建设，加快推进种植养殖废弃物资源化利用、太阳能综合利用、村庄净化绿化美化、河流生态修复、智慧农业建设、药肥精准施用及生态循环科普等重点工程建设，生态循环农业建设取得明显成效。通过农牧结合、资源化利用，走出了一条畜禽养殖污染治理、资源综合利用的生态循环农业新模式，永红村成为全市生态循环农业示范村。

（2）主要经验总结。畜禽排泄物是有机质资源，放错了地方才成为污染，解决畜禽的养殖污染应区别于工业污染治理，更不能采取简单的关、停、限制等措施，应该遵循循环经济的理念，大力发展生态循环农业，推进农牧结合、合理布局、资源化利用是解决畜牧业养殖污染问题的根本途径。其主要经验总结如下：一是积极推行节水型畜禽养殖工艺，改造传统猪舍，实行干湿分离，并在饲料中添加益生素等提高饲料利用率，从而最大限度减少粪污排放总量。二是建设猪粪收集处理中心，把从各家各户收集来的猪粪，加入菌种、锯末后堆积发酵，再加工成初级有机肥，销往省内外市场。三是实施秸秆沼气集中供气工程，村内农作物播种面积 1.16 万亩，秸秆年生产量 7 000 吨，通过建设沼气处理池，采用秸秆和猪粪作为沼气工程厌氧发酵原料，农户生活污水、畜禽粪尿等经过沼气池处理净化后排放，不仅解决了养殖污水和生活污水的污染问题，还减轻了因焚烧秸秆而造成的环境污染。所产沼气作为日常生活燃料，采用集中供气模式，利用管道输送至农户家中；沼渣与沼液作为周边 300 亩鲜切花基地的肥料。为保证冬季产气稳定性，新建太阳能增温设施，在全村统一安装了太阳能热水器和太阳能路灯，促进太阳能综合利用开发。

（二）若干启示

发展现代农业，以资源产出高效化、功能开发多元化、生态环境持续化为主要标志，是社会主义新农村建设的重要产业支撑，各地现代农业产业发展助推新农村建设的成功经验对浙江省美丽乡村建设具有重要的指导意义。从美丽乡村建设与农业产业转型、区域布局优化的典型案例实践经验来看，概括起来有以下几点启示：

1. 要高度重视农业的基础性地位

虽然农业在浙江国民经济中的比重很小，农业收入在农民收入中的比重不高，但是，浙江始终把发展农业、特别是现代农业建设摆在一个突出位置。在历年召开的全省经济工作会议上，省委主要领导都强调必须坚持政府主导、农民主体，加大政府对农业和农村投入力度。这一方面是因为农业是国民经济的基础，是国民经济中最基本的物质生产部门；另一方面，农业还是广大农村从事农业生产的农民主要收入来源之一，是新农村建设的重要产业支撑。发展现代农业是新农村建设的首要任务，也是统筹城乡和工农业发展的基本前提与物质保障。要用现代物质条件装备农业，用现代科学技术改造农业，用现代产业体系提升农业，用现代经营形式推进农业，用现代发展理念引领农业，用培养新型农民发展农业，提高农业水利化、机械化和信息化水平，提高土地产出率、资源利用率和农业劳动生产率，提高农业素质、效益和竞争力。必须把建设现代农业作为贯穿新农村建设和现代化全过程的一项长期艰巨任务，切实抓紧抓好。

2. 要着力推进农业产业化经营

坚持把发展农业产业化经营作为推进农业结构调整、提高农产品市场竞争力、推进新农村建设的重要措施来抓，大力扶持农业产业化龙头企业，加强农业产业化基地建设、市场建设和生产加工项目建设，积极培育农业产业，努力探索企业与农民利益联结机制，有力推动农业产业化经营的发展。要围绕农业特色主导产业，全力打造"一村一品""一镇一业"特色经济，促进传统农业向规模化、集约化、品牌化方向发展。要因地制宜地发展优势特色产业带，把基地做大、龙头做强、产品做优、市场做活，不断增强农业产业化经营能力，提高农民增收水平。要采取农工商联合的形式，把分散的家庭经营同集中的市场需求有机联系起来，有效地克服农户小规模经营与大市场之间的矛盾。通过延长产业链条提高农产品的附加值，通过各种中介组织为农户提供产前、产中、产后服务，中介组织和龙头企业在农户与市场之间架起了桥梁，使农户通过订单农业等避免市场风险，提高经济效益，为新农村建设提供强有力的产业基础。

3. 要保护和培育好农村生态资源

生态环境问题已成为制约经济社会可持续发展的重要因素。浙江人多地少，后备土地资源不足，人增地减趋势近期内难以扭转，必须从战略高度深刻认识处理好经济发展同人口、资源、环境关系的重要性，把生态环境建设作为新农村建设和实现农业可持续发展的紧迫任务。尊重自然规律，因地制宜，做到改造生态条件而不破坏生态条件，挖掘生态资源的潜力更注重生态资源的培育。农业发展应该有一个新的思维角度，不仅要注意生产各要素之间、生产与环境之间的优化，还要注意生产与人们生活之间的和谐。当前农村经济固然需要进一步发展，但关注、保护和培育生态资源更是各地农业与农村现代化建设的共同使命。采用循环经济理念，立足生态思维，发展生态农业、循环农业，开发生态产品，树立生态品牌，积极发展高效生态农业，将会为新农村建设提供有力的产业支撑和环境支持。

4. 要深入挖掘农业的休闲文化功能

农业生产具有经济、生态、文化、环境等多重功能，现代农业不仅可以生产优质农产品，还具有改善生态环境质量，为人们提供观光、休闲、度假的生活性功能；同时还具有弘扬优秀农耕文化、科普教育、养生等功能。按照三产融合的要求，围绕农业生产过程、农民劳动生活和农村风情风貌，深入挖掘乡村深厚的农耕文化和民俗文化资源，丰富农业文化休闲内涵，弘扬传统休闲农业文化，突出文化底蕴厚实、景点丰富多彩的特色，拓展多元功能、功能齐全、环境友好、文化浓郁的休闲农园。要充分依据当地的自然生态、农业资源、地理区位、文化底蕴等优势，推进农村生态资源的产品化，变资源优势、文化优势为经济优势，大力培育特色休闲农业产业，形成特色农家乐、民俗特色村、农业节庆活动等形式多样的休闲观光农业模式，在带动农业农村经济发展的同时，为城乡消费者创造良好的休闲环境。

5. 要进一步优化农业与农村空间布局

要以科学发展观为指导，始终坚持"三化促三农"，即以工业化、信息化、城市化致富农民、带动农村、提升农业，促进城乡统筹发展，加快构建城乡互动、协调发展的机制，稳步推进城乡空间布局合理、产业结构优化、资源利用高效、设施功能完善、人居环境优美、社会文明和谐的新局面。优化调整镇村布局规划，综合考虑当地城市化进程和农业现代化、乡村特色保护以及劳作半径等因素，科学确定新社区（村庄）的数量、规模、布局和人口集聚水平。注重保护村庄地形地貌、传统肌理，注重自然资源和历史文化传承，营造优美人居环境和鲜明地域特色。立足区域生态资源优势，围绕"一镇一业、一村一品"，以发展生态农业为基础，进一步优化农业产业布局，加大生态资源环境保护力度，加强农业基础设施建设，强化科技创新和支撑，强化农业生产过程的监控和管理，逐步建立起适应于本地区经济全面协调可持续发展的农业生态体系和农业产业体系，促进美丽乡村与现代农业转型升级互促共进发展。

三、浙江农业区域布局优化的策略思路

结合美丽乡村建设，农业区域布局优化的策略思路是：以产业发展为核心，根据"一村一品、一村一特、一村一景"的发展要求，因地制宜，优化农业区域布局，拓展农业功能，全面提升农业产业层次，使农业成为美丽乡村建设的支柱产业和生态环境支撑。

（一）促进特色农业集群化

浙江地形地貌复杂，山地、丘陵、平原兼有，气候类型多样，农业的地域性和季节性特征较为突出，从而为农林牧渔各业全面发展提供了有利条件，全省拥有蔬菜、茶叶、果品、畜牧、水产养殖、竹木油茶、花卉苗木、蚕桑、食用菌和中药材等十大主导产业。受农业资源条件的客观制约，浙江发展现代农业必须在"特色精品"上做文章，建设"高效生态农业强省、特色精品农业大省"已成为全省现代农业建设总目标，特色精品农业正成为浙江农民致富的新手段。在浙江加速推进美丽乡村建设的新形势下，围绕文化名村特色小镇建设，加快推进特色农业集群化发展，已经成为全面提升现代农业发展层次，增强市场竞争能力、农业综合生产能力和可持续发展能力的必然选择。

1. 形成特色农业块状经济

国内外农业发展实践表明，农业产业集群化是提升农业产业竞争力的有效途径，是实现农业现代化的必由之路。要加快推进特色农业产业向优势区域集中，不断优化农业生产力结构和布局，集中力量培育一批特色农业强镇强村，加快形成特色农业块状经济的发展格局。要按照"一乡一特，一村一品，几村一品"原则，优化区域布局，真正做到"人无我有，人有我优，人优我特"，实现分类指导、错位发展，培育一批有较强区域特色、有明显竞争优势的专业特色村和特色产业，着力打造"一村一品"的块状经济发展格局。

2. 构建农业全产业链集群

发展特色农业集群化，可以带动千家万户按照市场需求，进行专业化、集约化生产，避免小农户自发调整结构所带来的盲目性和趋同性。要进一步深化农业结构战略性调整，实现规模种养、就地加工、产销衔接、品牌发展，完善特色农业产业体系，努力打造一批特色农业产业带、一批产加销农业龙头企业、一批农产品批发市场和一批知名品牌，构建农业全产业链集群。重点加强对农产品品种和质量、农产品加工转化和农业标准化等进行全面升级，加快推进农业科技进步，提高农业劳动者素质，转变农业增长方式，促进特色农业转型升级。

（二）促进生态农业循环化

随着工业化、城镇化的加快推进，农业越来越受到资源和环境承载压力加大的约束。保障农产品有效供给、实现农业可持续发展，更加依赖于有限资源的节约、高效、循环利用，更加依赖于生态环境的保护和改善。发展生态循环农业，是顺应世界绿色经济发展的新趋势，转变农业发展方式的新途径，推进生态文明建设的新要求。

1. 实行减量化投入和清洁化生产

紧紧围绕生态省和循环经济试点省建设，坚持资源保护与节约集约利用、投入减量与生产清洁、污染治理与废物利用并举，大力推进畜禽排泄物治理、测土配方施肥、病虫害绿色防控、农作制度创新、节约型农业技术推广和农产品安全优质生产，改善农业生产环境条件，促进生态农业循环化发展。

2. 加快农作制度创新

充分利用土壤、水体、肥、气、热、微生物等要素，科学配置土地、物种、时空，实现产业的良性循环和能量的最佳转换。创新发展"资源—废弃物—再生资源"的循环农业发展模式，将上游产业的废弃物或副产品作为下游产业的原料利用。充分利用空间、时间，通过间作、套作、混作等立体种植，或立体种养、混养等模式，充分挖掘农业自然资源的潜力，提高农业资源利用率。不断优化农林牧渔业区域布局和产业结构，转变发展方式，依靠科技进步、创新发展模式、加强科学管理，着力构建农林牧渔业结合、资源循环、节约高效的现代农业生产体系，全面促进生态农业循环化。

3. 发展种养结合的生态循环经济

严格实行区域和总量双重控制，落实畜牧业禁养区和限养区制度，着力推进畜牧业与种植业布局相衔接，不断优化畜牧业区域布局与产业结构。按照"场中有园、园中建场、废物利用、资源循环"的布局结构，将规模生态养殖场作为绿色农业基地建设、标准农田质量提升、新垦耕地地力培肥等工程建设的必备条件。根据环境承载能力，把生猪作为推进农牧结合的重点畜禽来抓，把新建耕地、低产园地、丘陵山坡地作为重点区域来抓，因地制宜地建设生态牧业养殖场（小区）。进一步调整优化种植业结构，在高密度养殖区，有针对性地种植一些对畜禽养殖污水修复净化作用强的植物，如茭白、黑麦草、杂交狼尾草、狐尾藻等，实现区域种养平衡及生态和谐。

（三）促进景观农业田园化

近年来，浙江省农家乐、乡村旅游业发展势头迅猛，由此也带来了景观农业的迅速发展。景观农业是以农业发展为基础，依托区域丰富的农业资源和优良的生态环境，结合观光游览发展起来的新型现代农业。我国自古就有保护自然的优良传统，并在长期的农业实践中积累了朴素而丰富的经验，数千年的农耕文化历史，加上不同地区自然与人文的巨大差异，形成了种类繁多、特色明显的农业景观资源。但目前在农业景观资源开发过程中存在认知与保护上的偏差，习惯于采用城市景观建设方式来指导农业景观建设，很自然地将美丽农村建设为城市的"后花园"，模仿城市公园、城市大厦，铺草坪、种绿篱、建花坛，修建假山、亭台楼阁等，乡村景观消失，反而破坏原有农村田园应有的气息。

1. 发展农旅结合的景观农业

景观农业建设要以原始性和田园性为最基本的要求，注重地方特色，体现自然和生态理念，挖掘和凸显农业和农村的本质特征，将原本作为生产性的农作物，通过科学规划、合理布局、设计搭配，使农业的生产性、经济性同审美性结合起来。按照"一村一品、一村一景、一村一业、一村一韵"的要求，立足山清水秀的自然景观，以生态种植业为主导，深入贯彻种"风景"的理念，采用科学合理的轮作套种，形成农旅结合的景观农业生产体系，让"农田""闲田"变成"休闲胜地"。

2. 优化景观农业空间布局

要充分利用农业自然环境、田园景观、农业生产生活等农业资源，通过科学规划和设计，为游客提供观光、休闲、体验、娱乐、健身等多项需求的旅游形态。重点围绕主通道沿线和景区周边进行观赏农作物的连片种植，尤其要在冬闲季节，优化油菜、紫英云等景观农业布局，为发展区域旅游造景添彩。对城镇内部及周边的农田，要按照"城在田中，园在城中，城田相融"的理念，发展"插花式""镶嵌式"景观农业，满足都市人回归自然、回归田园需求，促进农民多元化就业增收。

（四）促进休闲农业庄园化

近十余年来，随着工业化、城镇化快速推进和人民生活水平不断提升，浙江省休闲农业发展迅速，已成为现代农业发展的新业态，至2013年底，全省累计建成休闲农业园区（点）2 334个，实现总产值144.1亿元。但目前休闲农业遍地开花，存在规模小、起点低、同质化、服务档次低、资源闲置和浪费严重、生态环境破坏严重等弊端，迫切需要加快产业转型升级。

1. 加快发展休闲农业庄园经济

在加速推进美丽乡村的新形势下，推进休闲农业庄园化正是解决这一问题的关键，将休闲农业、庄园经济和新农村建设融为一体，集种、养、教、游、购、娱、会议等功能于一身，推进一产与二、三产以及一产内部行业之间相互交融、复合发展。休闲农业庄园具有良好的社会效益和生态效益，不仅开辟了农业现代化的新途径，而且有力地激发了农村经济全面发展的内在潜能，为农业区域化布局、专业化生产、一体化经营、企业化管理、社会化服务、市场化竞争，提供了一种较为现实的模式。

2. 统筹优化休闲农业庄园布局

在进行休闲农业庄园布局时，要坚持因地制宜，以特色农业生产、加工和经营为基础，依托发展基础好的特色农业产业、现代农业园区和休闲农业景点，加强统一指导与协调，防止一哄而上、四处开花，避免产业趋同化；要坚持农旅结合，将农业与旅游、文化、创意等产业相整合，将农业生产、农业文化、风景地貌、民族风俗、地域特征进行深度融合，将农产品的生产、流通、加工、观赏等环节联成一体，促进庄园产业规模化、产品多样化；坚持农业多功能开发，加快推进土地流转，完善用地政策，加强道路交通、水电气、通信、网络以及配套建筑物等基础设施完善，集中打造集生产、加工、营销、物流、文化体验、休闲观光等全产业链的休闲农业庄园，为全省美丽乡村建设注入新的活力。

四、保障措施与政策建议

（一）加快推进生态循环农业示范村建设

浙江作为全国唯一现代生态循环农业试点省，力争在未来3～5年内实现"一控制、两减少、三基本"目标，即农业用水总量控制，化肥、农药施用总量减少，畜禽养殖粪便与死亡动物、农作物秸秆、农业投入品废弃物基本实现资源化利用或无害化处理，形成现代生态循环农业发展体系和农业可持续发展长效机制。在省级具体的方案实施上，浙江将组织实施现代生态循环农业"十百千万"工程，即在湖州市、衢州市和桐庐等16个县（市、区）整建制推进现代生态循环农业，建成现代生态循环农业示范区100个、示范主体1 000个、生态牧场10 000个以上，把浙江打造成为建设现代生态循环农业发展体系和农业可持续发展的示范区，全面构建"主体小循环、园区中循环、县域大循环"的生态循环农业体系，形成农业资源环境保护的多元化参与机制。生态与经济协调发展是当前和今后生态农业建设长期追求的目标，也是美丽乡村建设的重要抓手，整村推进生态循环农业建设，并与新农村建设相结合，把农村生活污水治理、生活垃圾处理和农业废弃物处理结合起来，进行综合开发利用，把保护环境和提高农业资源的利用与满足人类需要相结合，达到生态合理和持续发展之目的。建议各整建制县（市、区），以行政村为单位，加快推进生态循环农业示范村建设，作为现代生态循环农业示范区、示范主体和生态牧场建设的有益补充，实现由点到面、点面结合的辐射推广。

（二）深入推进特色农业专业村建设

为深入贯彻落实《中共中央国务院关于加大统筹城乡发展力度进一步夯实农业农村发展基础的若干意见》，2010年农业部出台了《关于推进"一村一品"强村富民工程的意见》，对推进我国"一村一品"在培育主导产业、促进农民就业增收、建设社会主义新农村等方面起到了重要作用。为进一步推动浙江高效生态农业强省、特色精品农业大省建设，建议各地要充分发挥资源比较优势，深入推进特色农业专业村建设，积极培育地方特色主导产业，由点及面，全面推进现代农业转型升级。

一要加快推进特色农业"一村一品"示范村建设。在"十二五"期间，浙江以农业"两区"建设为载体，把"两区"建设作为现代农业建设的主战场，作为保障全省主要农产品供给的主平台，作为构建全省现代农业产业体系的主抓手，促进农业区域布局、产业和产品结构调整，全面推动了现代农业发展，建成了一大批现代农业综合区、主导产业示范区和特色农业精品园，为全省现代农业建设做出了许多典型示范样板。"十三五"期间，这些现代农业园区将面临升级改造，以及如何发挥其示范引领作用等问题。"一村一品"作为整村推进现代农业建设，形成农业块状经济的重要途径，是带动农民增收致富的有效途径，是建设现代农业的基础性工程。其基础设施建设以行政村为主体，生产经营以家庭农场、专业大户、合作社＋农户、龙头企业＋农户等为主体，有利于进一步提升现代农业园区建设水平，全面促进农业增效、农民增收。要将特色农业"一村一品"示范村建设作为"十三五"现代农业园区建设的主抓手，形成综合区、示范区、精品园和"一村一品"示范村等四级现代农业园区建设层次，以此来进一步发挥行政村、家庭农场和专业大户等参与现代农业建设的积极性，带动及促进美丽乡村建设。

二要全面推进"一村一品"发展。以现有的专业村为基础，整合各类资源要素，整村整镇推进优势资源开发，推行农业规模化、标准化、集约化生产，打造特色优势品牌，促进特色主导产业转型升级。通过规划引导、政策支持、示范带动等办法，全面推进一批特色明显、类型多样、竞争力强的专业村、专业乡镇培育。要充分发挥龙头企业、专业合作社、专业市场、家庭农场和农民专业种植大户的市场带动作用，深入推进"一村一品"发展，推动农业生产的专业化、规模化、标准化、基地化、集约化、特色化、品牌化、产业化，促进农业持续增效和农民持续增收。

（三）优化农业与农村空间布局

优化农业布局是农业现代化进程中的重要任务，而农村居民点的规划布局是新农村规划工作所必须面对和解决的关键问题，统筹农业与农村区域布局是美丽乡村建设的重要内容。建议进一步优化农业与农村空间布局，形成"一村一品、一村一景、一村一业、一村一韵"的美丽乡村建设格局。

一要优化农业布局。要立足资源优势，以发展特色农业为突破口，推进特色农业产业化、生态农业循环化、景观农业田园化、休闲农业庄园化建设，有力地推进现代农业转型升级和农村经济快速健康发展，为美丽乡村建设奠定坚实的物质基础。在产业选择上，一方面要适应消费市场，创造最好的经济效益；另一方面要靠质量打响产品的知名度。在规划布局上，要立足当地独特的自然生态、生物资源、旅游资源、环境及区位优势，整体考虑。

二要统筹农业和农村空间。按照"规划先行、分类指导、试点示范、基础突破"的思路，考虑不同的经济发展水平和自然地理条件，提出符合当地实际的建设标准、步骤和实施办法，因地制宜，分类指导，注重实效，认真搞好美丽乡村建设规划；要同时兼顾农业和农村的布局，统筹考虑，充分挖掘农业和农村内部增收的潜力，多渠道增加农民收入。

三要优化生态畜牧业布局。因地制宜优化布局生态畜牧业，加快推进人畜分离。本着"适度规模、规范生产、种养结合、生态平衡"的原则，推进种养区域一体化平衡发展，实现畜牧养殖量与种植业、林业消纳能力相匹配，推进人畜分离，逐步实现畜牧业设施化、标准化养殖，加快形成区域化、生态型、全产业链的新型畜牧产业格局。

四要合理聚集农村居住点。目前农村居住点比较分散,规划用地需要在保持其生态环境的同时,尽量打破传统的散居模式,规划适当规模的集中居住用地,在满足一定时期生产力条件的耕作半径同时,引导农村居民点向集约化发展,实现可持续发展的目标,同时促进农业生产力的提高。

(四) 强化政策引导与资金扶持

从建设美丽乡村的全局和战略高度出发,进一步深化对农业产业结构调整,充分认识发展农业产业的重要性和紧迫性,要制定激励政策和推进措施,鼓励农民发展农业产业。

一要强化政策引导。认真落实各级政府扶持现代农业发展的政策意见,积极主动争取林业、财政、税务、金融等部门支持,用足用好现行优惠政策,引导和支持农业新型经营主体带动农户发展地方优势特色产业。在新一轮农业结构调整中,必须充分尊重农民群众的自主选择,让农民成为结构调整的受益主体,并把政府公共资源转移到提供技术、资金、信息、销售等多方面的服务上来,采取各种必要的支持、保护、引导等手段,为农民调整产业结构提供有效服务。要充分利用各种媒体和交易会、推介会等形式,推介展示各地专业村生产的特色农产品,打造一批在全省知名度高、竞争力强的"一村一品"品牌,加强典型带动,努力提高影响力。

二要强化资金扶持。要进一步整合农业、水利、财政、农经等涉农资金和项目,积极引导工商资本、外来资本和其他社会资本投入现代农业,形成多元投资的良好环境。要积极争取财政专项资金,支持特色农业专业村建设,尤其要结合实施农机具补贴、良种补贴、生猪补贴、新型农民培训等项目,全面推进强村富民工程实施。鼓励金融机构把支持"一村一品"发展作为信贷支农的重点,扩大小额贷款规模,降低门槛,简化手续。各地要对"一村一品"产品申报无公害农产品、绿色食品、有机食品等认证给予补贴支持。

(五) 强化新型农民培育与技能培训

农民既是新农村建设的主体,也是现代农业建设的最重要力量,推进农业与农村现代化建设，新型农民培育是关键。培育新型职业农民是发展现代农业、推动城乡一体化的重要力量。只有把农民组织起来，培养造就一批有文化、懂技术、会经营、能创业的新型职业农民，才能把农村巨大的人口压力转化为人力资源优势，形成持续推进现代农业和新农村建设的力量源泉，才能发挥其主力军的作用。要建立健全新型农民培育的体制机制，通过组织多种形式、多种层次的农民素质教育与技能培训，不断提高农民的整体素质，提高农民的职业技能。

一要加强新型农民培育。要加快构建以农广校为基础依托的"一主多元"新型职业农民教育培训体系，大力加强条件能力建设，整合各类教育培训资源，重点培养一批种养大户、家庭农场、农民专业合作社、农产品营销经纪人、农业产业化龙头企业等经营主体，建设适应现代农业发展需要的实用人才队伍。着重推进新农村建设和现代农业发展急需型、实用型、高端型人才培养，大力培育发展农村合作经济组织和中介服务组织，发挥其对现代农业生产组织和引导作用，提高农民组织化程度。

二要扎实推进农村乡土实用人才培养。采取"以点代面，培养典型"的培训模式，积极培养农村乡土实用人才，支持乡土人才创业，造就一支扎根农村基层的农村乡土实用人才队伍，把乡土能人培养成社会主义新农村建设的领头雁。大力实施农村实用人才素质提升工程，加大对农村乡土实用人才培养和奖励；并通过组建种养殖大户、科技示范户等"土专家""田秀才"组成的农技知识讲师团，使这些"乡土人才"不仅拥有农村开发应用和推广普及先进科学技术的能力，更成为把科技成果转化为现实生产力的带头人。

三要普及实用技术培训。依托新型职业农民培育工程，重点围绕区域农业产业发展目标，采用定期举办知识讲座、短期技能训练班和组织参观等方式，通过培训使农村劳动者在科技文化素质、专业技术素质诸方面得到全面发展，使农村新增劳动力能够学到建设农村、科技致富的实际本领。加快现代农业实用技术的推广应用，以主推品种、配套栽培和养殖技术、抗灾减灾技术、农产品质量安全等为主要内容开展培训，提高农民农业生产技能，加大实用技术的辐射带动效应，进一步促进农业科技进村入户，全面提高农民科学化种养水平。

参考文献

方言，2016. 从区域布局优化切入农业供给侧改革 [J]. 农经（10）：16 - 19.

黄杉，武前波，潘聪林，2013. 国外乡村发展经验与浙江省"美丽乡村"建设探析 [J]. 华中建筑，31（5）：144 - 149.

黄永业，2005. 优化农产品区域布局打造农业优势产业集群 [J]. 市场论坛（8）：14 - 16.

黄震方，等，2015. 新型城镇化背景下的乡村旅游发展——理论反思与困境突破 [J]. 地理研究，34（8）：1409 - 1421.

霍婧颖，李茜，2019. 美丽示范村建设下特色农业发展策略研究 [J]. 经济研究导刊（19）：10 - 13，58.

柯福艳，张社梅，徐红玳，2011. 生态立县背景下山区跨越式新农村建设路径研究——以安吉"中国美丽乡村"建设为例 [J]. 生态经济（5）：113 - 116.

刘笑明，李同升，2005. 区域观光农业空间布局研究——以西安市为例的研究 [J]. 西安石油大学学报（社会科学版）（1）：15 - 19.

罗其友，李建平，陶陶，唐曲，2002. 区域比较优势理论在农业布局中的应用 [J]. 中国农业资源与区划（6）：27 - 33.

乔海燕，2014. 美丽乡村建设背景下浙江省乡村旅游转型升级研究 [J]. 中南林业科技大学学报（社会科学版），8（1）：27 - 30.

宋俊材，2019. 新型农业庄园的建设以及思考 [J]. 农家参谋（12）：8.

王璐，罗赤，2012. 从农业生产的变革看农村空间布局的变化 [J]. 城市发展研究，19（12）：108 - 111.

王卫星，2014. 美丽乡村建设：现状与对策 [J]. 华中师范大学学报（人文社会科学版），53（1）：1 - 6.

吴俊华，申潞玲，侯向娟，吴凡，2018. 山西省农业综合开发区域布局问题及优化建议 [J]. 山西农经（14）：59 - 60.

吴理财，吴孔凡，2014. 美丽乡村建设四种模式及比较——基于安吉、永嘉、高淳、江宁四地的调查 [J]. 华中农业大学学报（社会科学版）（1）：15 - 22.

邹志平，2010. 安吉中国美丽乡村模式研究 [D]. 上海：复旦大学.

第六章 大学生农业创业对资源利用与产业发展的影响研究

改革开放 40 年来，我国农业发展取得了举世瞩目的成就，主要农产品供给实现由长期短缺向总量基本平衡、结构性短缺转变，传统农业也正向现代农业转变。但我们也必须清醒地认识到，农业还是现代化建设的短板，在农业现代化建设进程中，既面临资源和环境的双重约束，又面临因消费需求升级而倒逼农业产业转型发展的新需求，农业产业大而不强，农产品多而不优，农业经营规模偏小、主体素质偏低等问题突显，现代农业发展面临的挑战与任务十分艰巨。

要破解这些难题，在当前农业供给侧改革背景之下，必须依靠科技提高农业资源利用效率，促进农业转型发展，加快推进农业现代化。农业现代化实质是引入现代农业要素，把传统农业改造为现代农业的过程，而在现代农业要素中，最需引入、最具潜力、最可依靠的是科技与人才。当前，我国农业持续发展的人力资本不足问题依然凸显，成为加快推进农业现代化的主要障碍。因此，为培养和塑造一批高素质的现代职业农民，除加强对现有农业劳动力的培养外，将具有较高科学文化素质、有志于农业创业就业的大学生引进现代农业是有效途径之一，而且必将成为今后的一个重要途径。

由此可见，开展大学生农业创业对资源利用与产业发展的影响研究，对摸清大学生农业创业现状，剖析大学生农业创业对提高农业资源利用效率、加快农业产业转型发展的影响，推进大学生农业创业，促进农业现代化建设等均有十分重要的现实意义。

一、大学生农业创业就业现状

（一）浙江现代农业发展新形势

近年来，浙江省围绕建设高效生态农业强省、特色精品农业大省，积极实施农业现代化"8810"三年行动计划,深入开展"两美"农业建设,扎实推进农业规模化、标准化和生态化。随着内外部发展环境的不断优化,持续推进现代农业建设的诸多因素和力量正在不断积蓄,必将对全省现代农业发展产生重大影响,为农业现代化带来巨大推力。

1. 农产品供需的结构性矛盾突出,需调整优化农业生产结构

当前,浙江省正处于传统农业加快向现代农业转型跨越的新阶段,农业发展的外部环境和内部动因发生深刻变化,在大市场、大流通的背景下,农业结构性矛盾依然突出,主要表现为农产品结构不合理,大路货多,精品、名品少;初级产品多,精深加工产品少;区域产品结构雷同,销售途径单一。农产品品质结构与居民消费快速升级不相适应,优质化、多样化和专用化的农产品发展依然滞后。全省农产品质量水平、农业多功能性等还不能满足消费者需要,农业多功能开发总体偏弱,农产品安全隐患仍然存在,农业保供给和保安全任重道远。

2. 农业产业链各环节联系不紧密,需提升产业和资源要素集聚度

"十二五"期间,浙江省农业"两区"建设取得巨大成效,累计建成粮食生产功能区 676.7 万亩、现代农业园区 516.5 万亩。但农业的产业链缺乏联动、贸工农分离、农产品加工与流通等环节相对薄弱问题突出,严重制约着现代农业的转型发展。在新形势下,浙江提出在农业"两区"建设基础上,进一步推进资源要素的集聚、促进资源循环利用和全产业链发展,培育一批农业产业集聚区和现代特色农业强镇(简称"一区一镇"),推进农业集聚发展、特色发展、绿色发展、融合发展,打造农业"两区"升级版。全省提出将用 3～5 年时间,全面建成 30 个农业产业集聚区、100 个特色农业强镇,培育形成新型农业主体 10 万家,基本形成以新型农业主体为主导、以适度规模经营为主的农业生产经营格局。

3. 技术进步仍是现代农业发展的瓶颈,需加强科技与人才支撑

农业的出路在现代化,而农业现代化的关键在科技进步。为推进现代农业发展、推进"四化同步",必须更加重视和依靠农业科技进步,走内涵式发展道路,依靠科技创新驱动实现农业转型发展;必须紧紧围绕条件建设、技术创新、集成示范、成果转化四大环节,瞄准关键技术突破、创新机制完善、创新人才培养、成果转化率提高四大目标,不断夯实农业发展的科技基础。但当前浙江现代农业发展却面临巨大人才缺口，一方面，农业科技人才数量不足、质量有待提高，应当加大农村人才的培养力度；另一方面，农村大量青壮年劳动力外出务工，农村"空心化"，农村实用型人才"青黄不接"，农业劳动力年龄结构老化等问题严重。

4. 农业生产的环境负效应日益突出，需加大对农业资源环境保护

随着农业生产的环境负效应日益突出，农业资源过度开发、农业投入品过量使用、水土流失、农业废弃物污染等问题不仅阻碍了现代农业发展，并且还相互叠加，全省农业资源环境压力不断增加，农业发展空间有限，并呈刚性减少，继续依靠增加投入、扩大规模等传统粗放式发展方式已难以为继，转变农业发展方式任务艰巨。必须加大对农业资源环境保护和生态建设的支持，通过推进农业秸秆的综合利用、推广实施精准施肥施药、加强对规模化畜禽养殖粪污排放管理和水产养殖尾水管理，推广农业投入品减量和农业废弃物资源化利用等途径相结合、互促同进，全面推进农业绿色发展和可持续发展。

在新形势下，浙江现代农业已发展到了一个新阶段，依靠传统资源消耗和物质投入的粗放型生产经营方式难以为继，急需引进先进科技和经营模式，引进科技型、创新型青年人才，以提高农业资源利用效率，改善环境污染现状，加快转变农业发展方式，推进现代农业可持续发展。

（二）大学生就业状况

1. 大学毕业生情况

随着近十余年来高校的不断扩招，大学毕业生一年比一年多，2016 年全国大学生毕业人数为 765 万人，比 2015 年的 749 万人增加 16 万人左右；而 2001 年全国大学生毕业人数才 114 万人，近 15 年间增长了 5.7 倍，年均增长 9.8％。其中 2001—2009 年增长速度最快，年均增长 23.4％；2009—2016 年，每年增加 20 万～30 万人，年均增长 3.3％。浙江省也一样，经过 2009 年前的快速增长，2016 届高校毕业生生源数将达到 29.97 万人，比 2015 年增加 1.2 万人，大学生毕业人数不断增多，已经成为近年来全社会解决就业岗位需要的首要考虑因素（图 6 - 1）。

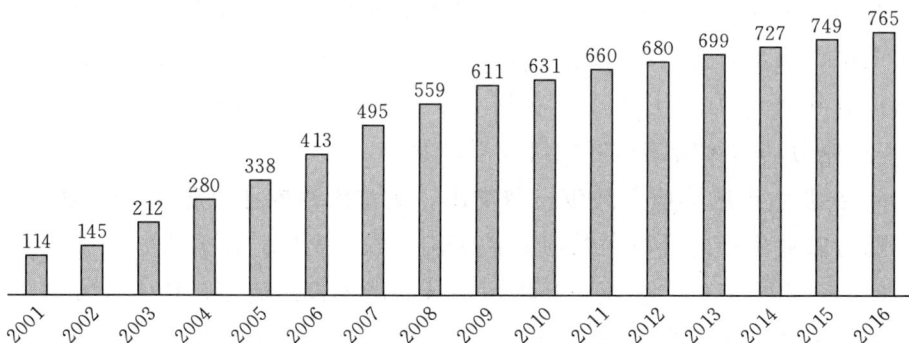

图 6-1　2001—2016 年全国高校毕业生人数（万人）

2. 大学毕业生就业情况

目前，我国正处在经济转轨的关键阶段，大学毕业生的就业形势十分严峻。以 2016 年为例，全国高校毕业生为 765 万人，再加上出国留学回来的约 30 万人，以及没有找到工作的往届毕业生，预计将有 1 000 万大学生同时竞争。而根据人事部进行的有关统计，近几年大学毕业生的需求量却在不断下降，预计很难超过 800 万人。由此可见，当前大学毕业生就业难已是不争的事实（图 6-2）。

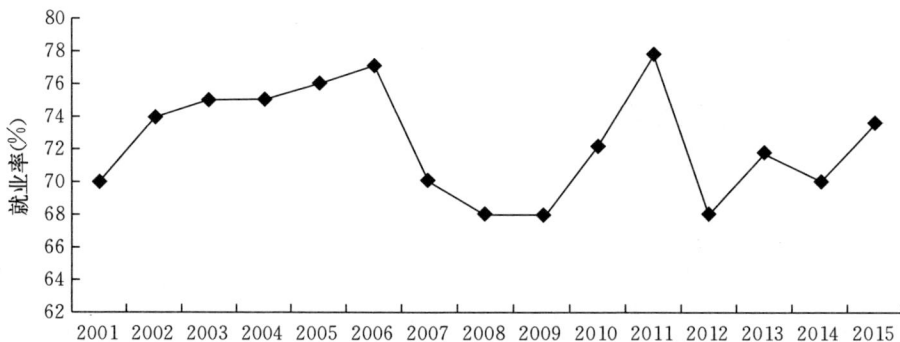

图 6-2　2001—2015 年全国高校毕业生初次就业率

根据人社部提供的高校毕业生初次就业率（也就是每年毕业生离开高校时就业率）数据，近十余年来，全国高校毕业生初次就业率在 70%～75%，就业形势并不乐观，即使到当年年底就业率也基本上只有 90%～92%。国务院发展研究中心的一项研究表明，GDP 每增长 1 个百分点吸纳就业

140万～160万人，经济下行势必会影响到就业。当前我国处于结构调整重要时期，传统行业面临困境，第三产业、服务业和现代农业将成为岗位增长的支柱。由此可见，在大学生就业形势愈发严峻的情况下，不少大学毕业生开始将目光投向自主创业之路。

我国大学生创业起步较晚，1998年清华大学在国内率先举办了大学生创业计划大赛，之后北京大学、南京大学、西安交大等著名高校也相继开展了相关的创业大赛活动，从此拉开了中国大学生创业的序幕。近年来大学生创业热情高涨，越来越多的高校学子选择了创业这条路。据麦可思研究院调查数据：2007年中国大学毕业生的自主创业比例为1.2%，至2014年该数值已翻倍增长至2.9%，2016年该数值有望达到3.1%。其中，餐饮行业、零售、个体服务业等行业已经成为应届本科毕业生创业最集中的行业，甚至超过了互联网创业所占的比例。该报告分析认为：成本低是重要原因，互联网背景下很多传统行业也都借助了互联网的"东风"。麦可思对大学生创业的意向调查表明：近年来大学生群体中有超过半数的学生有创业的意向，有7%的大学生经历过形式多样的创业实践活动，约有0.3%～1%的大学毕业生选择了自主创业。但值得注意的是，我国大学生创业成功率低也是一个不争的事实。麦可思对毕业三年后的大学生进行的跟踪调查发现，在大学生毕业半年后自主创业的群体中，三年后有约七成的人退出了创业。当前全国大学生创业成功率最高的浙江为4%，中国大学生创业成功率平均为2%，这与欧洲和美国的大学生创业成功率20%差距巨大。

（三）大学生农业创业就业现状

农业现代化的实质是引入新的现代农业要素，把传统农业改造为现代农业的过程，而在现代农业要素资源中，最需引入最具潜力、最可依靠的人才。当前，高校毕业生就业大环境困难，在推进大学生自主创业工作中，可以考虑将农业作为重要领域，加快引入大学生这一重要现代生产要素。从近年现状来看，高校毕业生到农村创业就业将是重要方向之一，高校毕业生现代农业创业就业不仅是当前拓宽毕业生就业渠道的主要途径，更是现代农业发展的迫切需要。

据统计，近年来我国高素质的青壮年农民数量急剧减少，且以老年、妇女居多，浙江、江苏务农农民平均年龄已达到 57 岁，文盲及小学文化程度占到 50% 以上。务农农民成了国民素质的"洼地"与"短板"，高效率农业设施装备难以利用，高水平农业科技成果难以转化，成为制约现代农业发展的瓶颈。随着现代农业的发展，急需培养一批"观念新、有文化、懂技术、善经营、能管理"的新型职业农民，从而加快农业转型升级步伐，推进农业现代化。与此同时，现代农业的快速发展也为大学生带来了良好的创业就业机遇。浙江省自 2010 年出台《关于鼓励和支持大学毕业生从事现代农业的若干意见》以来，每年推出示范性农民专业合作社就业岗位 500 个，用于招聘高校毕业生，并出台大量扶持政策，鼓励大学毕业生从事农业产业就业。至今全省市级以上示范性农民专业合作社都有 1 名以上大学毕业生从事农业生产或经营，全省从事农业创业就业的大学毕业生在 5 000 名以上，主要涉及种植、畜牧等行业。尽管全省越来越多的大学生摒弃旧的思想观念投身农业，但从总体来看，大学生农业创业就业的流动性大、比重低，仍处于初期尝试阶段。从全国统计数据来看，农业从业人员文化程度相对较低，小学及以下文化程度占到 50.6%，具有高中及以上文化程度的人员仅占 4.3%。农民科学素养仅为 1.51%（欧盟国家 1992 年就达到 5%，日本 1991 年达到 3%）。浙江更为严峻，全省现有农业劳动力 590 万人，初中以下文化的占了 97%，大专文化以上的只占千分之一左右。

（四）大学生农业创业政策环境

大学生创业越来越被视为一种解决就业的迂回道路，各级政府出台了一系列相关政策鼓励大学生创新创业，力图通过高校、政府、社会三方建立有效机制，引导大学生创新，支持大学生创业实践。从国务院到各地政府部门、高校、金融机构，都在不断推出针对大学生创业的各种优惠政策以及设立大学生创业园，从各方面鼓励和支持大学生自主创业。

党的十七大提出了"实施扩大就业的发展战略，促进以创业带动就业"的总体要求，鼓励和扶持大学生自主创业，发挥创业的就业倍增效应，实现以创业带动就业。2011 年全国普通高校毕业生就业工作会议提出："拓宽渠道、完善制度，大力引导毕业生到基层就业……启动实施基层农技推广特设岗位计划，积极组织涉农专业毕业生投身农技一线。"2012 年 2 月 1 日，中共中央、国务院印发《关于加快推进农业科技创新持续增强农产品供给保障能力的若干意见》，提出多种措施鼓励和引导高等学校毕业生到农村基层工作。我国教育和就业主管部门注意到世界范围内大学生创业的趋势，已有部分高校针对国内的就业形势和高校专业设置现状，开设了创业教育等相关课程，广东、上海、北京和山东等部分省市也相继出台了一系列鼓励和支持大学生创业的优惠政策，一些高校拨付专款建立了大学生创业实践基地，青岛等地方政府还投入巨资设立了大学生创业孵化基地。

为鼓励大学生现代农业创业、鼓励农业生产经营服务单位招聘大学生，浙江省先后出台了《浙江省人民政府办公厅关于鼓励和支持大学毕业生从事现代农业的若干意见》（浙政办发〔2010〕141号）、《关于大学毕业生从事现代农业省级财政补助有关问题的通知》（浙财社〔2011〕63号）等文件，杭州、宁波、绍兴等地级市，以及慈溪、余姚、江干等县（市、区）出台了《鼓励和扶持高校及职高毕业生在农业生产领域就业创业的实施办法》，明确了小额贷款及贴息、创业培训、减免创业税费等方面的扶持性政策。譬如，给创业者小额贷款及贴息；以土地流转租金的形式给予承包土地从事农业产业化经营的大学毕业生补助；向未享受相关政策自主创业的应届高校毕业生直接给予一次性创业补贴；给予登记失业、有创业意愿的高校毕业生创业培训补助。这些政策为毕业生现代农业创业就业注入强心剂，激发了毕业生现代农业创业工作热情，大学生创业的案例屡见不鲜，成功创业的大学生群体在不断增加。

二、大学生农业创业对资源利用与产业发展的影响

本研究的大学生农业创业包括大学生从事农业一二三产创业及在农业合作社、龙头企业从事职业经纪人等就业。高校毕业生到现代农业创业，可以提高农业管理水平，解决农技推广脱节问题，解决农产品销售难题，促进农业社会化服务体系建设，为现代农业发展提供坚强的人才保障。为进一步了解剖析大学生农业创业对提高农业资源利用效率、加快农业产业转型发展的影响，推进大学生农业创业就业，课题组组织开展了大学生农业创业对资源利用与产业发展的问卷调查和典型案例调查。

（一）问卷调查分析

本次调查针对浙江省慈溪、柯桥、平湖、海盐、秀洲、南湖、江山、云和、遂昌、天台、仙居等 11 个县（市、区）在现代农业领域创业就业的高校毕业生，以及浙江大学、浙江农林大学等在校大学生。采用现场走访、会议座谈、个别访谈及问卷函调等调研方法，共发放调查问卷 178 份，回收有效问卷 176 份，回收率为 98.88%。

1. 基本情况

本次调查共回收有效问卷 176 份，其中男性 94 个、女性 82 个，分别占 53.4% 和 46.6%。来自农村的 101 人，占 57.4%；来自城市的 75 人，占 42.6%。在校大学生 102 人，占 58.0%；从事农业创业就业者 74 人，占 42.0%。农业专业大学生（含毕业创业就业者，下同）70 人，占 39.8%；非农专业大学生（含毕业创业就业者，下同）106 人，占 60.2%，详见图 6-3。在从事农业创业就业的 74 人中，农业专业 20 人，占 27%；非农专业 54 人，占 63%；来自农村的 54 人，占 63%，来自城市的 20 人，占 27%。

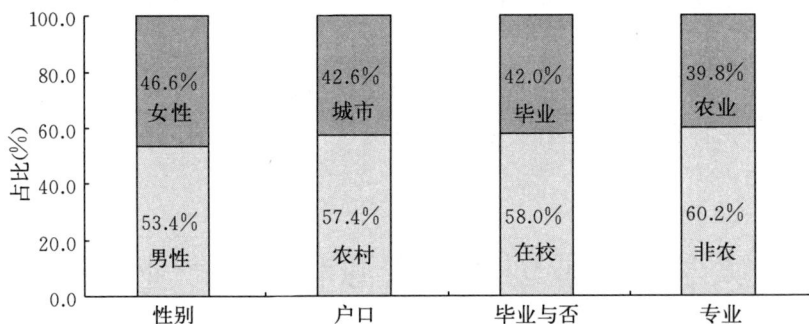

图 6-3　调查样本基本情况

2. 就业与创业前景

调查显示（图 6-4），大学生对目前就业形势还算比较乐观，调查样本中有 64.1% 表示还行，有 14.8% 的样本表示很担心，有 15.4% 样本的表示一点也不担心和非常乐观，仅 5.7% 样本表示非常焦虑。其中，在非常焦虑和很担心的 36 人中，有 27 人为在校大学生，占在校大学生样本数的 26.5%；有 9 人为已毕业的大学生，占创业就业大学毕业生样本数的

12.2%。说明在校大学生比已毕业的农业创业就业者对目前就业形势表现得更谨慎担忧。

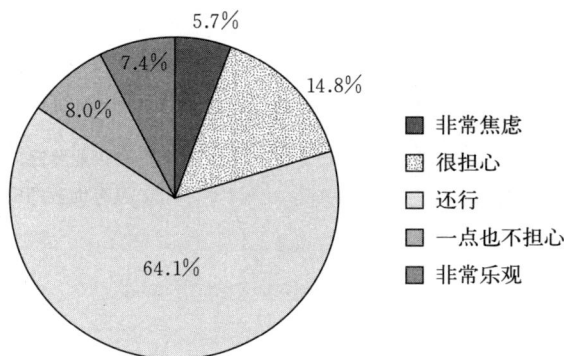

图6-4 大学生对目前就业形势认知

调查显示（图6-5），大学生对目前农业创业就业前景比较看好，有50%样本认为农业创业就业的前景非常好或很好，44.9%样本认为一般，仅2.3%样本认为很差，2.8%样本认为不了解。其中，在认为非常好或很好的88人中，有47人为已毕业大学生，占创业就业者样本数63.5%；有41人为在校大学生，占在校大学生样本数40.2%。这说明农业创业就业者比在校大学生更加看好农业创业就业的前景。

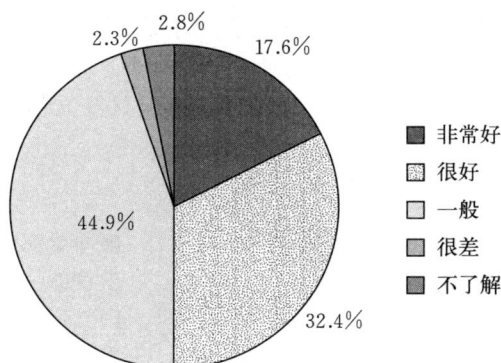

图6-5 大学生对目前农业创业就业前景的看法

3. 农业创业就业选择

调查显示（图6-6），调查中有64.2%的样本有创业的意愿，其中支持先工作后创业的占 84.1％、支持直接创业的占 15.9％；有 35.8％样本没有创业的意愿。

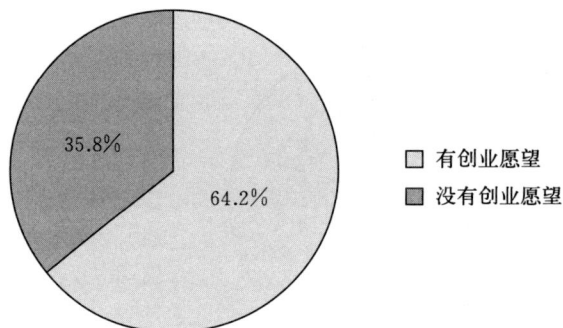

图 6-6　大学生创业的意愿

　　调查显示（图 6-7），有 50％的样本非常乐意或愿意去农业创业；持无所谓态度的占 19.9％；不愿意去农业创业的占 29.5％；非常不愿意的占 0.6％。其中，在非常乐意或愿意去农业创业的 88 人中，有 23 人为农业专业大学生，占农业专业大学生样本数的 32.9％；有 65 人为非农专业大学生，占非农专业大学生样本数的 61.3％，这说明非农专业大学生比农业专业大学生更有农业创业愿望。同样，在非常乐意或愿意去农业创业的 88 人中，有 60 人来自农村，占农村大学生样本数的 59.4％；有 28 人来自城镇，占城镇大学生样本数的 37.3％。这也说明了农村大学生比城镇大学生更有农业创业愿望。

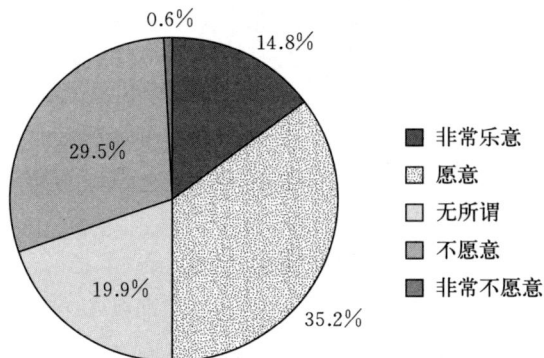

图 6-7　大学生农业创业的意愿

针对农业创业成功实例的了解情况，有 17.6％的样本了解过许多，有 63.1％的样本了解过一至两个，还有 19.3％的样本完全不了解。在完全不了解的 34 人中，有 23 人不愿意去农业创业，占 67.6％；在了解过许多的 31 人中，有 26 人非常乐意或愿意去农业创业，占 83.9％。说明宣传农业创业成功实例，有利于培养大学生农业创业的愿望。

针对大学生农业创业的产业选择，有 42.6％的样本选择农业休闲观光业，有 16.5％的样本选择农产品营销业，有 15.3％的样本选择种植业，有 13.1％的样本选择畜牧和水产养殖业，有 9.7％的样本选择农副产品加工业。说明农业休闲观光产业已成为大学生心目中最理想的农业创业的产业，农产品营销业列第二位，详见图 6-8。

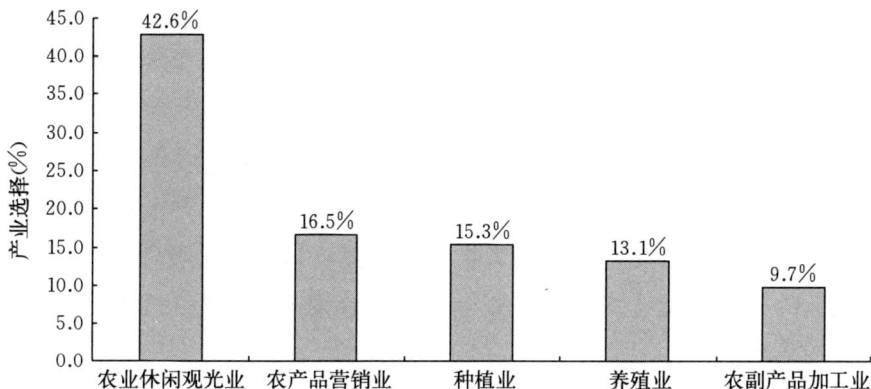

图 6-8 大学生农业创业的产业选择

4. 大学生创业障碍因子与需求

调查显示，有 40.9％的样本认为大学生创业有创业团队最重要；有 34.7％的样本认为有一技之长最重要；有 19.3％的样本认为资金最重要，还有 5.1％的样本把创业指导员列为最重要的因素。可见，良好的创业团队和拥有一技之长的本领是大学生创业的重要因素。

调查显示（图 6-9），有 78.4％的样本把经验不足作为大学生农业创业的最主要障碍因素；有 67.0％的样本把启动资金不足作为大学生农业创业的第二大障碍因素；有 55.1％的样本把开拓市场困难作为第三大障碍因素。另外，还有 46.0％的样本把缺乏社会关系和 36.4％的样本把传统观念的影响也作为大学生农业创业的主要障碍因素。可见,有过半的大学生把经验不足、启动资金不足和开拓市场困难作为大学生农业创业的最主要障碍因素。

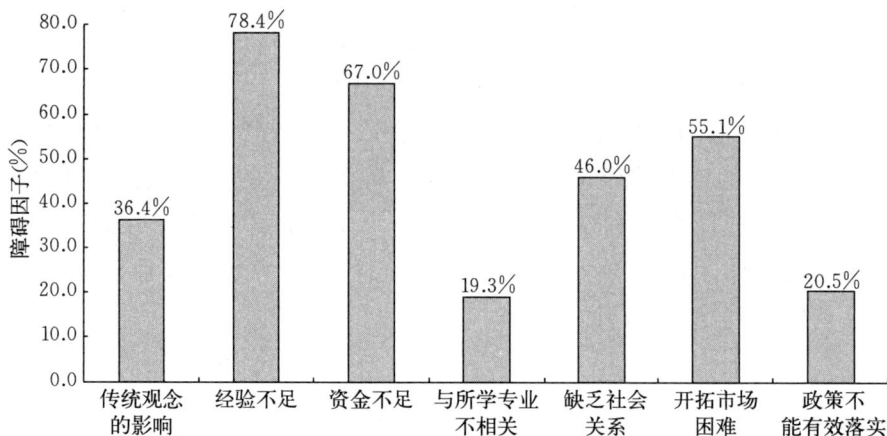

图6-9 大学生农业创业的主要障碍因子

调查显示,有76.1%的样本把资金支持作为大学生农业创业的主要需求;有75.6%的样本把技术支持作为主要需求;有74.4%的样本把政策支持作为主要需求;52.8%的受访者把农业信息支持作为主要需求。可见,有四分之三的大学生把技术支持、资金支持和政策支持作为大学生农业创业的最主要的需求。

5. 大学生农业创业优势

针对大学生农业创业拥有的主要优势,有84.1%的样本认为大学生有创新精神,给传统农业带来活力;有78.4%的样本认为大学生接受能力强,新品种、新技术等容易推广;有58.5%的样本认为大学生有技术优势,能够提升农业竞争力。可见,超过四分之三的大学生把有创新精神和接受能力强作为大学生农业创业的最主要的优势。

调查显示,有81.3%的样本认为大学生农业创业有利于推进科技成果转化;有72.7%的样本认为大学生农业创业有利于提高劳动生产效率;63.1%的样本认为大学生农业创业有利于推进农业适度规模经营、推进农业资源循环利用。这说明绝大多数人认为大学生农业创业对提高农业资源利用效率有促进作用,尤其是科技资源和劳动力资源,对转变农业发展方式、提升农业创业层次有十分重要意义。

调查显示，有 92.6％的样本认为大学生农业创业有利于推进"互联网＋农业"发展；有 70.5％的样本认为大学生农业创业有利于提升农业科技竞争力；64.2％的样本认为大学生农业创业有利于推进农业全产业链建设；有 58.5％的样本认为大学生农业创业有利于推进农业标准化生产。可见，"互联网＋农业"成为大学生创业新选择和突破口，提升农业科技竞争力和推进农业全产业链建设也是大学生创业的重要领域。

（二）典型案例分析

近年来，浙江省大学生农业创业工作热情高涨，创业的案例屡见不鲜，自 2012 年来，省农业厅、省农信联社、浙江日报社等单位先后举办了浙江省大学生现代农业"十佳创业典范""十佳农创客"等评选活动，进一步激发了大学生投身现代农业的创业激情与创新才能，创业成功的大学生群体也在不断增加，越来越多的典型案例值得学习与借鉴。

1. 用现代科学技术改造农业

科技进步是农业发展的根本动力，在人地矛盾突出的情况下，依靠科技提高农业劳动生产率和土地产出率，减少农业对自然资源的依赖性，无疑是最为现实、最为重要的途径。用科学理念谋划现代农业发展，必须把科技进步放在更加突出的位置，提升农业科技创新及应用转化的能力，加大农业科技推广的力度，不断提高现代农业发展的科技含量。

（1）典型案例（许鑫瀚的三叶青）。许鑫瀚毕业于浙江财经大学，本科学习会计。他在大一时就和几位同学一起，干起了种植人工三叶青的事业。长期以来，三叶青家庭作坊式种植都是"靠天吃饭"的状态，为改变此状况，许鑫瀚进行科学设计，将三叶青种植的下种时间、光照、温度等基础数据进行收集与分析对比，发现三叶青并非完全喜阴，在生长到一定阶段时给予光照，会促进它块根的形成。掌握了膨根技术后，他使三叶青种植周期从三年缩短到了两年，亩产也从刚开始 7 亩地只有 20 千克的产量，增长到亩产 50 千克以上。不仅如此，2011 年他通过与浙江大学合作，建设了种子资源库，掌握了品间选育技术，如今他手中共有 37 个三叶青的种质资源。2014 年他又与浙江理工大学合作，开展浙产三叶青的药理研究，而后公司还独立承担了《浙江省中药炮制规范》（2015 版）三叶青部分的修改，这是浙江省第一个三叶青地方性标准。此外，他还尝试进行容器种植、林下套种等模式，以提高成果率、降低遮阴成本，还在申请基地 GAP 认证，致力于提升农业生产的标准化水平，力争做浙产三叶青领域的"领头羊"。如今他创办的三叶青种植基地实现鲜品年产量 500 千克以上，两年产量 2 500 千克以上，是全省为数不多的能够大规模生产浙产三叶青的公司之一。

（2）创业启示。

启示一：苦心技术研发，力做行业技术带头人。许鑫瀚注重科技研发，先后与浙江大学、浙江理工大学等院校合作，开展品间选育、浙产三叶青药理研究、建设种子资源库、进行容器种植等联合攻关，取得了一系列科技成果，达到了用现代科学技术占领制高点的目的。如今他的专家资源库里共有 20 多位博导、硕导级专家，他自己也从农业"门外汉"到"半个技术专家"，从家庭作坊式种植到拥有自己核心技术团队，许鑫瀚通过实践科学种植理念，不仅使公司年产值翻几番，还独立参与制定了三叶青地方性标准，成为三叶青人工种植领域的"技术达人"。

启示二：建设三叶青品牌，打响知名度。对品牌保护高度敏感的许鑫瀚早在 2010 年就申请了全省第一个三叶青种植专利。2011 年，他注册成立了杭州三叶青农业科技有限公司，注册了国内第一个三叶青类别注册商标"三叶青堂"。而且他十分重视品质把控，在选苗时严格保证浙产三叶青的品种纯粹性。有一次由于工人疏忽，把 20 株非浙产三叶青苗一块儿扦插下去。为此，他历时半年时间，把同批次的十几万株苗种一颗一颗仔细摸过，才最终把那 20 株混入的苗挑出。许鑫瀚对品质的严格把控吸引了"江南药王"胡庆余堂的注意，最终促成了双方的合作。如今，胡庆余堂生产的粉剂、鲜品全部由三叶青堂独家供应，而且还在其三叶青产品新包装上打上了原料供应商标识。

2. 用互联网思维提升农产品传统销售业

近年来，随着互联网技术对农业的渗透，互联网与农业逐渐紧密结合起来，农业和互联网融合，绝不是简单的加法，而是通过产业的融合与创新，以最新的互联网行业之长，补最传统的农业之短，甚至是创造全新的产业模式，农产品电商就是如此，它不仅颠覆农产品传统营销模式，还通过融合两个产业，达到农业产业链的整合，更实现了农业发展新的跨越和企业升级，目前"互联网＋农业"已成为大学生农业创业首选。

（1）典型案例（顾宁的舟山米道）。顾宁是清华大学计算机系毕业的一名高才生，是从小在舟山长大的北京人，大学毕业之后留在北京从事 IT 工作。"怀念舟山味道，让北京朋友吃到正宗的舟山海鲜"是他创业的初衷，于是他辞了北京的工作，回到舟山创业，创办了"舟山米道"，这是舟山话"舟山味道"的谐音，广告语是"专属北纬三十度的味道"。公司整合"吃喝玩乐＋互联网＋O2O"等内容和渠道，改行卖海鲜。为此，他还获得了 500 万元天使投资，他的舟山海鲜商品在淘宝、京东和微信等电商平台上都有销售。跨界操刀，也带来了另一个惊喜——目前该公司冷链技术已将梭子蟹的存活期从 6 个小时，延长至 30 个小时以上，成功解决了梭子蟹运输过程中的防颠、防热、防氧气不足等问题。海产捕捞、冷链科技与电子商务结合，不仅使城里人品尝到新鲜的海鲜，消费者还可购买舟山旅游服务，到舟山赏海景、尝海鲜。"舟山米道"现有忠实顾客 1000 余人，粉丝 2 万余人，年销售额 700 万元，排在顺丰快递生鲜类舟山营业额第一。

（2）创业启示。

启示一：自主研发冷链技术，解决生鲜电商物流难题。舟山米道是一家致力于做舟山海鲜冷链配送的企业，在生鲜电商领域，最致命的痛点无疑是冷链物流。以梭子蟹为例，一般出水后很快就死了，在运输过程中，梭子蟹通常会被憋死、热死和震死。为此公司自己研发了一套冷链包装技术，先用冰水把梭子蟹浸晕，再用浸过冰水的海绵裹住螃蟹，同时解决了保温和防震的难题；最后，在袋子外面包上一个塑料袋，里面打足氧气，外面再包上冰袋，用泡沫箱包起来。这项产品包装技术获得了国家专利，能大大提高海鲜在运输过程中的存活率。舟山梭子蟹一般邮寄只能存活五六个小时，公司通过改进包装技术，让梭子蟹在 30 小时内保持存活，最长可以存活 35 个小时，公司也成为舟山唯一一家敢往北京送梭子蟹的商家。

启示二：注重企业文化与品牌建设，提升产品价值。在顾宁看来，涉农产业互联网创业，已经不是简单地把线下的东西搬到线上去卖，注重企业文化与品牌建设，打造一个互联网的海鲜品牌才是他创业的目标。作为生鲜产品，对于快递公司的速度非常敏感，快递制约着农产品电商的发展。为了改变物流问题，他选择入驻京东商城，打算与这家公司的物流企业合作，试图解决快递带来的瓶颈问题，还与其他美食平台开展合作，力争实现精准化销售。

启示三：注重可追溯化和模式创新，引领农产品传统销售业转型。除了坚持做舟山本地的海鲜，顾宁还在思考如何用深度网络技术改变传统的业态。他考虑用扫一扫二维码的方式实现产品的可追溯化，让消费者更加直观地了解舟山海鲜整个生产链条。他还考虑直接在渔船上装上定位系统，使其与手机应用相联系，通过互联网，直接显示渔船的作业地点和打捞数量，在渔船返航的过程中，就开始在互联网上预定，让顾客第一时间吃到最新鲜的海鲜。

3. 用信息技术使传统农业智慧起来

"智慧农业"实质上就是合理利用现代信息技术，集成应用计算机与物联网技术、无线通信技术、音视频技术、3S技术，以及专家学者的智慧与知识等，实现农业远程控制、远程诊断、灾变预警等智能管理。它不仅改变了传统农业中必须依靠环境、种植粗放的生产经营管理模式，改善了农产品的质量与品质，还提高了其生产效率和农业资源利用效率，取得了可观的经济效益和社会效益。

（1）典型案例（吕晓芳的智慧农业）。吕晓芳毕业于中国地质大学，主修计算机专业。一次偶然的机会接触到了西红花，2013年决定投身农业，当年试种西红花成功。于是2014年她投入6万多元，从外地择优购买了1000多千克西红花种球，发展了3亩西红花，正式开启了农业创业之路。在她辛勤、细心地管理下，她种植的西红花无论是花丝的长度，还是花柱的粗细，或是颜色的鲜艳度，都达到了高品质的要求，每千克花丝售价高达3.5万元。为进一步提高温湿度控制、降低劳动力成本、提高农产品产量和质量，2015年吕晓芳又投入18万元，在她自己创办的家庭农场内引进了物联网平台，利用物联网及无线网络，与温室自动控制系统、节水灌溉系统、视频监控系统、气象站等相连接，既可远程监控并管理，又可收集西红花生长、生产等数据建立数据库，为西红花生产提供精准化种植、可视化管理、智能化自动控制，达到了省时省力又专业的需求。目前她的家庭农场已进入了自动化、精准化、智能化管理阶段，2015年种植西红花面积达到20亩，仅花丝收益就有 10 万余元，并被评为浙江省首届十佳大学生"农创客"。

（2）创业启示。

启示一：采用信息技术改造传统农业，使农业智慧起来。2015 年吕晓芳决定改变原先低效且受制于人的传统种植模式，转而认真研究智慧农业，在西红花种植过程中大力应用物联网平台等高新技术，让西红花这味古老中药材焕发出新光彩。近两年，吕晓芳成立了缙云县地缘家庭农场，注册了物联网软件，申请了西红花水培装置实用新型专利，并集成物联网、计算机等信息技术，将温室自动控制系统、节水灌溉系统、视频监控系统、气象站等连接上网，实现远程监控管理，同时第一时间建立完善的跟踪种植数据库。依托这些现代信息技术，即使出差在外，也可以利用电脑，或是直接用手机对基地进行管理，省时省力又省心。

启示二：延伸产业链，推进全产业链开发。为提高西红花综合效益，吕晓芳利用农场现有资源和特色，不断开拓西红花的附加值，做足深加工文章。她成功研制出了西红花手工肥皂，每块市场售价高达 128 元，颠覆了大家对西红花作为传统中药材的固有印象。除了手工肥皂，她还开发出西红花手工土面、西红花黄茶、西红花饭、西红花羹等一系列以西红花为原材料的产品，把市场越做越大。她计划在扩大西红花种植面积之外，还要进一步做强西红花产业，参加各类农产品展销会、网上展示会，打响品牌知名度，同时组织举办西红花"采花节"，邀请更多的城里人走进农村，带动休闲观光农业发展和西红花及其附加产品销售。

4. 用机械化推进粮食生产现代化

随着工业化、城镇化进程的加快，农村劳动力已由无限供给向有限供给、由绝对过剩向结构性短缺转变。一些地方农业兼业化、农村空心化、农民老龄化趋势明显，一些新生代农民更是不想种地、不会种地，留在农村务农的也需要体面劳动。农民对农机作业服务的旺盛需求从粮食作物全面拓展到经济作物、林果业、畜牧业、渔业、设施农业和农产品加工业。农业机械是农业生产的重要物质基础，也是农业现代化的重要体现，推进农业机械化更是保障粮食等主要农产品供给的有力支撑。

（1）**典型案例（杨娇阳的粮食生产全程机械化）**。杨娇阳毕业于浙江省工商职业技术学院会计专业，先在宁波一家公司担任会计工作。但是工作的悠闲、重复，让杨娇阳越来越不满意这份工作，一年后她辞职下定决心回乡开展农业创业。她牵头成立田禾粮食专业合作社，自己任理事长，承包了400亩地开始规模化水稻种植。创业第一年，杨娇阳充分体会到了实现农业机械化的重要性，由于没有烘干机，收割来的稻谷不得不晒在马路边；缺乏经验，机械作业少，也耽误了不少农时，种粮首季就亏损了近20万元。第二年在当地农业部门的指导下，她立即引进了工厂化育秧、机械化插秧技术，成为天台县最早一家成功采用早稻与单季稻工厂化育秧、机器插秧的农业企业。合作社还在后蒋村建立20亩育秧中心，为实现插秧机机插提供了秧苗保证；还建起了烘干中心，为社员提供烘干服务。几年下来，合作社先后购置大型拖拉机等农业机械35台（套），初步实现粮食生产的全程机械化，并开展粮食生产的设施化服务，取得较好经济效益和社会效益。

（2）创业启示。

启示一：全程机械化推进粮食规模经营，提高劳动生产率。第一次人工种植粮食的亏损并没有让杨娇阳畏缩不前，2009年她吸取了机械作业少、耽误农时的教训，在当地农业部门的指导下，引进了育秧机、插秧机等农业机械35台（套），她也成为天台县最早一家成功采用早稻与单季稻工厂化育秧、机器插秧的农业企业。大量农机的投入使用，让杨娇阳在天台县率先实现了粮食生产全程机械化，并不断扩大粮食规模经营面积，现种粮规模已达到千余亩。农业机械化不仅提高了生产效率，还大大增强了抵御自然灾害风险的能力，2013年是浙江省农业的灾害年，先是持续高温干旱，之后又有台风过境，浙江省近百万亩粮田绝收，但杨娇阳的千余亩水稻田并没有受到台风的影响。

启示二：注重粮食加工和品牌建设，提升粮食附加值。杨娇阳一直致力于如何让自己种植的稻谷产生更高附加值，她自行购进粮食加工设备，进行产后加工，并创立自主品牌"杨娇阳"大米。2015年杨娇阳花费40余万元购置了一条国内先进的粮食精加工流水线，让田禾粮食专业合作社迈出了转型的第一步，实现了由自主育秧到自主销售粮食的完整生产链。合作社全年加工稻米30万千克，与学校、超市等签订了大批量的订单，形成了一批较固定的客源。如今，在田禾粮食专业合作社的粮食总销量中，大米的销量已与谷子的销量基本持平，并获得了很好的收益。

5. 用工业化理念谋划农业全产业链

用工业化的理念谋划农业，用产业化手段推动农业，用市场化的导向运作农业，是当前推进现代农业建设的重要途径。要以工业化理念发展农业，实现以农副产品加工配送为核心的产业化发展，形成农业产业各环节利益共享机制，使农副产品成为商品走向终端市场。发展农业产业化就是让农业与大市场联系起来，形成种养加、产供销一体化的农业经营格局，把产业链、价值链等现代产业组织方式引入现代农业，促进一二三产业融合互动。

（1）典型案例（朱峰峰菜篮子全产业链建设）。朱峰峰毕业于解放军炮兵学院，学的是机械工程及其自动化专业，与他现在从事的种菜、卖菜、送菜都沾不到边。2009年毕业后，他放弃了进入国企工作的机会，义无反顾地选择了投身农业。在父亲支持下，一方面他承包了萧山宁围东江围垦区850多亩土地作为蔬菜基地；另一方面他创办了杭州百乡缘农业开发有限公司，建立起了自己的销售网站和物流队伍。正因为完全不同的专业背景和年龄层次，朱峰峰给传统的蔬菜行业生产和经营方式都带来许多不同。他的农业基地，全部是高起点高标准建设，连栋大棚、自动喷灌设备、温控设施，通过无公害基地等认证，并且聘请农业专家，狠抓标准化生产。从业这几年，农产品"价贱伤农"的场景朱峰峰没有少见。两年前，朱峰峰开始打造"从基地到餐桌"的直供直销模式，发展净菜加工及配送业，并通过电子商务平台——三绿菜篮子·网上商城，变"农超对接"为"农社对接""农居对接"。截至目前，公司先后与杭州上品蔬菜专业合作社、慈溪市宝绿蔬菜专业合作社等30多个农产品基地建立长期稳定的对接关系，帮助基地的农民、合作社稳定了市场，并成功设立百乡缘宁波分公司、嵊州分公司，将一系列理念、运作模式搬进分公司，产品受到了市场欢迎。目前百乡缘公司销售额6000多万元，公司也成功跻身为杭州市农业龙头企业。

（2）创业启示。

启示一：用工业化理念谋划农业发展，建设从基地到餐桌全产业链。"种菜容易，卖菜难"，最开始他进社区、参农展，想着法儿寻找客源。功夫不负有心人，自2011年初，朱峰峰在杭州和平会展中心的迎春大联展上为自己在跑社区推广自家蔬菜时碰到的熟人，办理了自己菜篮子网站的第一个会员后，朱峰峰的卖菜之路越走越顺。从一开始的只是为食堂配送蔬菜，到现在的农产品直通车进社区、实体店销售、网络卖菜，朱峰峰三管齐下。同时他主推网络卖菜也因出众的业绩被浙江各大媒体热推，2012年他的农业企业网上卖菜的营业收入达到了720多万元，占据了整个销售总额的五分之一。如今他旗下的菜篮子网站，拥有4 000多户家庭会员。

启示二：敢创敢为，善于捕捉商机。事业渐渐稳定，百乡缘的农产品范围也不断扩大，2014年随着浙江首家鲜禽市场在新农都开张，朱峰峰也嗅到了商机，果断决定发展冷鲜禽。现如今他已拥有22辆冷藏车，车厢经过改装，可以将温度最低保持在零下15 ℃，还把冷藏车的监控系统全部安装好，实现全程监控冷鲜禽运输。敢创敢为，用工业化理念谋划农业全产业链建设，他并不满足于如今的成绩，他还着手准备百乡缘创意农业园区建设，计划用3～5年的时间构建集电子商务、信息服务、科技研发、现代物流、培训推广等于一体的现代农业综合体。

6. 用循环理念谋划生态农业

2013年的"黄浦江上漂死猪事件"，让浙江农业开始思索生态畜牧业问题。整治无序养殖、划定生态红线、以循环理念处理废弃物等，一场畜牧业转型升级行动在浙江大地迅速展开。秉持生态、循环理念，浙江农业开启了新探索，采用示范带动与整体推进的实践路径，全省形成了一大批高效生态、可学可推的示范区，其中以"主体小循环、园区中循环、县域大循环"的三大循环体系最具代表性。

（1）典型案例（刘邦友生态循环畜牧业）。刘邦友毕业于浙江大学动物科学学院兽医专业，在大学时代就立志要做个"猪倌"，毕业时他坚持信念到萧山钱江农场当了一名技术员，没过两年就当上了副总经理。后因企业改制，刘邦友离开了国有养猪场开始了自己的农业创业历程。从30多头母猪的小养殖场起步，一步步扩大养殖规模，2011年他回到老家云和办起了当地为数不多的万头养猪场——云和县乐福久生态养殖场。因为云和县是全国生态示范县，从兴建养殖场伊始，刘邦友就坚持生态理念。选址上，他将场地定在了远离村庄之处，四面环山，山上是千亩雪梨基地。他花费43万元铺设排泄物综合利用管网，可将沼液抽取到山上给梨树施肥，实现循环利用；干粪和沼渣通过堆制发酵生产有机肥，用于周边农户种菜、种稻。他还因地制宜，利用云和的废菌菇棒，拌上稻壳、菌种铺在猪圈里，相当于垫了一张生物发酵床，能吸收分解猪的排泄物，真正实现了零污染。他的生态养殖场被评为省级生猪标准化示范场，目前栏舍面积达 12 000 多平方米，可存栏母猪 700 头，年出栏商品猪万头以上。

（2）创业启示。

启示一：坚持农牧结合，将农业废弃物循环利用。刘邦友一直坚持生态理念，养猪场实行饲料购入、种猪引进、防疫消毒、污染处理、产品销售五统一，还聘请了专人负责公共区域卫生等日常管理工作，初步形成了标准化养殖、规范化管理的生产模式。特别值得一提的是，养殖区从圈舍设计、采光保温、节能、消毒到粪尿自动分离、沼气沼渣沼液的利用，步步到位，通过干湿分离、沼气工程、沼液利用等措施，沼液通过管网灌溉梨园，干粪通过堆肥发酵制成有机肥，最终通过"猪—沼—种植业"模式实现农业废弃物资源化利用，促进猪粪"变废为宝"，同时也让农产品更绿色更安全。

启示二：依托科技解决环境问题，建设生态美丽牧场。传统的养猪方式，几公里之外就能嗅到猪场难闻的味道。针对这个问题，刘邦友请来技术专家研究出一套生态养殖的方法，不仅提高了猪肉品质，还减少了环境污染。他在养猪场内建了一个 200 平方米的污水处理池和一个 100 平方米的沼气池，发酵床利用自然环境中的生物资源，按一定比例将苞米秆、稻壳、黄土和盐加上有益微生物菌等进行混合、发酵形成有机垫料，既实现了废物利用，又降低了成本的投入。由于垫料中含有大量土壤微生物，可很快将猪粪分解，所以不需对猪粪清扫排放，不用冲洗圈舍。同时，在猪舍内建自动饮水器，发展节水型畜牧业，加强饲料营养配比，提高饲料利用率，加快推进生态美丽牧场建设，从而达到猪舍周围无臭味。

（三）大学生农业创业对资源利用的影响

通过问卷调查和典型案例剖析，我们可以发现大学生凭借其文化素质较高、思维活跃、反应敏锐、富有激情的特点，在农业创业就业中表现出较好的市场意识、科技意识、管理意识、品牌意识和创新意识，对提高农业资源利用效率、提升科技竞争力均具有积极的促进作用。

1. 有利于提高农业资源利用效率

当前中国经济增长构成要素中，自然资源、土地和经济资本的投入比重较大，而在技术和劳动方面的投入比重相对较小，经济增长呈现一种土地和资源消耗型的方式。大学生从事农业创业就业，在培育新型农业经营主体带头人上实现新突破，一方面推进了农业适度规模经营，提高资源利用效率和农业综合效益；另一方面，有利于推进农业机械化，以及设施农业、循环农业和休闲观光农业发展，促进农业资源综合利用和农业废弃物循环开发利用，提升农业综合效益和市场竞争力。如朱峰峰的设施蔬菜产业，推进了蔬菜产业集约化经营；刘邦友的生态畜牧业，促进了畜牧业废弃物的资源化利用；杨娇阳的粮食生产机械化，推进了粮食生产适度规模经营，大大提高了农业资源的利用效率，促进传统农业转型升级。

2. 有利于推进技术成果应用与科技创新

大学生创业者科技意识较强，在发展农业基地中都十分重视先进科技的学习和应用，把科技进步和科技创新放在更加突出的位置，千方百计提高农业的科技含量，用现代科学技术占领现代农业制高点。如许鑫瀚种植三叶青，先后与浙江大学、浙理工大学开展技术合作，开展品间选育、浙产三叶青药理研究、建设种子资源库、进行容器种植等联合攻关，建立了种子资源库，拥有 37 个三叶青的种质资源，而且还掌握了膨根、品间选育等核心技术，独立承担了三叶青地方性标准制定，从种植、品种选育，到标准制定，形成一系列科技成果，三叶青产业呈现较好的发展态势。再如顾宁自主研发冷链技术、刘邦友发酵床技术等，都表现出大学生创业者对科技创新和应用意识较强，利用科技知识研发创业，或者利用科技创新改造传统农业，已成为大学生农业创业的主流意识。

3. 有利于营造人才成长和创业的宽松环境

人才是强农的根本，是发展现代农业、促进现代农业转型升级的重要支撑，大学生们基于对知识、科技重要性的认识，对人才特别重视。他们创办的企业、农场、基地，更多地聘用大学生，有的还支持大学生入股，吸引大学生合作，逐步形成大学生创业的团队。如顾宁的舟山米道 16 位创业者，全部都是大学生；乐清市龙泰枫斗有限公司共有职工 12 名，其中大学生 8 名。同时，大学生们在大学生创业基地里工作，能够得到理解和尊重，受到肯定，心情比较愉快，工作积极性也普遍较高。

（四）大学生农业创业对农业产业发展影响

通过问卷调查和典型案例剖析，我们发现大学生农业创业就业对提升农产品的品牌附加值、推进农业产业化经营、推进市场化营销、促进农业产业转型发展等方面也具有积极的促进作用。

1. 有利于提升农产品的品牌附加值

大学生创业者普遍具有较强的品牌意识，努力在商标注册、包装设计、产品宣传上做好文章，用自己的品牌打市场，进而大大提升了农产品附加值。据调查，近年来创业的大学生绝大多数都有自己的商标或品牌名称，如许鑫瀚的"三叶青堂"是国内第一个三叶青类别注册商标，杨娇阳创立自主品牌"杨娇阳"大米，还有顾宁的"舟山米道"、朱峰峰的"百乡缘"等都是当地具有较大影响力的品牌。大学生创业者对品牌培育及维护也更加努力，对产品质量与安全更加注重，视质量为企业的生命。

2. 有利于推进农业产业化经营

大学生在创业过程中合作意识较强，一方面为了扩大产品生产规模，提高品牌知名度，实现规模效应和效益；另一方面也为了带动周边农民发展农业生产，他们纷纷围绕创业产品，牵头组建专业合作社，促进农业产业化经营。如顾宁与互联网公司、渔船进行三方合作，通过互联网，直接显示渔船的作业地点和打上来的鱼的数量，在渔船返航的过程中，就开始在互联网上预订这些鱼，让顾客第一时间吃到最新鲜的海鲜，同时也促进产业链形成。再如杨娇阳的农业机械为周边种粮大户服务，带动周边农民发展粮食规模生产，她可以更专注于产前育秧、产后稻米加工销售等环节，推进粮食生产产业化，促进共同增收致富。

3. 有利于推进市场化营销

大学生创业者对市场反映比较敏感，同时个个都是计算机操作能手，善于利用电脑网络等现代信息传媒获取信息、发布信息和交换信息，并积极拓展新的生产领域，不断去满足和引导多层次的消费需求。如朱峰峰的冷鲜禽销售，2014年针对杭州永久性关闭活禽交易市场的现状，他提出设立冷鲜家禽配送中心，在萧山建立了第一家屠宰点，并成为萧山区第一家具有"一证两标"的冷鲜家禽配送企业。有的大学生注重营销方式的创新，积极开拓农产品新市场。如许鑫瀚看到三叶青需求呈大幅度增长趋势，积极扩展网上销售平台，在淘宝上开设的三叶青企业店铺，深受顾客青睐，回头客率达到60%以上。

4. 有利于推进农业创新与产业转型发展

大学生创新意识较强，思想解放、思维活跃，富有钻研精神，勇于进行技术创新、经营创新和管理创新，有利于推进新型农业业态发展。如顾宁面对梭子蟹冷链运输难问题，自主研发冷链物流技术，成功解决了梭子蟹运输过程中的防颠、防热、防氧气不足等问题，这项产品包装技术获得了国家专利，使一般舟山梭子蟹存活延长到 30 小时，大大促进了传统农产品物流营销业的转型发展。再如刘邦友针对猪场臭味难闻问题，研究出了包括栏舍设计、发酵床、自动饮水器等一整套生态养殖的配套方法，从而达到猪舍周围无臭味，促进生态畜牧业发展。

三、存在的主要问题

大学生在农业领域创业就业，虽然对提高农业资源利用效率、加快农业产业转型发展具有一定的促进作用，并显示出较强的发展活力，但是目前还处于起步阶段，创业人群数量不多、规模不大、发展不快、档次不高，在创业就业过程还面临着较大的问题与困难。

（一）受传统观念和思想制约，很多大学生不愿意回农村创业

调查中很多学生反映大学毕业搞农业，最难的是来自根深蒂固的传统就业观念的压力。长期以来，大部分人认为大学生就应该进机关事业单位或是进大企业就业，而对农业仍然抱有轻视的态度，认为干农业没前途、低人一等。一方面是大部分大学生不愿意去农村就业创业，认为农业没有什么发展潜力，尤其是对许多出身农村的大学生来说，考大学就是为了摆脱贫穷的农村，让他们毕业后再回农村，从心理上难以接受。另一方面家长也不希望自己的子女从事农业，因为他们付出了太多的心血才把子女培养成大学生，总是希望子女能找到一份体面而又稳定的工作。调查显示，有超过 30% 的大

学生明确表示不愿意到农业领域创业就业，来自的城市大学生超过 60％的人明确表示不愿意到农业领域创业就业。

（二）受自身经验、资金方面的限制，大学生农业创业困难重重

调查表明经验不足和资金短缺是阻碍大学生创业的最大原因，有 36％的受访者毕业后没有选择创业的原因是认为自己经验不够。创业对人的要求极高，需要创业者具有敏锐的商业眼光，较强的沟通及交际能力，能够在各种复杂情况下做出有利于企业发展的决策和判断，并独立面对创业路上的各种困难。资金短缺是重要的限制因素之一，大学生多数靠家庭提供学习及生活费用，没有额外的资金来源渠道，多数家庭尤其是农村家庭难以提供足够的创业资金。同时，客观来讲，金融部门因考虑信贷风险评估及规避问题，也不愿为大学生提供有力的资金支撑。

（三）农村条件落后，制约了大学生安心留下来创业

农村的基础设施欠账较多，多数地方公共服务水平较低，特别是在一些地处偏僻、交通不便和生活条件艰苦的山区，年轻人找对象、小孩上学、老人就医等条件远不如城市，使大学生不能安心留下来创业。再从农村创业环境看，优质农产品的市场前景虽好，但许多农村的储存、物流等瓶颈依然不畅通，许多农业资源优势很难真正转化成经济优势。此外，部分农村地区条件落后，基础设施不配套，也不同程度增加了大学生返乡创业的成本。

（四）扶持政策落实难，社会服务到位更难

近年来，各地陆续出台一些鼓励大学生创业就业的政策，如税收减免、小额担保信贷、贴息支持、社会保障、就业培训等。但是从整体上看，这些政策还不够完善，力度不够大，针对性、可操作性都不够强，而且很多政策办理程序繁杂、落实起来非常艰难。大学生群体虽然有一定的专业知识，但是实战经验缺乏，而且缺乏系统的创业培训，很多大学生没有创业的心理、能力和经验等方面的准备，使大学生的创业就业出现了一定的盲目性，以至有些大学生在创业过程中多走了许多弯路。

（五）农业企业公司制发展滞后，难以吸引大学生就业

涉农企业吸引大学生就业的能力不强已成影响其发展的重要因素。一方面是农业企业公司制发展滞后，目前农业企业普遍存在内部控制制度还尚不完善、管理方法较为落后、会计信息质量不高等问题，直接影响整个农业市场经济健康、有序、科学发展，也制约了大学生进入农业企业就业。另一方面，农业企业的整体规模普遍较小、附加值不高、综合效益较低，客观上也很难吸引大学生就业。

四、若干对策建议

农业创业是一个系统工程，我们要加强宣传，不断提高对大学生农业创业就业的认识，在优化创业环境、提供政策扶持、完善服务体系等方面进一步强化支撑，推进大学生农业创业就业，进一步优化农业资源配置，推动传统农业转型发展。

（一）不断提高对大学生农业创业就业的认识

一是鼓励大学生农业创业就业是发展现代农业、提高农业劳动者素质的迫切需要，也是提高农业资源利用效率、促进农业产业转型发展的必然途径。现代农业以产业化、标准化、信息化、市场化、科学化、设施化为特征，需要造就一批有文化、有技术、会经营的高素质的新一代农业生产者和农业经营者。而从浙江统计数据来看，全省农业从业人员文化程度相对较低，初中以下文化的占了97％，大专文化以上的只有千分之一左右。城镇化的推进带来了大规模的人口流动和迁移，这些人从乡村流向城市后，传统村落开始萎缩，出现了"空心化"现象。70后不愿种地、80后不会种地、90后不谈种地，这样的状况不能适应建设现代农业和参与国际化市场竞争的需要。大学生参与农业创业就业能够从根本上改变农业劳动力结构，提高农业劳动者素质，提升农业经营主体，促进现代农业科技成果的转化和应用，提高农业经营管理水平，推动农业转型升级，加快农业现代化步伐。

二是鼓励大学生农业创业就业也是建立新型农业社会化服务体系的迫切需要。目前，农业公益性服务相当薄弱，而社会化农业服务力量也严重不足，影响了农业发展和农民增收。鼓励大学生农业创业就业，可以培育一批具有市场意识、有真才实学的新一代农业技术人员和科技示范户，使之成为农业公共服务队伍的后备人才和新型农业技术推广体系的补充；可以大大提高农民专业合作社、农业龙头企业的服务能力，充分发挥其农业社会化服务的基础和骨干作用。

三是鼓励大学生农业创业就业是缓解大学生就业矛盾的迫切需要。当前大学生就业压力越来越大，而在农业领域创业就业却具有很大的发展空间。一方面农产品市场供求将长期处于紧平衡状态，同时全省将不断加大对农业的扶持力度，发展高效生态农业具有广阔的前景，农业创业具有很大的空间。另一方面，当前农业龙头企业、农民专业合作社和规模经营大户科技意识、人才意识明显增强，要求聘用大学生或与大学生合作共同开发农业的单位明显增加。目前全省拥有农民专业合作社 45 746 家、农业龙头企业 7 600 余家，可以为大学生提供较多的就业岗位。总之，鼓励大学生到农村创业就业，对于优化资源配置，推动农业发展，缓解就业压力，促进社会和谐具有重要的战略意义。

（二）不断优化创业环境，降低创业成本

农村地区创业环境相对比较差，政策环境有待进一步改善。各级党委、政府要高度重视大学生农业创业就业工作，认真执行中央、省关于促进大学生创业就业的政策措施。同时要根据农业创业具有周期长、风险多的特点，建立健全财政直补、信贷融资、税费减免、培训支持等方面的政策，形成大学生农业创业的激励机制。

首先要改善创业氛围，着力优化大学生农业创业社会环境。各地要充分利用各种新闻媒体，深入做好大学生农业创业就业的宣传工作，营造农业创业的荣誉感和关爱体系，为大学生农业创业人员发展预留空间。要大力宣传大学生成功创业的典型，弘扬创新创业精神，让先进典型走进高等院校和广大创业者之中去，和广大学生和创业者进行面对面的交流和沟通，为大学生准备创业储备经验，为创业者传道和解惑，给他们解决创业过程中遇到的困

难和问题,指导他们少走弯路,树立创业成功的信心。要以先进典型为榜样,让先进典型事迹广为人知,让创新创业理念深入人心,让全社会以先进典型为榜样,形成勇于创新、全民创业的良好局面。要大力宣传工商企业支持大学生创业的事例,积极引导社会资金投资农业,支持创业。要大力宣传和表彰自主创业积极就业的先进人物,切实提高农业创业就业者政治地位,营造全社会关心支持大学生进行农业创业就业的良好氛围,鼓励更多的大学生到农村去施展才华、开创事业。

其次要创新和完善扶持政策。借鉴发达国家在财政上大力支持农业大学生到农业就业、创业的成功经验,我们必须继续推行更优惠的政策,加大财政支持的力度,以调动广大大学生面向农业创业就业的积极性。建议各级政府设立大学生农业创业就业专项资金,主要用于鼓励和扶持大学生农业自主创业的创业指导、创业培训和创业资助、奖励等。鼓励大学生进行农业创业,政府在税费减免、社会保障、担保信贷、贴息补助、农业保险等方面加大扶持力度。鼓励大学生创业就业单位开展农业科研和推广活动,有关部门要在列项和资金上给予照顾;鼓励大学生创业项目进一步做大做强,各级扶农项目要向大学生创业倾斜,适当放宽条件,优先予以支持。继续实施"一社一名大学生"计划,引导大学生到农业专业协会或农民专业合作社工作,逐步形成广覆盖、多层次、可持续的合作社人才队伍。鼓励大学生到农业龙头企业和农业规模经营户、农业服务实体工作,对接收大学生的农业企业给予一定的养老、医疗、工伤、失业等社会保险补助,或者贷款贴息补贴。

(三)努力健全大学生农业创业就业的服务体系

目前浙江省高校创业教育实践尚处于探索阶段,未能形成一定体系、实效性低,面向农业创业的教育更少、效果更低。各有关部门要从建设新农村、构建和谐社会的认识高度,认真做好大学生农业创业就业的服务工作。一是加强信息服务。建立信息服务平台,加强大学生农业创业就业信息服务,提高各类信息的完整性和可获得性;通过定期举办面向农业企业的大学生专场招聘会,为他们牵线搭桥,推进人才供求对接服务,增进农业创业人才市场化配置的契合度和便捷性。二是开展培训服务。要免费开展大学生农业创业就业技术培训，提高农业生产技能；同时要组织大学生开展农业创业就业经验交流，不断提高创业就业能力与水平。三是加强技术服务。积极落实结对帮扶制度，组织农业专家与农业创业大学生进行一对一服务，帮助大学生解决创业中的技术难题；加强生产经营过程服务，为其日常生产经营提供覆盖全程、综合配套、便捷高效的社会化服务。四是推进实践服务。依托现代农业园区、农业主导产业集聚区、农业产业化组织及农业高等院校、科研院所，开发建设一批大学生农业创业园和农业创业就业实践基地，为大学生提供自主创业平台和实践机会。

（四）加强以培育大学生农业创业就业能力为重点的农业教育

近年来，实践经验和实践能力不足，已经成为各国大学生成功就业创业的一大障碍，我国大学生在这方面的不足尤为突出。一是要加强实践教学。加快推进高等教育改革，改变传统"重理论而轻实践"的教学模式，大力推进实践教学，提高学生实践能力已迫在眉睫。二是要高度重视农业教育。鼓励和支持农业院校和涉农专业的建设；加大财政扶持力度，鼓励大学生报考涉农专业；农业高等教育也要围绕效益农业发展，调整学科结构，加速培养一批有技术、会营销、能管理的高素质农业专业人才。三是大力推进创业教育。创业教育作为国际教育发展的一种新趋势，浙江省高校创业教育还在起步阶段，高校、社会上的创业的文化氛围尚未形成，高校毕业生创业的社会支持体系不够健全；加强创业能力教育，在传授知识的同时进行必要的创业培训和就业指导，提供农业创业就业的实践平台。

（五）进一步完善农业企业的公司制管理

进一步推进农业企业的公司制管理，不断加强培育农业职业经理人，要把大学生吸引进农业现代化企业中，通过文化创新、科技创新两个"车轮"进行双驱动，产生强劲内动力。必须加大力度培育农业职业经理人，建立健全激励机制，并实现法制化、系统化，让农业职业经理人真正扎根于现代农业。进一步完善农业企业的公司制管理，促进农民合作社、农业龙头企业等协同发展，吸引更多的大学生前来就业，更好地促进现代农业发展，提高农业的综合竞争力。

参考文献

陈审声，2013. 浙江大学生农业创业研究 ［D］. 杭州：浙江农林大学.

高晓，2011. 上山下乡争双赢 ［J］. 今日浙江（23）：37-38.

马小辉，2013. 浙江省高校毕业生现代农业就业现状调查与对策 ［J］. 教育与职业（21）：95-97.

麦可思研究院. 中国大学生就业报告（2011—2016 年）［C］.

王显玲，楼伟琳，2013. 培养现代农业创业人才的学生工作探索——以浙江农林大学为例 ［J］. 中国大学生就业（4）：48-51.

王显玲. 浙江大学生农业创业意愿的影响因素研究 ［D］. 杭州：浙江农林大学，2014.

吴业东，2016. 大学生农业自主创业机会评价研究 ［J］. 中国农业资源与区划，37（3）：124-128.

张炳新，刘立，孙云，2010. 鼓励大学生到农村就业创业的对策研究 ［J］. 新农村（6）：12-13.

张颖，诸杭棋，2016. 农科大学生创业教育机制的建设——以浙江大学为例 ［J］. 青少年研究与实践（1）：36-39.

赵立，应凤其，徐建群，2012. 创新完善大学生农业创业体制机制——来自浙江省大学生农业创业的调查 ［N］. 农民日报，2012-08-07.

赵立，2012. 大学生农业创业及其影响因素研究——以浙江省为例 ［J］. 浙江社会科学（4）：133-143.

浙江省农业厅经管处，2010. 宁波鼓励高校毕业生在农业生产领域就业创业 ［J］. 中国农民合作社（11）：20.

浙江省农业宣传站调研组，2011. 关于大学生农业就业创业的问题和对策 ［J］. 浙江现代农业（1）：28-32.

浙江省义乌市农业局农村经营管理站，2015. 大学生创业创新圆梦之地——记义乌市义红果蔗专业合作社 ［J］. 中国农民合作社（3）：64-65.

浙江省义乌市农业局农村经营管理站，2014. 借东风，大学生务农创业成大户 ［J］. 现代经营（1）：21-22.

第七章　光伏农业在浙江的应用实践与对策研究

　　《中共中央 国务院关于打赢脱贫攻坚战的决定》中明确指出：加快推进光伏扶贫工程，支持光伏发电设施接入电网运行，发展光伏农业。这是光伏农业第一次列入中央文件。光伏农业是光伏与农业两个产业的跨界融合催生出的一种全新的产业形态。近十年国内光伏加工业快速发展，跃居世界第一。2012 年以来受到美国、欧盟等国家"双反"制裁，光伏产品出口严重受阻，国内大部分光伏企业陷入困境。为摆脱困境，中国的光伏产业在内部兼并重组的同时，积极开拓包括本国市场在内的其他新兴市场，使得以往严重依赖欧美的状况得到改变，多元化发展趋势明显。同时，我国加大对可再生能源的开发利用，国内光伏电站建设快速发展，短短 4 年，光伏电站建设规模位居世界第一，其中农光互补电站即光伏农业作出了重要贡献。中东部地区的山东、江苏、江西等多省光伏农业快速发展，浙江 2014—2016 年实施了 34 个光伏农业项目。各地的光伏农业有不同的形态，有的在农业设施大棚上安装光伏板发电、棚下种植或养殖，有的直接在土地或水面上安装光伏板发电、板下种植或养殖，即农光互补、渔光互补、菌光互补、牧光互补等多种光伏农业形态，实现了在一定的土地（水面）空间上农业效益和可再生能源发电效益的"双赢"，这对受土地等农业资源刚性约束的浙江而言，光伏农业无疑开辟了发展的新途径和新模式。光伏农业为光伏企业产品应用提供了广阔的空间，因此深受相关企业的欢迎。但对农业来说，这一结合直接改变了农业动植物的生长环境以及人们作业方式，将对农业资源利用、农业产业发展产生怎样的影响目前还很少有人研究，光伏农业应该怎样发展目前还在探索实践中，急需对此开展专门研究，以促进光伏农业健康可持续发展，真正实现光伏清洁能源产业和现代农业产业有机结合良性发展。本研究旨在通过对省内具有代表性的光伏农业项目案例剖析，总结其成功经验、发现存在的问题，从而针对性的提出对策建议，供相关部门决策参考。

一、发展光伏农业的积极意义

（一）提高土地资源利用率，增加农民收入

浙江人均耕地 0.56 亩，约相当于全国人均耕地的三分之一，且可开发的后备耕地资源少。同时，随着工业化、城镇化的发展，耕地资源呈刚性减少趋势，惟有转变农业发展方式、摒弃粗放型农业经营模式、走现代农业可持续发展道路才能突破资源瓶颈约束。因此，浙江不可能像我国西部地区利用荒漠、沙漠等资源发展地面光伏电站。因地制宜发展农业光伏电站是浙江发展清洁能源的必然选择，在提供可再生清洁能源的同时，光伏与农业的结合对推动农业发展也有诸多积极作用。首先，促进土地规模经营，建一个30兆瓦农光互补光伏电站至少需土地面积 1 000 亩左右，在通过土地流转集中连片建设的同时，也推进了农业的规模经营。二是引入新型经营主体、加大农业投入。目前浙江省农光互补电站农业部分大多是由企业组建农业公司运作或由当地的农民专业合作社经营，不仅注入新的农业经营理念，推进农业供给侧结构性调整，而且经营主体有一定的经济实力，可增加农业投入，推进设施农业发展和农业科技创新，提高农业经营水平。三是提高自然资源利用率。浙江省农光互补的光伏电站一般都建在闲置的湖面、滩涂和近年新开垦的低丘缓坡耕地，这些资源目前产出水平均较低，农光互补电站建设将倒逼企业对低产低效水面、耕地进行改造利用，以免借农光互补之名实为建光伏电站之嫌，不利项目的验收和农光互补电站的再建，这对促进低产低效水面、耕地的改造利用有积极作用。四是增加农民收入。农光互补电站建设对当地农民增收的作用体现在两方面：土地流转收入和工资性收入。农光互补电站建设流转入的土地一般立地条件差、土地质地差，如不是光伏企业去建农光互补电站是很难大面积流转的，而且土地租金也低，农光互补电站建设的土地租金成为当地农民稳定的收入来源。同时，企业经营农业吸纳周围的农村劳动力，使农民有了稳定的工资性收入。

（二）增加光伏国内应用，促进光伏产业健康发展

浙江光伏产业在 2010 年之后得到大发展，据统计，浙江拥有 300 多家光伏企业，已形成包括多晶硅原料、硅片、电池、组件、原辅材料生产以及系统开发应用的较为完备的产业链，是国内第二大光伏生产基地。2012 年，受美欧"双反"事件影响，浙江光伏产业遭受重创。2013 年以来，随着国家光伏产业支持政策的相继出台，以及与欧盟"价格承诺"协议的签署，浙江光伏产业出现回升。一方面，随着国际光伏市场形势的变化，很多企业积极拓展亚洲、非洲、澳大利亚等新兴市场作为重要的出口目的地，在部分国家和地区实现订单突破，减少了对欧盟传统市场的依赖。另一方面，随着国内扩大内需等扶持政策的出台，企业开始积极开拓国内市场，通过申报国家"金太阳""阳光屋顶"等示范性项目，参与西部光伏地面电站建设，以及开展分布式光伏发电系统应用等积极开拓新增长点。2013 年以来，全省各地已出台 27 个支持光伏发展的政策文件，光伏发电取得快速发展，到 2015 年年底，全省光伏发电并网装机在 200 万千瓦左右，已成为全国分布式光伏应用的第二大省。近年来，一批农光互补电站项目建成并网取得了良好的生态、经济与社会效益，农业现代化发展为光伏发电发展创造了新空间。据初步统计，近年来，浙江省开发设施农业用地、低丘缓坡改造地、围垦滩涂共计 420 万亩左右。如能够综合利用上述土地 50 万亩，可发展光伏电站 1 250 万千瓦，且可拉动直接投资高达 1 000 亿元左右，将为浙江省经济增长带来强劲动力。因此，在保障农业基本生产的前提下，因地制宜发展农光互补电站对扩大光伏内需，支持光伏产业健康可持续发展具有积极作用。

（三）发展清洁能源，促进生态环境建设

自 2002 年浙江省委明确提出"绿色浙江"的战略目标到如今的"两美"浙江建设，历时 14 年，坚定不移践行"绿水青山就是金山银山"的发展理念，取得了丰硕的生态成果。为加快"两美"浙江建设，浙江作出了创建国家清洁能源示范省的战略部署，光伏发电作为一种技术成熟、产业化程度高的可再生清洁能源，受到世界各国的高度重视。浙江同样将其作为创建国家清洁能源示范省的重要举措之一加速发展，规划到 2020 年光伏发电装机达

到 800 万千瓦左右，2023 年达到 1 000 万千瓦左右，分别占电力总装机的 7％和 8％。今后除加快利用工业园区、工商业、公建、城乡居民屋顶发展屋顶分布式光伏发电外，农光互补电站将成为光伏发电的有生力量得到重视和推广，农业在发挥生产、生活、生态多功能的同时，将为生态环境建设作出更大的贡献。据测算，浙江一个装机容量 100 兆瓦的光伏发电项目，年发电量约为 2 800 万千瓦时，25 年发电总量约为 7 亿千瓦时。同时，每年可节约标准煤约 0.91 万吨，减排二氧化碳约 2.74 万吨、二氧化硫约 105 吨、氮氧化物约 105 吨、烟尘约 123.04 吨。25 年发电周期内，共可节约标准煤约 22.75 万吨，减排二氧化碳约 68.5 万吨、二氧化硫约 2 625 吨、氮氧化物约 2 625 吨、烟尘排放量约 3 076 吨。因此，建设农光互补电站在提供可再生清洁能源的同时，对治理雾霾、酸雨起到根本性的作用，其环境效益十分显著。

二、浙江光伏农业的实践、模式比较与问题讨论

（一）浙江光伏农业的实践

浙江光伏农业起步在 2014 年前后，在政策的感召下很快成为投资热点，成为农业招商引资的重点产业发展迅速。截至 2016 年 3 月底，浙江省已建成并网农光互补电站 20 个，总规模 67.2 万千瓦，其中包括东部省份单体规模最大的正泰江山 200 兆瓦农光互补地面光伏电站；在建 14 个，总规模 64.7 万千瓦；2016 年底全省可建成农光互补电站 200 万千瓦以上。浙江光伏与农业结合模式主要有"农光互补""渔光互补""林光互补"等模式；在经营模式上有建设农光互补电站的企业一体化经营、光伏发电和板下农业分不同主体经营两类。

1. 光伏农业模式

（1）农光互补。农光互补模式是光伏电站建设的最普遍的模式，浙江主要有以下几种结合模式：①光伏与食用菌结合。光伏与种植食用菌的设施大棚结合。一般设施连栋大棚的支架与光伏支架为同一工程，在棚顶架设光伏板、棚内种植食用菌。如海宁市袁花镇长啸村的 5 兆瓦农光互补光伏电站。②光伏与种植业结合。在农用地上方架设光伏板，板下种植农作物。如江山

市浙江同景新能源集团 30 兆瓦农光互补智能光伏电站、常山同景新能源集团 30 兆瓦农光互补智能光伏电站，建德市寿昌镇南浦村晶科电力 20 兆瓦农光互补光伏电站等。地面光照强度决定光伏板安装高度和光伏板阵列间距，由此也决定板下种植作物选择的宽度。

（2）林光互补。光伏板下种植中药材、花卉苗木、茶叶等，如浙江正泰江山 200 兆瓦林农光伏发电站。同样光伏板安装的高度和光伏板阵列间距决定板下作物选择的宽度。

（3）渔光互补。利用养殖鱼塘、湖泊水面建设渔光互补电站，在水面上架设光伏板发电，水下养殖。如杭州大江东舒能电力 60 兆瓦渔光互补光伏电站、嘉兴秀洲区油车港镇"五水共治"水环境综合治理 30 兆瓦光伏电站、湖州市南浔区和孚镇 100 兆瓦渔光互补地面光伏发电站。

2. 农业经营模式

农光互补电站农业经营主要有两种模式，一是与电站一体化管理模式；二是"反租倒包"模式。

（1）与电站一体化管理模式。浙江大多数农光互补电站实行与电站一体化管理模式，由建设农光互补电站的企业成立专门的农业开发部门经营农业，当地的农民成为电站的农业工人获得固定工资或季节性工资。一体化管理模式的优点是可避免电站建设业主重光轻农，国土、农业部门每年的检查验收也倒逼建设业主必须同时将农业生产搞上去；再是可利用工商资本的优势加大对农业的投入，并可将光伏发电的利润返回到农业经营中。不足之处是光伏电站建设业主不懂农业，再加上可借鉴的光伏农业研究、实践成果少，现实中光伏农业遇到的困难不少，种什么、怎么种困扰着这些企业。但如真正重视农业，这些问题也可迎刃而解。如浙江同景新能源集团成立专门的农业服务开发管理公司，为其农光互补电站项目进行农业开发，并聘请职业经理人进行管理，在立地条件并不好的江山市凤林镇株树村、常山县球川镇馒头山村两处农光互补电站，通过增施有机肥改良土壤等措施，水稻、大豆、生姜、茄子等农作物长势良好，稻谷产量高于周围农田。

（2）反租倒包模式。由村统一流转集中农户的土地，光伏电站企业向村租用土地，按当地农业生产要求建设光伏电站，光伏板下的土地由村发包给专业大户、农民专业合作社等经营主体，并收取一定的土地租金。如海宁市袁花镇长啸村农光互补光伏电站，村集体利用光伏支架再统一建设食用菌连栋大棚租给专业大户，连栋大棚顶上架设光伏板。利用池塘、湖泊建设的渔光互补电站也大多是建设企业统一租入池塘等水面，通过水中立水泥柱，在水面上方架设光伏板，池塘等水面再转包给养殖大户等经营。

3. 光伏板安装形式

农光互补电站按光伏板的安装形式有许多种，形式不同，光伏板接收的太阳能总辐射量有大小，从而影响到光伏供电系统的发电能力。目前，光伏板的安装方式有固定安装系统和自动跟踪系统两种形式，自动跟踪式包括单轴跟踪系统和双轴跟踪系统。浙江农光互补电站主要采用固定安装系统和双轴跟踪系统。

（1）固定安装系统。固定式是将光伏板阵列按照一个固定的对地角度和固定的方向安装，代表性的农光互补项目有浙江正泰江山 200 兆瓦林农光伏发电站、建德市寿昌镇南浦村晶科电力 20 兆瓦农光互补光伏电站、杭州大江东舒能电力 60 兆瓦渔光互补光伏电站等，是目前浙江采用较多的系统。优点是技术成熟、建设投资少、安装简单、维护方便。但支架固定柱对农用地占用多，电站发电量相对较低。这种安装方式支架的高低和光伏板阵列间距大小都对板下的农业生产产生非常大的直接影响。目前农光互补电站大都采用不能透入有直射光的光伏板，如安装支架高、光伏板阵列间距大，板下地面所受的斜射光和散射光多，宜种植物或养殖品种选择的余地就可大些，而且对农业作业影响会小些。但不少光伏电站企业为了节约建造成本，采用低支架，光伏板阵列的低端离地仅 1.2 米左右，导致光伏板遮光面积大且板下受光极不均匀，导致可栽种植物或养殖品种选择以及要获得优质高效变得非常困难，人工操作困难、机械操作更不可能了。

（2）双轴跟踪系统。双轴跟踪系统是方位角和倾角都可以转动的工作方式，可以最大限度的提高太阳能电池对太阳光的利用率。优点是发电量高，但建造成本较固定式略高、占地面积略大。代表性的农光互补项目有浙江同景新能源集团投资建设的江山市凤林镇株树村、常山县球川镇馒头山农光互补电站。采用的光伏双轴跟踪系统是浙江同景新能源集团自主研发的专利产品，实现电池板在东西向和南北向同时跟踪太阳；采用桁架结构的光伏板安装阵列，光伏板阵列距地面 2.5 米以上，每排立柱间距达 8 米，对地面的遮阴面小，可确保农作物生长所需光照，满足多种农作物及园林植物生长，并可实行机械化操作。同时，安装支架不需要水泥浇筑，对耕地占用和影响小。

（二）农光互补案例简析

1. 农光互补典型案例

按照光伏发电对农（渔）业生产相对影响小的角度出发，我们认为以下3个农（渔）光互补基地的发展模式值得各地在发展光伏农业时借鉴。

（1）常山县球川镇馒头山农光互补基地。基地是一个光伏农业综合体，光伏板阵列下分布有露地农业和设施大棚，由浙江同景新能源集团总投资3.02亿元的30兆瓦农光互补地面光伏电站项目，占地1060亩，地形复杂，由低丘缓坡新开垦耕地和水田、旱地组成，采用同景自主专利技术双轴跟踪系统、桁架结构，光伏板阵列距地面3米以上，地面阳光投射率达到70%左右；应用华为研发的组串式逆变器和光伏专用高速无线通信网络等技术，无需土地建设逆变器房或安装集装箱，耕地利用率高且不影响农业机械作业。实地考察光伏板下的水稻、大豆、生姜等农作物长势良好，目测与周围差异不明显；新垦低丘缓坡耕地均进行翻耕、施有机肥后种上胡柚、油茶树，长势良好。据报道，2015年该基地种植水稻100亩，早稻亩产318千克、晚稻420千克，2016年单季稻亩产400多千克，实行机械耕种收，仅在支架下需人工收割。

（2）湖州市南浔区和孚镇四联村渔光互补基地。基地由江山控股有限公司控股的湖州祥晖光伏发电有限公司投资建设，建设规模为100兆瓦的渔光互补地面光伏发电项目，总投资10亿元，30多万块光伏板架设在总面积2400亩的鱼塘上方，支架采用水泥管柱，光伏板固定式安装，光伏板阵列间距较大，光伏板的覆盖面占到鱼塘水面的40%。这种模式对鱼塘养殖和操作影响均较小。目前养殖有青虾、沙塘鳢、黄颡鱼等。湖州祥晖光伏发电有限公司成立养殖公司，一部分鱼塘自养，一部分转包给养殖企业和养殖户，以此实现水产养殖与发电均衡发展。

（3）长兴县虹桥镇河桥村光伏农业科技示范园区。该项目是浙江省目前最大的光伏农业科技示范园区，由湖州东盛光伏农业科技有限公司投资，总投资 4.5 亿元，占地 1 460 亩，装机容量 30 兆瓦。园区分布在虹星桥镇的河桥村、谭家村和午山村，建有 325 个光伏农业科技大棚及配套设施，棚顶安装光伏板。每个大棚宽约 12 米，棚间距约 3 米，整个大棚除中间有一排架设光伏板的柱子再无其他柱子、管线等，棚顶的光伏板阵列高在 3 米以上、宽 3~4 米，大棚内光照度可满足大多瓜菜、花卉等作物生长，并实行小型农机作业。目前基地还在完善设施建设，尚未开展农业生产。

2. 案例特点简析

以上列举的 3 个光伏农（渔）业互补基地案例，具有以下两个特点：

（1）观念领先，保证土地的有效利用。3 个农光（渔）互补基地都较好地遵守了先农业、后光伏的理念，坚持不影响或少影响农业正常生产，光伏板阵列布置间距大、距地（水）面高，减少了投影面，增加了农（渔）业品种选择宽度，农（渔）业发展与调节的空间增大。对企业而言，这样做的结果虽增加了土地或鱼塘水面租金支出，如湖州市南浔区和孚镇四联村渔光互补基地装机容量 100 兆瓦，占地 2 400 亩，比相同装机容量的杭州大江东萧围东线的渔光互补基地占地多 800 亩，如每亩年租金 800 元，每年就多支出64 000 元，由于距地或水面高，建造成本也高于后者；但从长远看，保证了土地、水面的有效利用，为发展绿色高产高效农业奠定了基础，真正实现"一地两用"、1＋1＞2 的功效。

（2）科技领先、保证现代农业发展。以上农光（渔）互补基地较好地把握了现代农业发展设施化、集约化和机械化发展趋势，无论是常山县球川镇馒头山农光互补基地，还是长兴县虹桥镇河桥村光伏农业科技示范园区，光伏板阵列下均可进行机械化耕种与收获。这两个基地的承建单位浙江同景新能源集团和青岛昌盛日电太阳能科技有限公司根据光伏对农业生产的影响不断改进光伏农业模式，同景现在建设的已是第三代、昌盛日电的光伏科技大棚已是第五代，保证了农业的正常生产。当然最值得推崇的应该是"同景模式"，高支架、宽间距和采用华为研发的组串式逆变器、光伏专用高速无线通信网络等技术，使得光伏板阵列下经济形态多元，可发展露地农业、单体大棚或连体大棚等设施农业，实现了土地综合利用率好、光电转换率高、经济收益大，已成为国内光伏农业的标杆，前来考察的省内外政府、企业代表团络绎不断，并在江西、湖北、安徽、宁夏等地承建多个光伏农业项目。

2016 年，浙江同景新能源集团开建的光伏电站项目有 10 多个，发展光伏农业 10 万亩以上。

另外，还有一个现象是由光伏板制造企业向下游延伸建造的农光互补电站大多采用改良版的地面光伏电站的形式，光伏板安装较低、光伏板阵列间距也相对小，而光伏电站开发投资企业承建的农光互补电站光伏板安装较高、光伏板阵列间距也相对较大，就是说考虑农业生产更多一些、目光要长远些。

(三) 问题讨论

实践表明，光伏农业在取得环境、经济多重效益的同时，也暴露出不少问题，值得政府相关部门和建设单位的重视、关注。

1. 标准缺失

光伏农业是"新能源＋新农业"，一个代表着绿色转型发展之未来，一个代表着国计民生之根基，但因为是新生事物，没有统一的标准，在表现形态上差别很大，不少农光互补项目基地光伏板阵列布置只是地面光伏电站的改良版仅将支架稍作提高，光伏板阵列低端离地 1.2 米左右，不要说机械操作连人工操作都困难，这让人感到疑惑：农业怎么搞、土壤怎样改造，电站运营期满 25 年后农地地力水平会怎样。有的为减少土地租金，光伏板阵列布置间距小，对地面（水面）的遮阴面大，不能保证农（渔）业的正常生产。在众多参与者中，目的各有不同，眼下光伏农业项目的鱼龙混杂，当务之急应该是制定标准。

2. 重光轻农

调研中发现有不少光伏农业基地荒草丛生，分析有以下几个原因：一是建农光互补电站的动机不纯，借光伏农业之名实为占农地建地面光伏电站；二是农业盈利性相对较差，加之不少租用的土地（池塘水面）质量差须投入改造，企业去经营农（渔）业反而得不偿失、产生亏损，抛荒只要付土地租金，所以部分企业选择抛荒；三是光伏企业在上光伏农业项目时重点考虑电站建设规模、建设时间，没有将农业放到同等重视、同步建设和发展的位置，把农业放到光伏发电从属的位置，本末倒置，造成土地荒芜或利用率很低的现状。

3. 光伏农业科技研究滞后

耕地、鱼塘水面等上空架设光伏板后，对农（渔）业究竟产生多大负面影响目前谁也不清楚，生产单位在边摸索边试验边生产，农业教学科研单位未能及时跟进提供相应科技支撑，可以说光伏农业实践在前科研在后，急需科研单位设立专项开展研究，集成前人成果、实践成果，为光伏农业提供专用的可种养殖品种、农作制度以及生产技术，以保证基于光伏背景下的农业、渔业、林业可高效健康发展。

4. 农业的定位不够准确

目前大多光伏农业项目都是光伏电站建成后再考虑农业怎么搞，农业围绕光伏发电转，笼统的提种植耐阴的植物、养殖耐阴的水产品种，没有根据当地的资源禀赋和市场情况在项目建设前就对农业进行精准定位，即种什么、怎么种，而且应为农业结构调整留出空间，再来确定光伏电站的建设方案，如光伏板安装高度、间距以及光伏板的透光率等问题。这也是造成目前部分光伏农业项目农业发展困难的原因之一。

三、对策建议

（一）树立正确的发展理念

必须抛去做光伏农业就是做光伏的思想，不能因为农业效益差、对当地经济贡献小而放在次要的、从属的位置，必须从经济社会可持续发展的高度来正确认识光伏农业，树立以农业为本、以农业为主的理念，把光伏农业当成一种新型现代农业发展模式来看待，确定以农业发展为主体，结合光伏发电，形成多种产业互相促进，多种收益并存的发展格局，促进我省光伏农业持续健康发展。

（二）加快制订光伏农业标准

光伏农业在尚无全国统一标准、实际暴露问题不少的情况下，应组织相关光伏企业、科研单位和农业、气象专家结合近三年的农光互补电站建设实践，从保证光伏的介入不会影响农业基本生产的要求出发，并考虑建立弹性的农业产业结构以及机械操作要求，制订农光、林光、渔光互补电站光伏板安装高度、光伏板阵列间距、支架结构及安装等通用性标准，无需细化到具体的植物、水生动物种类；同时从节约土地、便于生产作业的要求出发，对光伏逆变器选用等作出规定，用标准来规范农（林、渔）光互补电站建设，真正实现一地两用、光伏和农业相互促进、1＋1＞2的效果。

（三）加强光伏农业科学研究

光伏农业是现代农业的全新模式，必须强化科技支撑，确保农业效益与光伏发电效益同步提升。农业科研单位及省创意农业工程技术研究中心要组织科研人员及时跟进，对光伏农业的种养殖业展开专题研究，提供种养殖品种、生产技术和农作制度，为光伏农业保驾护航。省财政、科技等部门要通过下达财政科研专项、科研课题形式支持光伏农业研究。同时，光伏企业必须加强技术创新，应用先进技术，持续创新产业模式，不断完善光伏农业产业体系，为现代农业建设锦上添花。

（四）加大对光伏农业的扶持

浙江省农（林、渔）光互补项目基地大都建在质量较低的农用地上、荒废或低产的养殖水面，要达到较高的产出水平需要持续的水利工程和土壤改良、道路建设、电力配套等农业基础设施建设，农业综合开发、小农水、农业设施建设等农业项目要向光伏农业基地倾斜，以改善农业生产条件。各级农技推广部门要将农（林、渔）光互补项目基地作为试验示范点、联系点，开展指导服务。

（五）加强光伏农业的管理

建立健全农（林、渔）光互补项目的审批制度，由农业厅、林业厅、海洋与渔业局作为会签单位必须签出明确的意见，对不利于农业发展的项目持有否决权。加强农光互补电站建设的检查与验收，对擅自改动项目建设内容、建设标准的要勒令整改。"农光互补"和"渔光互补"项目享受电量补贴，须通过农业种植和渔业养殖年度验收，农（林、渔）光互补项目建成后，对农（林、渔）业生产每年进行验收，要求项目用地不得丧失农用地功能，年均农业的投入和产出不得低于周边同类农用地。

参考文献

陈怡，2018. 沿海立体光伏农业的设计与应用 ［J］. 水利科技 （3）：23-26，30.

房玉双，铁生年，2015. 光伏农业发展中存在的问题及对策建议 ［J］. 甘肃农业科技 （5）：61-63.

何勇，2017. 光伏农业产业发展探讨 ［J］. 现代农业科技 （7）：185-186，191.

黄艳国，何勇，徐端平，2017. 光伏农业模式下耐阴中草药品种栽培试验研究 ［J］. 中国农业信息 （15）：69-71.

蒋高中，等，2016. 光伏产业的发展现状及其在农业中的应用 ［J］. 安徽农业科学，44（20）：60-62.

李雷，杨春，2012. 我国光伏产业现状与可持续发展策略研究 ［J］. 中外能源 （4）：28-37.

黎明，杨庆华，2017. 光伏农业发展现状与发展前景分析 ［J］. 现代农村科技 （7）：95-96.

刘辉，沈国正，傅巧娟，等，2012. 杭州市薄膜光伏太阳能大棚应用现状及发展对策 ［J］. 浙江农业科学 （6）：782-787.

马志强，张振国，张盈，2019. 光伏农业产业发展探讨 ［J］. 现代农业科技 （14）：238，240.

吴楠，张耀邦，佘炜，张存斌，袁婧，2018. 光伏发电＋农业解锁农业发展新模式 ［J］. 蔬菜 （4）：1-7.

闫丰，2015. 太阳能光伏在农业中的应用探讨 ［J］. 现代农业科技 （12）：205-207.

杨月梅，曹艳芳，王淼，2015. 光伏农业大棚发电项目对生态农业的影响浅析 ［J］. 能源与节能 （2）：73-75.

张小杭，崔寿福，刘福平，2015. 光伏农业的发展概况 ［J］. 安徽农业科学，43（19）：229-231.

图书在版编目（CIP）数据

浙江省农业可持续发展研究／毛小报著．—北京：
中国农业出版社，2019.12
ISBN 978－7－109－26315－4

Ⅰ.①浙… Ⅱ.①毛… Ⅲ.①农业可持续发展-研究
-浙江 Ⅳ.①F327.55

中国版本图书馆 CIP 数据核字（2019）第 284813 号

中国农业出版社出版
地址：北京市朝阳区麦子店街 18 号楼
邮编：100125
责任编辑：姚　红
版式设计：杨　婧　责任校对：刘丽香
印刷：北京中兴印刷有限公司
版次：2019 年 12 月第 1 版
印次：2019 年 12 月北京第 1 次印刷
发行：新华书店北京发行所
开本：720mm×960mm　1/16
印张：13.25
字数：210 千字
定价：45.00 元